동북아 시대를 살아가는 홍콩·중국·일본 문화기행

동북아 시대를 살아가는

홍콩 · 중국 · 일본
문화기행

유주열

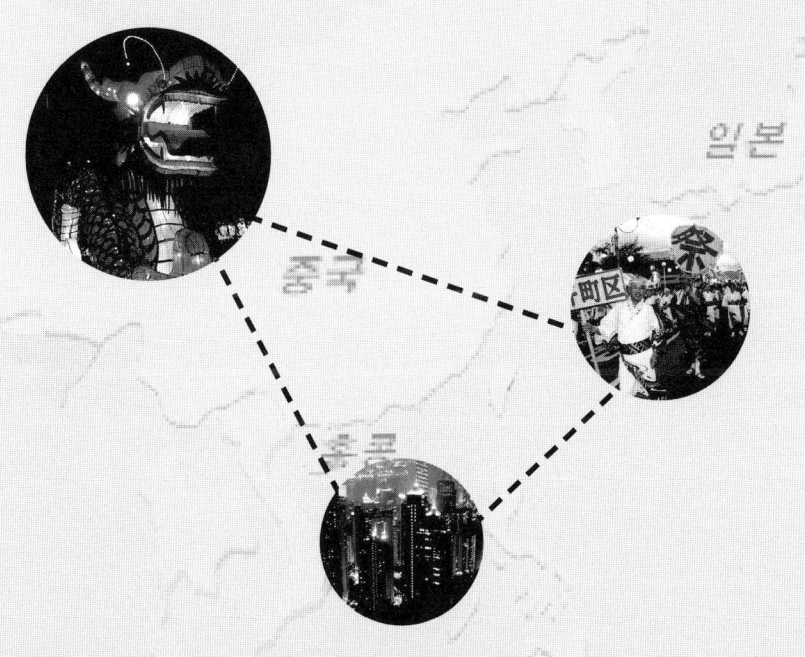

푸른사상

책머리에

　　1997년을 전후로 우리 나라가 금융위기에 빠졌을 때다. 당시 홍콩에서 근무 중이던 나는 어느 일요일 홍콩 섬에서 란타오 섬으로 가는 페리 선상에 있었는데, 그 때 우연히 옆에서 홍콩 사람들이 우후죽순처럼 떠드는 소리를 듣게 되었다. "지금 이웃나라가 저토록 어려움에 처해 있으니 홍콩의 보유 외화를 풀어서라도 도와야 하지 않겠느냐"는 것이었다. 즉, 한국은 그들의 이웃이기 때문에 발 벗고 나서서 도와야 한다는 것이었다. 그들은 가끔 농담처럼 한국의 지명이나 한국인의 성씨, 한국에서 사용하는 한자에 대해서도 민감한 반응을 보인다. 왜냐하면, 한국인들도 李, 趙, 吳, 孫, 張 등 그들과 같은 성을 쓰고 있기 때문에 보통 이웃사촌과는 다르다는 것이다. 그렇기 때문에 한국 문제가 불거지면 다른 어떤 나라의 일보다 예민한 반응을 보이는 것은 아닐까. 그런 현상은, 어떤 측면으로 보자면 반가운 일이고, 어떤 측면으로 보자면 조심스러운 일이다. 세계의 그 어떤 나라도 중국을 알아야만 21세기를 살아나갈 수 있다는 말이 있는데, 지정학적으로 이웃해 있는 우리 나라야 말로 정치, 경제, 문화가 밀접한 연관성이 있으므로, 동북아 시대의 인프라를 구축하자면 그 어느 때보다 중국의 움직임을 알아야 한다. 더하여 동북아의 질서를 재편성할 듯한 움직임을 보이면서 전후에도 급격히 성장을 한 일본을 제대로 아는 것도 우리 시대의 새로운 과제로 급부상하고 있다.

우리 나라는 중국과 일본 사이에 있다. 대륙과 섬의 중간에 위치한 우리 나라는, 동북아의 경제 중심 국가로 부상하기 위해서, 중국대륙을 아우르고 일본이라는 섬나라를 이해하면서 발전의 방향을 새롭게 모색해야 한다. 그렇게 되자면 새로운 용처럼 꿈틀대는 중국의 움직임을 알아야 하고, 여전히 그 빛을 상실하지 않고 그들 나름대로의 빛을 발현하고 있는 일본을 알아야만 한다. 우리 나라는 과거 2000년간 고대문화는 중국의 영향을 받았고, 근대문화는 일본과 교류하였다.

이제 동북아 시대의 서막이 열렸다. 동시에 내전과 문화대혁명으로 가난한 후진국의 대명사였던 중국이 다시 일어나기 시작하였고 그들은 이제 다시 깨어난 龍으로 비상하고 있다. 일본은 전성기를 마감하고 경제적인 딜레마에 빠진 듯하지만 결코 지지 않는 태양을 보유한 채 동북아의 일부분을 점유하고 있다. 그러므로 동북아 시대의 새로운 질서를 편성해 나가자면 중국과 일본을 재인식해야 한다고 본다. 즉 그들의 향방에 따라 우리 나라의 발전방향도 달라질 수 있다는 점을 새롭게 재인식해 보자는 의미에서 부족하나마 이 책을 펴냈다.

외교관은 흔히 나라의 눈(目)이고 귀(耳)이며 입(口)이라고 한다. 여기에 한 가지 역할을 더 보태자면 나라의 다리(脚)라고 말하고 싶다. 눈, 귀, 다리까지 동원해 나라의 국익을 도모하는 것이 외교관의 할 일이고 보니 늘 분주하기 마련이고, 보고, 경험한 것을 한 권의 책으로 엮자니 부끄러움이 앞선다. 그래도 직접 보고, 듣고, 발로 뛴 내용이 실려 있으니 현장 감각이 살아 있는 글이라고 생각한다. 동북아시대를 준비해야 하는 우리는 중국과 일본을 동시에 이해해야 한다. 이 미흡한 글로서 중국이나 일본을 요원하게 생각하는 일반 독자들에게 소박한 지침서가 되었으면 하는 바람이다.

"My Trail"이란 제목으로 이 글을 수년간 연재해 준 홍콩 ≪수요저널≫의 이은미 편집장과 이 책을 만들어 주신 푸른사상사 한봉숙 사장님과 편집진 여러분의 노고에 감사드리고 싶다. 또한, 이 자리를 빌어 평소 격려해 주신 모든 분들에게 고마운 뜻을 전하고자 한다.

2003. 12.

일본 나고야에서
유 주 열

• 차례 ──────── 동북아시대를 살아가는 홍콩 · 중국 · 일본 문화기행

책머리에

홍콩편

1. 홍콩 트레일
주말산행 ············ •15
올드 피크 로드(old peak road) ············ •18
동룡도(東龍島) 가는 길 ············ •22
보웬로드(寶雲道) ············ •25
장보짜이(張保仔) 고도 ············ •28
하카 푼초이 도(道) ············ •35
포토이 섬(島)의 불수애(佛手崖) ············ •41
진드링커 방어선(Gindrinker's line) ············ •47
롱케완(灣)에서 밀레니엄 일출 ············ •52
란타우의 타이거 헤드 ············ •57
드래곤 백 로드(龍脊道) ············ •64
송하관폭(松下觀瀑) ············ •69
한(恨) 많은 사틴(沙田)고개 ············ •76
홍콩의 원주민 ············ •82
홍콩의 양반 동네 : 피크 ············ •94
김문태(金文泰) 트레일 ············ •100
타이꾸(太古) 트레일 ············ •107

2. 홍콩탄생의 비밀
후먼(虎門)박물관(일명, 아편전쟁박물관) ············ •117
차 · 비단 · 도자기와 아편 ············ •119
아편 망국-홍콩 탄생 ············ •122
3년에 걸친 중 · 영 전쟁 ············ •123

• 차례 ──────────── 동북아시대를 살아가는 홍콩·중국·일본 문화기행

3. 노블하우스
   선의(船醫)에서 아편 기가(起家) ……………… • 127
   벤처타운 : 홍콩 ……………… • 130
   스코틀랜드인의 아시아 진출 ……………… • 131

4. 코우가미네(香ヶ峯)
   何日君再來 ……………… • 135
   100년만의 외출 ……………… • 138
   홍콩거리에 나타난 일본천황들 ……………… • 140

5. 빌린 땅 빌린 시간
   태평천국과 남북행(南北行)(제1파) ……………… • 144
   의화단의 난과 신이민(新移民)(제2파) ……………… • 148

6. 홍콩의 본가 : 광저우(廣州)
   남월국(南越國)과 남해군(南海郡) ……………… • 150
   국제무역항 – 광저우(廣州, gateway to China) ……………… • 152
   저항(抵抗)의 땅 – 홍수전, 손문 그리고 모택동 ……………… • 153

7. 티 트레일 tea trail
   차는 차(茶) 또는 티(tea) ……………… • 162
   색깔과 발효 ……………… • 163
   동양인이 좋아하는 녹차 ……………… • 165
   서양인이 좋아하는 홍차 ……………… • 167
   카페인이 없는 뽀우레이(普洱茶) ……………… • 169
   우롱차와 자스민차 그리고 아이스티 ……………… • 170

• 차례 ─────────── 동북아시대를 살아가는 홍콩·중국·일본 문화기행

중국편

1. 스자이샹강(食在香港)
   중국요리의 지방색 - 남쪽은 달고 북쪽은 짜다(南甛北鹹) ············ • 180
   "파불라" 사천요리 ············ • 182
   중국 5대 요리 : 조어대(釣魚臺)요리 ············ • 185
   지대물박(地大物博) ············ • 188
   식약동원(食藥同源) ············ • 189
   만한전석(滿漢全席) ············ • 191
   만한동치(滿漢同治) ············ • 193
   베이징 - 중국의 채도(菜都) ············ • 195
   어선방(御膳房) ············ • 197
   샤오워또우(小窩斗) ············ • 198
   도루묵 : 선조대왕의 샤오워또우 ············ • 200
   쏸양로우(涮羊肉) ············ • 201
   동라이(東來順)과 쏸양로우(涮羊肉) ············ • 203
   베이징카오야 ············ • 204
   치엔취떠(全聚德)와 카오야 ············ • 206

2. 차이나 맛 트레일
   삼국지의 고향, 사천성(四川省) ············ • 209
   원앙훠꾸어와 딴딴미엔 ············ • 211
   큰 구렁이와 벌레의 나라 ············ • 212
   실패한 벤처 국가 ············ • 215
   제갈공명과 만두 ············ • 217
   양쯔강의 물주머니 동정호(洞庭湖) ············ • 219
   무한(武漢)의 명물 무창어(武昌漁)와 황학루(黃鶴樓) ············ • 221
   "黃鶴一去不復返白雲千載悠悠" ············ • 222

• 차례 ──────── 동북아시대를 살아가는 홍콩·중국·일본 문화기행

소주(蘇州)의 조원(造園)과 오삼계(吳三桂) ············· • 223
건륭황제와 꾸오비(鍋巴) ············· • 225
굴원(屈原)과 드래곤 보트 레이스 ············· • 226
굴원의 제삿밥 쫑쯔(粽子) ············· • 228
상유천당(上有天堂) 하유소항(下有蘇杭) ············· • 229
소식(蘇軾)이 만든 동파육(東坡肉) ············· • 231
퓨전요리 원조 ············· • 232
금사연와(金絲燕窩) ············· • 233
평등(平等)음식 : 죽 ············· • 235
죽과 시판 ············· • 237
미식가(味食家) 중국선비(儒學者) ············· • 238
식재복건(食在福建) ············· • 239
불도장(佛跳牆) ············· • 240
건륭 황제와 거지 닭 ············· • 241
취하(醉蝦)의 지옥 ············· • 243
생선 속의 암살자 칼 ············· • 244
숟가락으로 떠먹는 미소시루 ············· • 245
식탁의 文(젓가락) 武(나이프) 대결 ············· • 246
입술이 닿아서는 안 되는 스푼 ············· • 247
젓가락 징크스 ············· • 248
홍콩 : 중국음식의 메카 ············· • 249
지옥보다 더 무서운 아귀(餓鬼)세상 ············· • 250

• 차례 ──────── 동북아시대를 살아가는 홍콩·중국·일본 문화기행

일본편

1. 지팡구 트레일

   인천 첵랍콕 ·············· • 253
   히노모토(日の本) ·············· • 255
   마르코폴로의 지팡구 ·············· • 255
   몽고침입과 카미카제(神風) ·············· • 257
   콜롬부스의 지팡구 ·············· • 257
   나고야(那古野) ·············· • 259
   또 하나의 첵랍콕 ·············· • 261
   블랙 크리스마스 ·············· • 263
   일본의 적(敵)은 지진 ·············· • 264
   카미카제(神風) 태풍 ·············· • 266
   한반도가 젖줄이냐 비수(匕首)냐 ·············· • 268
   "모노즈쿠리" 나고야 ·············· • 270
   카마쿠라 막부(幕府) ·············· • 272
   전국(戰國)시대 ·············· • 273
   오다 노부나가 천하(天下) ·············· • 274
   德川의 천하 ·············· • 277
   도요타(豊田)가(家) ·············· • 280
   도요타사기치(豊田佐吉) ·············· • 281
   도요타 키이치로(豊田喜一郎) ·············· • 283
   "사쿠라"가 피었다 ·············· • 285
   사무라이와 우메보시(梅干) ·············· • 287
   제국(帝國)군인과 사쿠라 ·············· • 288

• 차례 ─────────────── 동북아시대를 살아가는 홍콩·중국·일본 문화기행

2. 생명의 비자
   인도(人道)수의의 일본 외교관 ············· • 290
   반 유대인 정책 ············· • 292
   "츠루가(敦賀)"에 모이는 유대인 ············· • 295
   이스라엘의 영웅 : 스기하라 ············· • 296

3. 한일 월드컵과 삼족오(三足烏)
   한일 월드컵 : 호랑이와 세 발 까마귀 ············· • 298
   일본축구협회와 삼족오 ············· • 299
   백제 무녕왕릉과 일본 천황릉의 삼족오 ············· • 300
   고대 한반도와 일본 열도를 연결한 삼족오 ············· • 302
   야타가라스의 秘力蘇生 ············· • 304

4. 스모우(相撲) 이야기
   스모우와 씨름 ············· • 305
   헤이안(平安)시대와 헤이세이(平成)의 스모우 ············· • 306
   씨름선수 김성택(金成澤)과 스모우도리 카스가오(春日王) ············· • 308
   쥬료우(十兩)와 마쿠노우치(幕內) ············· • 309

5. 청조의 마지막 황제와 카가미(鏡)
   신사(神社)와 동경(銅鏡) ············· • 313
   무령왕과 동경 ············· • 314
   일본의 종교식민지 ············· • 316
   "라스트 엠퍼러" ············· • 316
   부의(溥儀)와 카가미 ············· • 318

● 차례 ──────── 동북아시대를 살아가는 홍콩·중국·일본 문화기행

6. 작은 탁구공
    사쿠라가 만발한 나고야 ·············· • 320
    나고야의 작은 공이 지구라는 큰 공을 움직이다 ·············· • 321
    중·일(中·日) 러브스토리 ·············· • 322
    장쩌뚱(莊則棟)의 시련과 사랑 ·············· • 324
    해피엔딩 ·············· • 325

7. 12월의 집단 복수극 : 추신쿠라(忠臣藏)
    시와수(師走)의 충신들 ·············· • 327
    성급한 쇼군의 처사 ·············· • 328
    충신들의 최후 ·············· • 329
    명군(名君) 키라(吉良) ·············· • 331
    역사인식의 차이 ·············· • 332

8. 홍콩과 나가사키
    두 도시의 이야기 ·············· • 334
    출세한 막둥이 ·············· • 335
    손문과 우메야 ·············· • 336
    照 相 相 照 ·············· • 338
    신해혁명의 성공 ·············· • 338
    孫中山선생의 대일충고 ·············· • 340

9. 조선차원(朝鮮茶碗)과 세토모노
    도자기 돈(陶貨) 제조 ·············· • 341
    일본 도자기의 오리지널 ·············· • 342
    자기(磁器) 산업스파이 ·············· • 344
    전난과 도공 ·············· • 345
    노리타케의 고향 ·············· • 346

•차
　례 ──────────── 동북아시대를 살아가는 홍콩·중국·일본 문화기행

10. 일본의 노(能) 트레일
　　노(能)를 모르면 일본도 NO ‥‥‥‥‥ • 348
　　노(能) 공연장 ‥‥‥‥‥‥‥‥ • 349
　　노(能)의 배우들 ‥‥‥‥‥ • 350
　　스미다가와(隅田川) ‥‥‥‥‥ • 352
　　도우죠우지(道成寺) ‥‥‥‥‥ • 353

홍콩편

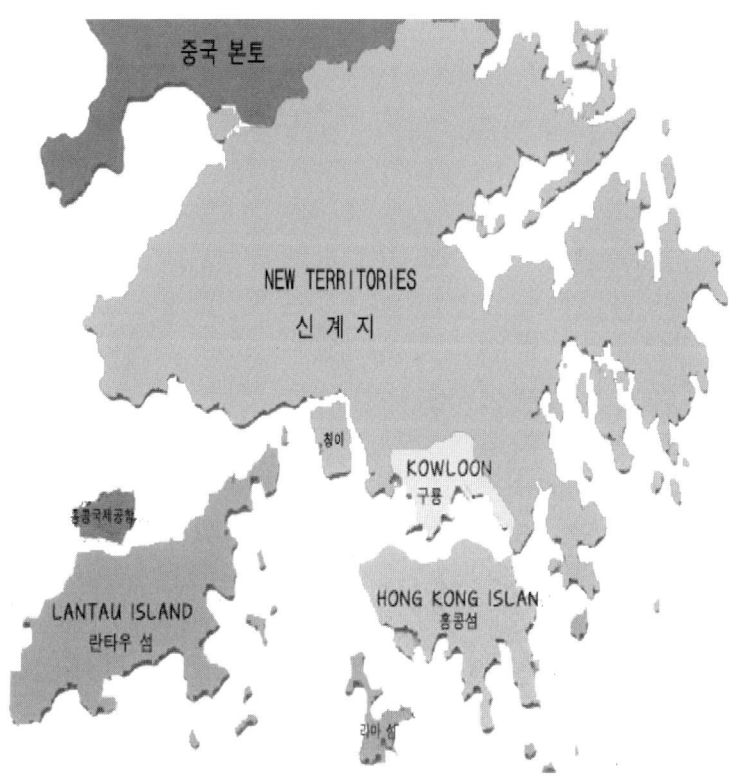

1. 홍콩 트레일

주말산행

　우리들처럼 홍콩에 2~3년 근무하다가 돌아가는 뜨내기들이 홍콩에 대해 그리고 홍콩의 자연이 좋으니 자주 등산도 하자고 하면 오랫동안 살아온 동포들에게 공자 앞에 문자 쓰기 식의 쑥스러운 생각부터 든다. 그러나 동포들의 격의 없는 질책을 기다리면서 감히 이 글을 쓴다.
　한 때 홍콩 근무는 "3년 징역에 3천 만원 벌금"이라는 말도 있었다. 오래 전에 유행했던 말인지는 모르지만 그 말이 회자된 이유를 알아보면 일리가 있다.
　홍콩 섬에 아파트를 얻어 살면서 집과 사무실을 시계추처럼 왔다 갔다 하다가 보면 주말이 되어도 어디 마땅히 갈 곳도 없다. 또한 홍콩은 쇼핑과 관광의 중심지이니, 서울에서 손님은 계속 밀려오고 생활비는 비싼데 씀씀이는 커지고 그래서 빚도 상당히 진다는 얘기이다.
　나 자신도 이곳에서 이 년 남짓 살아보니까 그 말이 일리가 있다는 생각이 든다. 물가는 옛날보다 상대적으로 더 비싸져서 홍콩 물가 높은 것이 신문마다 보도되고, 물가가 비싸다는 이유로 홍콩에 아시아지역본부를 갖고 있다는 다국적 기업 중 일부는 지역 본부를 다른 곳으로 과감하게 옮긴다는 얘기도 있다. 물가가 비싼 거야 홍콩이 안고 있는 문제이므로 어쩔 수 없는 노릇이지만 "갈곳이 없다"라는 말은 홍콩을 자세히 들여다보면 그렇지만도 않다는 생각을 한다.

홍콩은 40퍼센트 이상이 야외공원(country park)으로 이루어져 있다. 홍콩 섬 신계 등 주요 야외 공원에는 등산 코스가 잘 정비되어 있어 누구든 운동화만 신으면 다니기 좋도록 되어 있다.

누군가가 홍콩은 산을 끼고 있는 세계적 미항(美港)이라고 말했다. 세상에는 샌프란시스코, 시드니 등과 같은 미항도 많지만, 산이 있는 미항은 홍콩 외에 브라질의 리오데자네이로 밖에 없다. 시드니도 미항이지만 산을 만나려면 80킬로미터씩이나 내륙으로 들어가야 한다. 우리 나라 서울은 도심과 주위에 아름다운 산으로 둘러싸여 있어 산을 좋아하는 사람에게는 그지없이 좋지만 푸른 바다를 만날 수 없는 아쉬움이 있다.

구룡파크
(홍콩은 40퍼센트 이상이 야외공원으로 이루어져 있으며 등산코스가 잘 정비되어 있다.)

홍콩은 산과 아름다운 남중국해 그리고 가슴을 선뜩하게 하는 파란하늘, 그 속에 수십 층 짜리 고층건물이 밀집한 도심지가 있다. 따라서 산, 메트로, 바다, 하늘 이런 요소의 영문 첫 글자를 따, 흔히 홍콩을 2M 2S 의 도시라고 부른다.

주말에는 하던 일을 잠시 멈추고 아파트와 사무실에서는 만날 수 없는 홍콩의 자연을 찾아서 나서보자. 남녀노소 할 것 없이 모두 끼리 끼리 트레 일을 밟아보자.

요즈음 홍콩의 대기오염이 어느 때보다 심각해 우리 체내에 알게 모르게 중금속 공기가 오염되어 간다고 한다. 오염된 체내를 씻어주는 것은 땀을 빼는 것이 제일 좋은 방법이다. 그래서 최소한 일 주일에 한 번은 땀을 빼는 목욕이 필요하다. 헬스클럽, 컨트리클럽도 좋다. 그러나 돈이 전혀 들지 않고, 멤버 쉽이 필요 없는 지루하지 않은 트레일 클럽을 권하고 싶다. 또한 탁 트인 산에 오르면 멀리 바다가 보이는, 그 사이로 레고 장난감처럼 홍콩의 건물 군을 바라보면 한 주일 고층 건물 속에서 업무에 시달리며 자신도 모르게 받아온 스트레스를 한껏 풀 수 있다.

야외로 나가면 홍콩의 자연, 지리 그리고 역사가 있다. 동양과 서양이 만나기 전의 홍콩의 옛 얼굴이 그 곳에 있다. 홍콩을 공간뿐만 아니라 시간적으로 이해할 수 있는 기회이기도 하다.

나는 이 년 가까이 홍콩에 살면서 밟은 트레일을 중심으로 개인의 경험과 트레일에 관련된 얘기, 함께 걸었던 사람들의 얘기 등을 모아서 소개하고 싶어서 이 글을 쓴다.

서울에서 손님이 온다고 하면 운동화도 지참토록 해 시간 나는 대로 꼭 트레일 한 두 군데 소개를 하자. 정말 좋아할 것이다. 홍콩의 새로운 얼굴을 보고 지금까지의 홍콩의 고정관념을 깨게 될 것이다.

그러나 홍콩은 아열대 기후로 기상변화가 심하다. 폭우가 내리기도 하고 안개에 싸이기도 한다. 아름다운 트레일은 바다 절벽 길 등으로 이어져있기 때문에 실족의 위험이 있으며, 폭우로 불어난 냇가를 잘못 건너다가 목숨을 잃을 수도 있다. 지도, 나침반 등을 갖고 다니고 휴대폰도 필수품 중의 하나이다. 또한 최소 2~3명이 한 조가 되어 움직이는 것이 안전하다. 그러나 너무 큰 걱정을 하지 말고 좋은 등산화를 한 켤레 준비하고 미네랄 워터를 손에 쥐고 집을 나서보자.

올드 피크 로드(old peak road)

홍콩 하면 모두가 좁은 땅에 수십 층 고층 건물이 쭈뼛쭈뼛 솟아 있는 마천루의 정글을 연상한다. 어떤이들은 홍콩의 건물들을 보고 한겨울 고드름 같다고도 한다. 사실 그렇다. 홍콩의 중심지는 고층건물로 덮여 있다. 이 트레일은 사람들에게 홍콩 마천루의 정글 바로 옆에 열대 우림(rain forest) 정글이 하나 더 있다는 것을 알게 하는 길이다.

나는 홍콩에 처음 오는 사람에게 이 길을 안내하고 싶다. 이 길은 홍콩의 역사만큼이나 오래 되어서 홍콩 역사에 관심을 가진 사람은 150년 전의 홍콩식민지를 개척한 영국의 아편상인을 생각하면서 걸을 수도 있고, 그러한 식민지 경영자를 가마에 태우고 땀을 흘리면서, 오르내리던 중국인 쿠리(苦力 : 3D산업에 종사하는 노동자)를 생각할 수도 있다. 하여튼 이 길은 그 두 종류의 사람들이 이용했던 길임에는 틀림없다.

1841년 홍콩 섬에 첫발을 디딘 영국의 식민지 경영인들은 현지인이 사는 곳과 영국인이 사는 곳을 구분했다. 현지 중국인은 배가 닿는 항구

홍콩섬 빅토리아 피크에서 바라본 스카이라인
(멀리 구룡반도가 보임)

근처, 지금의 상환(上環)에 살았고, 영국인은 지금 미들레벨이라는 섬 중턱 위에 집을 지었다. 그리고 돈이 많은 아편상인들은 홍콩 섬의 가장 높은 곳 빅토리아 피크 근처에 별장을 마련했다. 이 곳은 백인 전용지구로 중국인이 살기 시작한 것은 그렇게 오래되지 않았다. 지금도 피크에는 돈 많은 부자들의 집이 많다. 식민지 스타일 기둥에다 그림엽서 같은 하얀 주택이 빅토리아 하버를 굽어보고 있는 것도 그런 전통이 있기 때문이다. 홍콩 총독의 별장도 그 곳에 있었다. 지금은 불타 없어지고, 그 자리는 시민들의 공원이 되어 있다. 피크 한 쪽에 자세히 보면 'governor's walk'라는 오솔길이 있다. 문자 그대로 총독의 산책길이다. 그 산책길은 포푸람과 애버딘을 바로 보면서 꾸불꾸불 내려간다. 총독 산책길이 시작되는 넓게 탁 트인 평지가 바로 총독의 여름별장 터이다.

일 년 중 가장 습하고 더운 계절은 6월부터 시작된다. 계절은 150년 전이나 지금이나 변함이 없다. 에어컨디션이 없던 당시, 6월이 되면 총독의 집무실은 피크의 여름 별장으로 바뀌었다고 한다. 때때로 이 곳에서 식민지 정부 고관들이 부부 동반 영국식 파티를 열기도 했던 것으로 전해진다.

피크는 미들레벨과 또 다른 분위기를 준다. 습도는 있지만 바람은 시원하다. 심할 때는 해안가보다 5°C 정도 차이가 있었다고 한다. 5°C는 큰 차이다. 파티가 있는 날이면 이 올드 피크 로드에 가마가 줄을 지어 오른다. 지금 걷고 있는 이 길로 가

구 홍콩총독부 건물

마꾼들이 영국의 고관들과 귀부인들을 태우고 올랐을 것이다. 습한 6월의 홍콩 기후에 땀이 비오듯했을 것이다. 지금 우리처럼 시원한 미네랄 워터도 손에 쥐고 있지 않았을 것이다. 무엇보다 이 길이 지금처럼 열대 우림의 정글이 아니었을 것이다. 그저 풀만 좀 자란 바위를 깨 만든 길이었을 것으로 생각된다. 뜨거운 볕으로 인해 쏟아지는 그 더위는 말로 형용할 수 없었을 것이며, 그래서 쿠리들이 그 일을 할 수 있었을 것이다.

 홍콩식민지 정부는 이 곳에 갑디힌 나무를 심고 관리히여 지금처럼 울창한 수림을 만든 것으로 전해진다. 올드 피크 로드는 97년 6월까지 패튼 총독이 살던 홍콩의 구 총독부에서 시작된다. 구 총독부는 홍콩 상하이 은행 본점에서 길을 건너 언덕길을 따라 계속 위쪽으로 올라가면 된다. 피크로드 가는 길이 지금은 자동차 길도 있고 피크 트램도 있다. 그러나 올드 피크 로드는 이러한 수단이 없었을 때의 길이다.

 구 홍콩총독부에서 홍콩동물원으로 들어가서 우리에 갇힌 아열대 조류 등을 보면서 계속 위쪽으로 오르면 홍콩 미드레벨에서 가장 비싼 아파트 군이 나온다. 그 아파트 군을 빠져 나오면 올드 피크 로드 표지판이 나오면서 70도 경사의 가파른 길이 빨리 올라오라고 손짓을 한다. 숲 속 길이라 한낮에도 어두컴컴하다. 새소리가 귀에 간지럽고 공기는 더없이 싱그럽다. 주말이면 조깅 차림의 인근 주민들이 많다. 보통 1시간 정도 시간이 소요된다. 가파른 길은 뱀처럼 S자형으로 꾸불꾸불 올라야만 한다.

 피크에 다 오르면 피크트램이 다니는 구름다리 밑으로 지나 트램의 터미널 옆으로 오르게 된다. 땀에 흥건히 젖은 몸으로 피크의 시원한 바람을 맞으며 아래로 펼쳐진 빅토리아 하버를 내려다보아야 정말 피크에 오른 기분을 느낄 수 있다. 정상까지 다 오르고 나면 정말로 기분이 유쾌해진다. 자동차로 올라와서는 절대로 느낄 수 없는 기분이다.

동룡도(東龍島) 가는 길

150년 전의 홍콩의 모습, 영국의 아편상인들이 홍콩에 아편창고를 지으면서 몰려오기 전의 홍콩 모습을 보고 싶은 사람들이 가보는 곳이 있다. 그 곳이 동룡도이다. 골프장이 있는 클리어 워터 베이 바로 건너편의 조그마한 바위섬이다. 하나의 바위섬의 모습이 1841년 엘리오트 영국 통상장관이 청 정부와 교섭 홍콩 섬을 할양 받을 당시 홍콩 섬과 비슷하다. 인가도 거의 없고 나무도 없는 하나의 거대한 바위섬이다.

이 곳은 싸이완호(西灣湖)의 선착장에서 직접 갈 수도 있고 레이유문(鯉魚門)에서 갈 수도 있다. 싸이완호에서 갈려면 아침 일찍 서둘러야 한다. 배편이 많지 않다. 그러나 해산물 레스토랑으로 유명한 레이유문에서는 시간마다 배가 있다. "카이도(街渡)"라고 불리는 통통배로 대략 삼십 분 정도 걸린다. 이곳은 가족나들이에도 알맞다. 어른들은 애들 손을 잡고 역사를 탐방하고 애들은 통통배를 타서 좋고 또한 시원한 바닷바람을 마시면서 넓지는 않지만 좁지도 않은 바위섬의 자갈해변에서 조개도 잡을 수 있고 넓은 잔디밭에서 뛰어 놀 수도 있다.

홍콩의 길목 역할을 하는 레이유문 얘기가 나왔으니 잠깐 이야기의 곁길로 빠져서 역시 길목 역할을 하는 마카오에 대해서 언급하고 넘어가고자 한다. 마카오는 인도 쪽에서 중국에 올 때 반드시 거쳐야 하는 항구이다. 아편전쟁을 종결짓는 난징조약에 의해 개항되어 이른바 조약항(treaty port)라고 하는 새먼(夏門), 닝뽀(寧派), 상하이가 개항하기 전에, 중국에서 유일하게 외국인이 입항할 수 있는 항구는 지금의 광쩌우(廣州),

당시의 canton밖에 없었다. 인도 및 인도네시아를 중심으로 하는 영국 및 네덜란드의 동인도회사의 무역선이 중국 무역을 하기 위해 광저우로 갈 때는 일단 마카오를 들린다. 마카오에서 화물과 사람을 내려놓고 주강을 따라 광저우까지 진입하는 것이다.

홍콩이 영국인들의 눈에 띈 것은 아편창고로 쓰기에 적절했고, 양쯔 강을 통해 중국내륙으로 들어가는 데 마카오보다는 유리했기 때문이었다.

지금의 센추럴 부근에 출항한 영국의 무역선은 반드시 이 레이유문을 통과해야 했다. 그리고 상하이에서 돌아오는 무역선도 반드시 이 레이유문을 거쳐 들어온다. 상하이 쪽으로 나간 배가 만선을 하고 돌아오는 것을 빨리 알고 싶어서 자딘 매티슨 회사는 그 곳이 잘 보이는 곳에 전망대(look out)를 만들었다고 한다. 지금의 Jardin Look out이 바로 그곳이다. 이곳은 홍콩스타디움 뒤쪽 고급 주택가를 안고 있는 가파른 산의 정상에 있다. 그곳에서 자딘 회사직원이 망원경으로 레이유문 쪽으로 들어오는 배를 관찰했다고 하는데, 배가 바다에 어느 정도 잠겼는지에 따라 만선 여부를 확인하고 즉시 그 아래 causeway bay에 있는 회사에 연락을 했다.

배가 만선으로 들어오니 재고중인 중국제품을 싸게 빨리 처분하라든지 하여 타 회사보다 수 시간 빨리 얻어낸 정보를 장사에 활용했다는 것이다. 요즘도 정보가 돈인데 백오십 년 전 당시도 마찬가지였다.

이 레이유문은 그 후 백 년이 지난 후 다시 역사에 등장한다. 1941년 12월 초 일본은 진주만 기습과 함께 영·미를 적으로 선전포고하고 일본 폭격기가 카이탁 공항의 영국군용기를 기습함과 동시에 일본제국 육군이 홍콩을 점령하기 위해 선전 강을 건너 신계로 들어오자, 신계와 홍콩섬의 가장 가까운 거리인 레이유문 방어가 일본군의 홍콩 섬으로 상륙하는 것을 막았던 영국의 최후 저항선이 되었던 것이다.

그러나 일본군은 주 저항선을 우회하여 파커 마운틴 쪽을 먼저 점령, 위에서 아래로 포를 쏘아 레이유문 주 저항선을 후미에서 격파해 홍콩섬 점령으로 연결시킨다. 그 해 크리스마스는 홍콩에 영국이 첫발을 디딘 100주년 크리스마스였는데, 그날 밤 영국총사령관이 일본군에게 지금의 페닌슐라 호텔 지하에서 촛불을 밝히고 항복문서에 사인을 함으로서 치욕의 black Christmas가 되고 만다.

레이유문을 지난 카이도의 왼쪽으로는 영국사람들이 Junk bay라고 불렀을 정도로 정크 선이 밀집되어 있는 청꽌오(將軍澳)를 지난다. 이 곳은 한 때 래니밀이라는 돈 잘 버는 제분공장이 있었고, 그 후는 대륙에서 쫓겨온 국민당 군인들의 근거지이기도 했다. 이 곳에서 대만의 까오슝까지는 정기 연락선이 있었을 정도로 왕래가 많았던 곳이다.

동룡도에도 포대가 있다. 포대와 클리어 워터 배이 골프장과는 문자 그대로 지호지간이다. 눈 좋은 사람이 포대 쪽에서 바라보면 골퍼의 드라이브 모습도 볼 수 있는 곳이다. 이 포대는 명나라 시대부터 이 지역에 드나드는 해적을 제압하기 위해 만든 것으로 지금은 유적으로 잘 보존되어 있다. 동룡도는 거대한 바위로 이루어진 섬으로 나무도 거의 없어 한여름에 찾아가는 사람들은 뜨거운 햇살을 막을 창이 긴 모자가 필요하지만, 겨울철에는 바람이 시원하고 캠핑장 시설이 있어 텐트를 준비한 사람들은 가족과 함께 1박 캠핑을 즐길 수도 있다. 가파른 산길을 따라가면 해발 232m의 정상까지 오를 수 있다. 피크에서 보면 쎄코(石澳)가 바로 건너다 보인다. 이 섬에 갈 때는 신분증을 반드시 휴대해야 한다. 가끔 해양경비정이 배를 세워놓고 중국의 불법 이민자를 체크하기 때문이다.

보웬로드(寶雲道)

홍콩 섬의 피크와 해안을 상하로 연결하는 것이 올드 피크 로드라면 그것을 미드 레벨에서 좌우로 연결하는 옛길 2개는 "보웬 로드"와 "장보 짜이 고도(古道)"이다. 장보 짜이 고도보다 뒤에 만들어진 보웬 로드는 수도관을 묻으면서 만들어진 수도관(conduit) 로드의 하나라고 전해진다. 과거 홍콩식민지 경영자들은 홍콩의 도시 중심지에 물을 두 군데서 끌어와서 썼는데, 섬 서쪽의 포푸람 호와 섬 남쪽의 타이탐 호가 그 수원지였다. 포푸람 호의 물을 관을 통해 지금의 홍콩 대학교 뒤쪽으로 끌어오고, 타이탐 호의 물은 윙나이충 고개 밑으로 지하관을 이용 지금의 보웬 로

홍콩섬의 도시라인 멀리 컨벤션 센터가 보인다

드를 거쳐 완차이 또는 센추럴까지 끌어왔다고 한다.

　섬 서쪽의 포푸람 호에서 끌어온 수도관이름이 지금도 지명에 그대로 남아 "꼰닥도"라도 하지만 동쪽의 수도관 로드는 홍콩의 9대 영국총독 조지 보웬(George Bowen)의 이름을 따서 "보웬 로드"라고 고쳐 부르고 있다. 보웬 총독은 본래 학자 출신으로 1883년 3월 뉴질랜드 총독에서 홍콩 총독으로 전임되어 왔을 때 이미 나이도 61세이고 건강도 나빴다고 한다. 그래서인지 그는 건강상 이유로 5년의 총독임기를 채우지 못하고 2년 만인 1885년 귀국하고 만다. 그가 2년간 총독으로서 한 일이 별로 없지만 지금의 Peak Tram을 건설하기 위한 회사의 설립인가를 내 준 총독으로 알려져 있다.(Peak Tram은 그 후 1888년 완공되었으므로 보웬 총독은 Tram을 보지 못한다.) 그가 떠난 후 그의 귀국을 애석해 하는 사람들이 그의 이름을 따서 이 길을 보웬 로드라고 불렀다.

　옛날에는 이 길로 초기의 털털 자동차도 다닐 수 있었다고 하는데 지금은 일반 등산 트레일과 달리 그룹이 다녀도 좋을 정도로 길이 넓다. 1900년 초의 홍콩사진을 보면 그 길이 멀리서도 보일 정도이다. 그러나 지금은 수목이 울창해 멀리서는 길이 보이지 않고 숲의 터널을 이루어 여름에도 다니기 좋은 그늘 속의 산책길로 훌륭하게 변해 있다. 보웬 총독이 알면 좋아할 길이 되었다.

　보웬도로를 동쪽에서 들어가는 입구는 해피 밸리를 지나 리펄스베이로 넘어가는 윙나이층 고개 길과 타이항 로드와 스타브스 로드가 만나는 Adventist 병원 근처에 있다. 이 길을 걷고 있으면 마치 완차이의 솟아 있는 건물 옥상 위를 걷는 느낌이 든다. 피크에서 내려다보는 홍콩이 그림 같다면, 보웬 로드에서 보이는 홍콩은 그림 속에 들어간 기분이다. 도시의 소음도 바로 들리고 고층건물의 높은 층에서 일하는 사람의 모습을 자세히 볼 수 있는데, 가장 잘 보이는 건물이 Hopewell Center 원통형 건물이다. 당시 홍콩에서 택시를 가장 많이 가져 택시 왕으로 유명한 호승헌의 큰아들이 미국 프린스턴 대학에서 공부하고 건설엔지니어가 되어 아버지보다 돈을 많이 벌어 홍콩에서 가장 특이한 원통형 건물을 지었다고 하는데 당시는 홍콩에서 가장 높은 건물로 유명하였다.

입구에서 2km 정도 걸으면 완차이 갭으로 오를 수 있는 완차이 갭 로드와 만난다. 완차이 고개로 오르든지 완차이의 옛닐 수제국 쪽으로 하산할 수도 있다. 계속 서쪽으로 나가면 매가진 갭 로드를 지나 올드 피크 로드와 만난다. 전장 4km 정도의 거리이지만 곳곳에 조깅하는 사람을 위해 1000m당 거리표시를 해두고 있다.

보웬 로드는 홍콩에서 가장 힘들이지 않고, 평행으로 걷는 산책로로서 홍콩의 은밀스러운 길이다. 따라서 땀 나는 등산을 그렇게 좋아하지 않는 사람이라도 홍콩이야기를 나누면서 걷기에 알맞은 길이다. 잘 알려지지 않은 홍콩의 또 다른 모습을 보기에는 놓칠 수 없는 길이다. 나는 이 길을 홍콩의 "十里畵廊"이라고 부르고 싶다. 코스웨이베이와 완차이가 동시에 펼쳐내는 거대한 그림 파노라마를 볼 수 있기 때문이다.

완차이는 본래 Little Bay라는 뜻이 있다. 그 옆에 본격적인 full-size bay 즉 통로완(銅鑼灣)이 있었다. 지금은 만은 없어지고 이름만 남았지만 옛날에는 지금의 해피밸리까지 물이 들어오는 커다란 동그라미형의 만이 있었다. 옛날 사람들은 만의 모양이 구리로 만든 커다란 징(銅鑼) 모양이라 해서 통로완(Causeway Bay)이라는 이름을 붙였다고 한다. 이 지역 일대에 길게 둘러쳐진 둑길을 영국 식민지 경영자들이 causeway라고 불렀는데 그러다가 언제부터인가 causeway bay라는 이름으로 불리게 되지만, 홍콩 원주민들은 아직도 이곳을 "통로완"이라고 부른다.

보웬 로드를 가다보면 나무마다 명찰이 붙어 있다. 홍콩 정부에서 나무에 명찰을 붙이고 원산지 등을 표시해 놓고 있어, 마치 도심 속의 식물원 같은 인상을 받는다. 홍콩을 백 오십 년간 통치한 영국 식민지 정부는 홍콩을 자유무역항으로 발전시켰을 뿐만 아니라 바위투성이의 홍콩 섬에 체계적으로 식목을 하여 오늘날과 같은 울창한 수림을 이루었다. 보웬 로드는 특별히 수림이 울창하고 수종도 다양하다. 수종은 인도, 호주, 아프리카, 영국 등에서 옮겨온 듯하고, 나무의 높낮이도 배열이 잘 되어 있어서 보기에 좋다.

보웬 로드는 평상복으로도 가능한 등산로이기도 하고, 도심의 공해 먼지를 마시지 않고, 홍콩을 볼 수 있는 산책 관광길이기도 하다.

장보짜이(張保仔) 고도

향항(香港)의 뜻이 향나무 파는 항구 또는 향로봉처럼 생긴 봉우리가 있는 항구 등 여러 뜻이 있다고 하지만, 확인되지 않고 있다. 단지 영국 해군이 동인도 회사의 요청으로 중국 해안의 해도를 만들기 위해 마카오에서 홍콩 근해로 나와 수심도 재곤 했는데, 애버딘 근처에서 폭포를 발견하고 마실 물을 싣다가 인근 원주민들로부터 꽝둥 말로로 '홍콩'이라는 지명을 얻었다고 전해진다.

홍콩의 옛 주인은 누구일까? 오래 전부터 홍콩 섬은 해적의 근거지였다고 하니 홍콩의 진짜 주인은 해적인지도 모르겠다. 지금의 스탠리, 애버딘, 사이잉푼을 중심으로 이곳을 지나가는 배를 습격, 노획한 재물을 섬의 자연동굴에 감추어 두었다는 전설로 인해 지금도 당시 해적이 감추어 둔 보물찾기가 끝나지 않고 있다고 한다.

홍콩 해적의 대명사가 장보짜이(張保仔)이다. 짜이(仔)는 이름이 아니고 애칭이다. 홍콩 사람들은 좋아하는 배우 이름에도 仔를 곧잘 붙인다.

홍콩 지도를 자세히 살펴보면 점선과 점선으로 장보짜이 고도라고 표시된 곳이 있는데 중간 어디선가 끊어져 있다. 시작과 끝이 분명하지 않아서 더욱 가서 보고 싶은 트레일이었는데, 어느 날 문회보(文匯報) 등산 안내 페이지에 "장보싸이 고도(古道) 탐험"이라는 안내가 나왔다. 어느 일요일 10시까지 익스체인지 스퀘어 분수대까지 나오라는 것이다. 흥분된 마음을 안고 모임 장소에 가보니, 주로 역사에 관심 많은 홍콩인들 이십여 명이 모여 있다. 일단 깃발을 든 리더에게 신고를 하고 나서 장보짜이 고도 탐험에 들

세계에서 가장 긴 옥외 에스컬레이터

어갔다. 깃발을 나부끼면서 앞서 가는 리더가 육교를 건너고 미드레벨로 오르는 에스컬레이터를 타고 간다. 역사 속의 장보짜이를 만나러 가는데, 세계에서 제일 길다는 홍콩의 명물 에스컬레이터를 타고 오른다. "이

거 장보짜이 고도 가는 거 맞아!"라고 중얼거리게 된다. 옛날 장보짜이 해적들은 사이잉푼 근처에서 산으로 올랐는데, 우리는 에스컬레이터를 타고 오르는 것이다.

　일행과 얘기하는 사이에 Conduit Road까지 올라오더니 다시 올드피크 로드 쪽으로 간다. 장보짜이 고도는 올드피크 로드에 가서야 진입로가 나온다. 길은 잘 보이지 않고 수림만 울창하다. 앞사람을 따라 들어갔더니 리더가 길도 없는 산 속을 헤집으며 길을 만들어 나가고 있었다. 잡목의 정글이 하늘을 덮어서 눈앞이 어둑어둑하다. 아무 소리도 들리지 않는다. 일행들은 미끄러지지 않으려고 바위 위를 조심스럽게 걷기도 하고 면 장갑을 끼고 나뭇가지를 잡으면서 가까스로 균형을 잡으며 계속 행진해 나갔다.

　장보짜이가 부하들과 함께 보물을 지고 이 길을 걸었을까? 위로는 기산(旗山)의 깎아지른 절벽이 걸려있고 그 아래로는 Conduit Road가 가끔 보이지만 아파트 군에 막혀 내려갈 수는 없게 되어있다. 지도상으로 보면 Luggard Road와 Conduit Road 사이의 길도 없는 산 속을 서쪽으로 깊숙이 가고 있는 셈인데, 행군속도가 느리지만 스릴이 있다. 해적의 보물을 찾아 나선 탐험대의 기분 때문인가?

　중국역사에 보면 복건성과 광동성 해안에서 활약하던 해적은 정치집단으로 기록되어 있다. 동북 변방 기마 민족인 여진(만주)족이 부족을 통일 산해관(山海關)을 넘어 당시 명을 남쪽으로 쫓아내고 중원을 차지하고 나라 이름도 청으로 바꾼다. 남쪽으로 쫓겨간 명조는 남명으로 되었다가 결국 청에 밀려 남중국해로 나온다. 한 때 대만을 근거지로 했지만, 그마저 무너져 복건성과 광동성 연안의 섬을 끼고, 멸청복명(滅淸復明)을 주장하면서 해적이 되었다는 것이다. 장보짜이도 이러한 전통을 이어

받아 관선(官船)이 싣고 가는 청국의 조공물이나 세금 등을 빼앗아 복명(復明)의 군자금으로 썼을지도 모른다. 그렇다면 지금 우리가 걷고 있는 이 길이 북방 이민족을 쫓아내고 한족의 왕조를 다시 세운 군자금의 이동 통로인 셈이다.

일행은 두 시간쯤 올라가더니 더 이상 갈 수 없게 되었는지 모두 아래쪽으로 길을 찾아 나선다. 앞서 가는 일행을 따라 내려오니 손바닥 같은 공원이 나오고 아스팔트 길이 연결되어 있다. "보산로"라고 한다. 장보짜이가 다니던 길은 홍콩 현대화로 일단 그 곳에서 끊어지고 말았다. 애석하다. 일행 중 한 명은 영국식민지 정부가 이 고도를 수로(修路)하지 않고 방치한 것에 대해 열을 올리며 떠들기 시작한다. 센추럴과 애버딘, 스탠리까지 연결되는 장보짜이 고도가 보산로 근처에서 끊어져 방치되어 있는 것이다.

보산로를 따라 홍콩대학 쪽으로 십여 분 내려가니 인근 주민들의 아침등산로처럼 보이는 단장된 길로 연결된다. Hill Above Belcher's라는 산 이름도 눈에 띈다. 1841년 홍콩 섬에 가장 먼저 유니온잭을 꽂은 Belcher의 이름을 따서 붙였으니 케네디 타운 앞 바다 Belcher Bay 위에 있는 산이라는 뜻이다. 지금은 매립으로 Bay는 없어지고 이름만 남아 있다. 조금 더 내려오면 센추럴과 애버딘을 연결하는 홍콩의 서부 간선도로 포푸람 로드가 보인다. 길 앞으로는 퀸메리 병원이 보이고 바다 쪽으로는 데이빗 산허리에 거대한 공동묘지가 조성되어 있다. 해피 밸리 공동묘지와 함께 홍콩에서 유명한 중국인 공동묘지이지만, 이제는 꽉 들어차 사람이 죽어도 더 이상 들어가기 어렵다고 일행 중 한 명이 귀띔해 준다.

길은 다시 퀸메리 병원에서 끊어진다. 간호사 기숙사 앞으로 돌아서 다시 산길로 십 분 정도 들어가니까, 갑자기 스코틀랜드의 옛성을 옮겨

놓은 듯한 하얀 건물, 홍콩문화재 더글라스 캐슬이 눈앞을 막는다. 백여 년 전 스코틀랜드 출신의 비즈니스맨이 향수에 젖어 지은 건물로 지금은 홍콩대학이 인수해 게스트하우스로 쓰고 있다.

한 때 해적 장보짜이의 근거지였던 애버딘까지 온 것으로서 일단 네 시간 코스의 장보짜이 고도, 이쪽 코스는 완주한 셈이다.

Mt. Parker(栢架山) 가는 길

홍콩 섬 지도를 펼쳐놓고 보면 파커 마운틴(532m)은 홍콩 섬에서 빅토리아 픽(554m) 다음 가는 높은 산이 보인다. 빅토리아 피크가 홍콩 섬의 서쪽에 우뚝 서서 서고산(西高山)(494m)과 데이비스(Mt. Davis)(269m)를 한쪽에서 거느리고 있는 모습이라면, 파커산은 버틀러산(Mr. Butler)(436m)과 또한 한쪽에 포팅저(Mt. Pottinger)(312m)를 거느리면서 마치 섬 동쪽을 지키는 것 같은 형상이다. 홍콩의 대부분 높은 산봉우리가 TV 안테나 레이더 시설이 되어 있는 것과 마찬가지로 파커 마운틴도 두 개의 커다란 레이더 시설과 별도 철탑 안테나가 있어서 가까이는 갈 수 있지만 바로 정상 그 자리에는 설 수가 없다.

홍콩의 풍수 학자들은 파커 마운틴 정기가 보통 산봉우리와 다르다고 한다. 이는 빅토리아 피크가 이미 초기 영국의 식민지 경영자들이 살기 시작해 산의 정기가 훼손된 데 비해 파커 마운틴은 자연 그대로 민가 하나 없는 순수한 산봉우리이기 때문이라고 한다. 풍수 학자는 파커산의 문무(文武)의 정기가 모두 살아 있어 큰 인물이 나올 장소라고 해석하고 있다.

파커산을 오르면 동쪽으로는 레이유문(鯉魚門)과 청꽌오(將軍澳) 그리고 클리어 워터 배이와 동롱도가 보이고 서쪽으로는 빅토리아 피크와 연결하는 높고 낮은 홍콩 섬의 연봉을 모두 볼 수 있다.

홍콩 섬의 북각 쪽에 사는 사람들은 파커산을 자주 바라보게 된다. 그래서 이곳에 사는 분들은 주말에 가족들과 함께 바비큐를 해먹을 찬거리를 잔뜩 들고 산에 오른다. 어떤 분은 파커산을 홍콩에서 일출을 가장 잘 볼 수 있는 산이라고 해서 일출봉이라고 부르기도 한다.

파커산을 오르는 길은 타이꾸싱(太古城)이 있는 Quarry Bay 방면 킹스 로드(英皇道)에서 마운트 파커 로드를 따라 오를 수도 있고 북각의 브레머 힐 로드(Breamer Hill Road)를 통해 오를 수 있다. 나는 브레머 힐 로드(寶馬山道)를 따라 오르는 코스를 잡고 싶다. MTR을 타고 틴하우(天后, Causeway Bay) 역에서 하차하여 지상으로 올라와 49번 미니 버스를 타면 틴하우 앞을 지나 산길을 따라 오르면서 브레머 힐 로드로 접어든다. 버스가 "빠마산 화윤" 아파트 단지 근처에 이르면 하차한다. "빠마산 화윤"과 "초이사이우(寶西湖) 공원" 사이의 길을 따라 왼편으로 꺾어 오르면 등산로 입구가 보인다. 등산로는 "초이사이우 공원"과 연결된 "초이사이우 아파트" 단지의 후문과 붙어 있다.

초이사이우 아파트 군을 오른편에 끼고 오르는 산길은 잘 단장되어 있고 유달리 아열대 잡목이 울창하다. 계단으로 처리된 등산로를 따라 십 분 정도 오르면 두 갈래 길로 나누어지는데 왼편의 길은 브레머 힐로 오를 수 있는 길이며, 또 하나는 김독치마경(金督馳馬徑)이다.

거의 수직에 가까운 가파른 계단 길을 숨을 몰아쉬면서 다시 십 분 정도 오르면 계단 길은 끝나고 소나무도 듬성듬성한 산허리의 넓어진 길이 나온다. 모래로 덮여진 길이라 좀 미끄러운 이 길은 우리 나라 시골의 뒷산 같은 분위기를 준다. 소나무와 동백 설죽 등 아열대 잡목을 헤치고 가쁜 숨을 고르면서 길을 따라 가다보면 갑자기 바다가 펼쳐지고, 사이완호와 람틴의 성냥갑 같은 아파트 건물이 들어오고 마온산(馬鞍山)의 실루엣이 멀찌감치 보인다. 해발 200m라고 하지만 브레머 힐 정상까지는 다시 한 번 숨가쁜 계단 길을 올라야 된다. 브레머 힐은 홍콩 사람들이 뽀마산(寶馬山)으로 이름을 지은 것처럼 정상이 우뚝한 것이 아니라 말등(horse's back)처럼 일직선으로 연결되어 있다. 브레머 힐에 오르면 카이탁 구 공항의 활주로가 거대한 항공 모함처럼 바다에 떠 있는 것을 볼 수 있다. 지금은 장난감 비행기 한 대 없어 적막하게 보이지만 공항이 첵랍콕으로 옮겨가기 전에는 십 분마다 내리고 뜨는 비행기 모습을 찍기 위해 사진사들이 즐겨 찾았던 곳이기도 하다. 이륙하는 항공기가 너무 크게 보여 등산객의 가슴이 뭉클 했다는 것이다. 이곳에 서면 남쪽으로는 버틀러와 파커 마운틴이 가로막고 있지만, 북쪽으로 구룡의 8개 연봉(連峰)이 이루어내는 대장관을 볼 수 있다. 비아산(飛鵝山), 대노산(大老山), 사자산(獅子山)…… 등등

서쪽으로는 빅토리아 피크와 그 아래 센추럴 오피스 타워가 하버와 함께 한 장의 그림엽서 모습을 하고 있다.

홍콩 섬은 화산이 폭발하면서 만들어진 화산섬으로 산봉우리가 많다. 산봉우리의 이름에는 영국해군(Royal Navy) 제독의 이름이 유달리 많이 붙어 있다. Mt. Cameron, Mt. Gough, Mt. Parker 등이 그렇다. 브레머 힐의 경우에도 1841년 초 홍콩을 제일 먼저 접수 할 당시의 해군 함대 사령관 G. Bremer 제독의 이름을 따왔다고 알려지고 있다. 1840 아편전쟁을 발발시킨 영국의 통상관 C. Elliot와 당시 함대 사령관 G. Bremer 제독은 런던의 훈령도 없이 홍콩 섬을 할양 받는 조건으로 청 정부와 휴전 교섭을

해 버린다. 전쟁에 대한 보상에 불만을 가진 런던의 파머스톤 수상은 Elliot를 소환하고 Bremer 제독을 교체시킨다. 파커 마운틴 길은 150년 전 홍콩의 운명을 결정한 두 명의 영국 해군 제독을 기억케 하는 길이기도 하다.

브레머 힐에서 다시 Quarry Bay의 촘촘한 아파트 단지를 바라보면서 조깅 코스를 따라 삼십 분 정도 걸으면 마운트 파커 로드의 아스팔트길과 만난다. 아스팔트길을 따라 다시 삼십 분 정도 오르면 타이탐 갭이 나온다. 타이탐 고개는 파카 마운틴과 버틀러 사이에 있는 곳이다. 이 곳에서는 홍콩 섬의 남쪽 바다가 눈에 훤하게 들어온다. 발아래 높고 낮은 타이탐 호가 그림처럼 펼쳐져 있다. 멀찌감치 지중해 연안 식의 빌라가 질서 정연하게 나열된 모습은 홍콩이라고는 볼 수 없는 한가로운 어느 서양의 휴양지를 느끼게 한다. 아스팔트길은 파커 산 정상까지 연결되어 있다. 땀을 훔치고 마운트 파커 로드를 끝까지 오른다. 사람이 별로 다니지 않아 조용하면서도 유칼립스가 길을 에워싸서 운치가 있다.

하카 푼초이 도(道)

중국 사람들은 본래 남쪽은 덥고 습하고 만병이 우글거려 사람 살 곳이 못된다고 생각했던 것 같다. 황하유역에 살던 사람들이 여러 사정으로 고향을 등지고 사람이 살기 어려운 남으로, 남으로 내려왔다. 이런 사람들은 "이방인"의 뜻이라는 뜻으로 객가(客家)라고 불렸다. 특히 광동성 및 복건성 쪽에서는 현지 발음으로 "하카"라고 불렀다. 산이 많은 광동성과 복건성 접경에는 "하카"가 많이 살기로 유명하다. "하카"라고 해도 고향이 서로 다르기 때문에, 그들끼리도 말이며 습관 등이 서로 통하지 않는다고 한다. 홍콩에도 "하카"가 많이 살았다고 한다. 지금의 싸이쿵(西貢)은 본래 광동 북동쪽의 "하카"가 바다를 건서 와서 주로 살던 곳이었다고 하는데 점차 그들은 홍콩이 발전하면서 도시로 들어와 살거나 도시의 뒷골목으로 밀려났다고 한다. 그래도 사이쿵의 변두리 해안 촌에는 "하카"들이 많이 남아 있다. 그 중에 유명한 곳이 호이하(海下)의 "하카" 마을이다. "하카" 마을이라고 해도 사진에 보듯 원통형의 성채 같은 집을 지어놓고 사는 것은 아니고 현대식 철근 콘크리트 이 층 다세대 주택들이다. 낚시꾼이나 등산객을 위해 숙소며 식사도 제공한다. "하카"의 전통 음식 중에 푼초이(盆菜)라는 특수한 음식이 있다. 이번에는 호이하에서 하카 전통음식인 푼초이 디너가 연결되는 트레일을 소개하고 싶다.

나는 어느 토요일 오후 호이하의 푼초이 하카식 디너그룹에 조인하였다. 오전에 약간의 볼일도 마치고 점심식사까지 끝낸 후 KCR로 만나는 장소인 "대학역"으로 나갔다. 역 근처의 마루수이(馬料水)에서 오후 3시 15분 출발하는

마온산(馬鞍山)

카이도를 타야 했기 때문이다.

　우리가 탄 배는 토로(赤門) 해협을 나와 미르베이(大鵬灣)에서 크게 우회전하여 대탄만(大灘灣)까지 왕복하는 수상(水上) 버스의 일종이다. 배 삯은 거리에 관계없이 홍콩 화폐로 이십 불 정도 지불하는 것으로 기억된다. 카이도에는 주말이라 배낭을 맨 젊은 등산객, 낚시꾼이 가득했다.

　배는 마온산(馬鞍山)의 거대한 아파트 단지를 바라보면서 "우가이사" 앞으로 나아갔다. 거대한 공지(空地)가 눈에 드러난다. 일행 중 누군가가 월남의 보트 피플을 위한 수용소였던 곳으로, 이제는 건물은 없어지고 공지만 남았다고 하면서 홍콩에 디즈니랜드 유치 이야기가 나왔을 때 이곳도 강력한 후보 중의 하나였다고 설명한다.

　삼십 분쯤 되었을까 우리는 삼충(深涌)에서 배를 내렸다. 삼충도 옛날에는 번창한 마을이었다고 한다. 그러나 지금은 버려진 마을로 거의 사람이 살지 않는다. 지금은 누군가가 투자를 해 골프장을 만든다고 땅을 모두 갈아놓고 잔디를 심고 있다.

　일행들은 파헤쳐진 검은 흙이 튀기지 않게 조심스럽게 열을 지어 나간다. 마을길은 곧 끝나고 산길로 이어진다.

　산에서 흘러내리는 물은 맑고 뒷산은 수림이 울창하다. 인근 농장의 소들이 무리를 지어 지나갔는지 우분(牛糞)이 곳곳에 널려 있다. 걸을 때 위로는 늘어진 나뭇가지를 조심해야 하고, 아래로는 발 밑을 조심해야 한다. "학교"라는 간판이 걸린 제법 큰 벽돌 건물을 만난다. 그러나 잡초가 무성하고 사용되지 않은 지 수십 년은 되는 듯싶다. 마을 사람들이 떠나자 학생도 떠나고, 건물만 을씨년스럽게 남아 있게 된 듯하다. 길 좌우에는 어울리지 않게 유칼립스 나무가 많다. 일본군이 홍콩을 점령한

1940년대 초, 항일 게릴라전이 이 마을 주변으로 있었고, 일본군은 인근 수림을 모두 태워 항일 게릴라들의 은신처를 없앴다는 얘기도 전해진다. 전쟁이 끝난 후 홍콩정부는 호주 등에서 잘 자라는 유칼립스 나무를 많이 들여와 심었다고 한다. 일행들은 뒷산 고개에서 잠시 휴식을 취한다.

골프장으로 변해 가는 마을의 뒤쪽으로 토로 해협이 산등성이 사이로 보인다. 지도를 보면 왼편은 할로우 산(Mt. Hallowes)과 오른편으로는 석옥산(石屋山)이 있다. 그 사이로 길은 동북 방향으로 쭉 뻗어 있다.

걷기에 크게 어렵지 않은 길을 한 시간 정도 걸었을까, 산길이 끝나고 다시 마을길로 접어든다. 그 동안 라이치 총을 지나고 할로우 산밑을 지나온 셈이다.

산길도 시멘트로 말끔히 포장되어 있다. 표지판도 새로이 만든 듯 컨트리 파크 관리의 손길을 느끼게 만든다. 이곳은 유칼립스 나무가 잘 보이지 않는다. 홍콩 토종 나무들로 울창하다. 고목도 많은 것을 보면 전쟁의 피해를 덜 받은 곳인가 보다.

나무들은 사계절 푸른 상록수이기 때문인지 잎새는 동백나무 같이 빤짝거리면서 두툼하다. 곳곳에 야생 오렌지나무(山橙)가 많다. 새들도 좀 색다르다. 깃털의 색깔이 특이하다. 촘촘한 가지사이로 이름 모를 새들이 가득하다. 사람들이 지나가도 크게 동요하지 않는다.

길은 곽사오 유스호스텔 옆으로 지난다. 이런 곳에 유스호스텔이 있구나, 싶을 정도로 숲 속에는 푹 파묻힌 건축물이 아늑해 보인다. 토요일 오후의 한가한 공기가 사람을 감싸기 때문인지 여유 있고, 느긋해 언젠가 하룻밤 지내고 싶은 충동도 불쑥 든다.

날은 조금씩 땅거미가 진다. 하카 디너가 예정되어 있는 호이하가 가까워지고 있다.

홍콩지도에 보면 호이하(海下)는 사이쿵의 동북쪽 끝이다. 홍콩의 지명이 바다와 관계없는 것이 없지만 호이하는 이름도 '바다 깊숙이'라는 의미가 있다. 그래서인지 이곳은 맑고 푸른 바다로 유명하다. 요즈음, 홍콩의 다이버들은 이도(離島)로 나간다고 한다. 홍콩 앞 바다가 오염되어서 홍콩에서 멀리 떨어질수록 바닷속 시계(visibility)가 좋다고 한다. 그러나 홍콩의 연안의 바다로서는 예외적으로 호이하(海下) 바다 밑의 시계가 가장 좋다고 일러져 있다. 이제 가을과 겨울로 들어시면 물은 좀 치기 워지지만 바닷 속의 시계는 더욱 맑아서 다이버들도 한철을 즐기는 것 같다. 호이하(海下)에는 다이버들이 많이 몰려온다.

우리는 예약된 레스토랑으로 안내되었다. 말이 레스토랑이지 민박업소 식당 비슷하다.

집 마당에 그냥 둥근 철제 테이블을 놓아두고, 등받이가 없는 플라스틱 의자를 사람수 대로 둘러놓은 것이다. 우리 일행을 위한 테이블이 준비되어 있다. 그 옆에는 비슷한 라운드 테이블이 놓여있고, 다른 손님도 맞을 준비가 되어 있

화산이 폭발해서 생긴 바위들

다. 테이블 위에는 사람수 대로 나무 젓가락과 개인별 접시가 놓여 있다. 그리고 중앙에는 여분 젓가락이 타원형을 그리면서 정연히 놓여있다.

시계를 보니 여섯 시를 지나고 있다. 디너로는 좀 빠른 편지만 두 시

간 정도 트레일 워킹을 한 탓인지 시장기가 돈다. 이윽고 주인이 큼직한 스테인리스 용기를 두 손으로 무거운 듯 받히고 나온다. 알고 보니까 이것이 분채(盆菜)라고 부르는 하카식 디너였다. 홍콩에 오래 사는 사람들은, 그리 새로울 것도 없을지 모르지만 잠깐 머물다가 떠나는 나로서는 새로운 음식문화의 접촉이었다. 일행 중 누군가가 이미 주문한 일곱 가지 차이(菜)의 메뉴를 보여 주는데, 그 일곱 가지 음식이 차곡차곡 수직으로 쌓여 있는 게 아닌가.

제일 위에서부터 보면 닭고기, 야채, 돼지고기, 두부, 메추리알……

모두들 서비스 젓가락을 들고 음식을 집어 가기 시작했다. 사람들은 먹고 싶은 음식을 찾느라고 마구 파 뒤집는다. 야채 조금, 돼지고기 조금, 두부 조금, 이런 식으로 자신의 접시에 음식을 집어 나른다. 금방 용기는 지저분하고 무질서하게 되어 버렸다. 마치 걸인들의 거대한 밥통처럼 되어 버렸다. 그러나 음식의 맛은 뛰어났다. 조금도 지저분한 기분이 들지 않는다. 일행 모두가 마치 걸신들린 사람들처럼 열심히 먹고 다시 주워 담는다.

날씨는 상당히 어두워졌고, 마당에 걸어놓은 백열등은 불빛을 더 뿜는 것 같다. 그러나 용기 안을 잘 볼 수가 없다. 젓가락에 무엇이 찍히는지 모를 정도였다. 누군가가 후레쉬(torch)를 꺼냈다. 몸을 의자에서 일으켜 후레쉬를 비추어 그 속에 남아 있는 메추리알이라든지 닭고기살 덩어리를 찾아낸다. 모두 젓가락을 든 전사 같은 기분이다. 흰밥을 곁들이고 자스민 차와 함께 먹는 하카 푼초이는 별미였다.

옛날 하카들은 떠돌이 생활이라, 그릇도 많지 않고 씻을 물도 넉넉하지 못했는지 모른다. 물도 낯설고 땅도 선 남의 고장에서 만들 수 있는 고향 음식이란 한정되어 있겠지만 어렵게 만든 음식을 모두 큼직한 오지 그릇(盆)에 담아 식구들이 쭉 둘러앉아 정겹게 먹는 모습이 어렵지 않게 떠오른다. 홍콩에 사는 우리들도 결국 현대판 하카가 아닐까, 하는 생각이 문득 든다. 밤이슬이 조금씩 내리는 호이하(海下)의 밤은 깊어간다.

포토이 섬(島)의 불수애(佛手崖)

홍콩에 2~3년 살아 온 사람들은 홍콩 섬, 구룡(九龍), 신계(新界) 등은 어느 정도 들어와서 알 듯도 한데 "이도(離島)"라는 새로운 이름에는 어리둥절할 것이다.

글자 풀이를 하면 섬을 떠난다고 할 수도 있고, 섬에서 벗어난다는(off island) 의미도 있겠다. 그러나 이 말은 홍콩에 자리잡은 영국 사람들이 홍콩 섬 외에 적은 외딴 섬들을 말 그대로 outlying islands라고 부르면서 그것을 현지말로 직역한 것으로 보인다. 홍콩에 살기 시작하면 이도 몇 개는 가 보아야 오다가다 홍콩 섬의 다른 모습도 볼 수 있고, 이도에 아직도 남아 있는 옛날 원주민들의 생활도 엿볼 수 있다. 이도 중 가장 멀리 떨어진 곳이 "포 토이 섬"이다. 어느 방송국 퀴즈 프로그램에도 출제되었다고 하는 홍콩의 최남단의 섬이며, 북위 22·94°라고 기록되어 있다.

포토이 섬(浦台島)은 크지 않은 바위섬이다. 자세히 보면 몇 개의 섬이 무리 지어 있는데, 일명 포토이 군도라고도 불린다. 홍콩 섬과 마찬가지로 바닷속에서 화산이 폭발해 생긴 섬이다. 거대한 화강암 바위 덩어리가 섬을 이루고 있지만, 오랜 풍우에 바위 덩어리가 갈라지고 깨어져 산 위에 듬성듬성 놓여 있어 그 모양이 각양이다. 이 섬에 사는 사람이 많지 않아 그런 바위에 이름과 전설이 붙어 있지 않다고 하지만, 멀리서 바라보면 개가 앉아 있는 모양, 큰 주먹이 불끈 솟아 있는 모양, 바다로 나간 남편을 기다리는 망부석 모양, 나지막한 섬 전체가 거대한 자연의 석조 조각공원 같은 기분이 든다. 상상력이 풍부할수록 자연의 예술품을

애버딘의 점보 선상 레스토랑

한껏 즐길 수 있다.

　그 자연의 예술품 중에 뛰어난 것이 불수애(佛手崖)다. 거대한 절벽 자체가 다섯 손가락을 펴고 있는 듯하다. 불자들이 부처님의 손 같다고 해서 불수(佛手)라고 붙였겠지만, 거대한 손바닥 모양을 하고 있음에는 틀림없다. 다섯 손가락은 오랜 세월로 바위가 수직으로 갈라져, 손을 폈을 때 볼 수 있는 손가락 모양을 하고 있기 때문이다.

또한 이 곳에는 고대 석각이 잘 보존되어 있다. 수만 년 전 이 근처에 살던 원시인이 고기잡이를 나왔다가 바닷속의 괴물을 목격하고, 흥분을 감추지 못하고, 바위에 새겨 둔 것이라고 믿고 있는데, 홍콩 정부가 유리로 잘 보존해 놓고, 자세히 볼 수 있도록 바닷가 절벽까지 길을 잘 만들어 놓았다. 그러나 상상력이 부족한 사람은 가 볼 곳이 못 되는데, 너무 오래 되어서인지 석각이 잘 보이지 않는다.

포도이 섬을 길려면 애비딘 선척장까지 나가야 한다. 애비딘 해안도로로 나가면 점보 선상 레스토랑까지 안내해 주는 배가 닿는 곳, 바로 옆에 "희기가도(喜記街渡)"라는, 배 이름이 보인다. 포토이 섬까지 왕복하는 카이도(街渡)를 운영하는 회사다. 카이도라는 통통배는 1960년대의 배 그대로 나무 벤치가 놓여 있어 다소 썰렁하다. 발동선 기름도 좋지 않은지 소리도 요란하고 냄새도 지독하다. 대개 아래 위층으로 되어 있지만 아래층에는 참기 어려운 특이한 냄새 때문에 비가 오거나 바람이 불지 않으면 모두 이 층으로 올라가 차라리 바닷바람을 쐬는 것이 낫다. 배를 운행하는 사람도 대개 선원 겸 선장의 한 사람이다. 돈도 받고, 배도 운전하는데 항상 다니는 뱃길이라 그런지 전혀 긴장도 하지 않고, 복장도 완전히 자유롭다. 그리고 매우 편안한 모습이다. 애버딘 가이도는 일요일을 제외하고는 화·목·토요일밖에 없다. 오전 한 차례 아침 아홉 시 전후이다. 오후는 네 시 정도가 되어야 돌아오는 배가 있는데, 미리 확인해 둘 필요가 있다. 일요일 또는 법정 공휴일은 배편이 좀더 많다고 한다. 우리가 탄 카이도는 출발시간이 되자 엔진을 힘차게 몇 번 폭발시키면서 후진해 서서히 마타우(pier)를 벗어난다. 애버딘의 아파트 군이 서서히 물러난다. 옛날 조그마한 어촌으로 선상족들의 고향이기도 하고, 홍콩이라는 이름의 발상지이기도 한 애버딘은, 1840년대 초 당시 영국의 외무장관 애버딘 경의 이름으로 불려지면서 옛날의 그림자도 점차 없어졌다.

　애버딘은 앞쪽의 압레이차우의 섬이 훌륭한 방파제 역할을 하면서 애버딘 앞 바다는 거대한 피풍당(避風塘)을 이루고 있다. 태풍의 계절에는 고기잡이 나간 배가 모두 들어와서 태풍이 지나가기를 기다리고 있는 바람에 배가 잔뜩 차서 바다 물 보기가 어려울 정도라고 누군가가 허풍도 떤다. 카이도는 어느 새 홍콩의 명물, 화려한 점보 선상 레스토랑을 지난다. 5층의 선상 레스토랑에는 엘리베이터까지 갖추어져 있다. 이윽고 홍콩 마리나 클럽의 크고 작은 레저 보트를 사열하면서 방파제를 서서히 벗어난다. 곧 왼편으로는 오션 파크가 나온다. 중국 각지의 유적을 모형으로 지어 놓은 집고촌(集古村)의 포타라 궁이 보이는가 하더니, 곧 산 중턱에는 페리스 힐, 롤러 코스트 등 각종 놀이시설이 불안하게 올려져 있는 오션 파크가 전면을 드러낸다.

　포토이 섬이 인근의 소라 섬(螺島)과 함께 아스라이 무리를 지어 바라보이지만 카이도 뱃길로는 한 시간 이상 걸린다고 한다. 늘 바다를 보고 살지만 평소 느끼지 못하는 특이한 바다 냄새와 오존 덩어리처럼 보이는 바닷바람을 몸 전체로 맞으면서 눈앞의 전경을 조금이라도 놓치지 않으려고 해본다. 오른 편은 라마 섬의 웅장한 모습이 전개되고 있는데, 지도에서 보는 분위기와는 전혀 다르다. 작은 섬으로만 생각했는데 배를 타고 나와 보니까, 거대한 육지의 반도 같은 기분이 든다.

　다시 왼편으로는 심수만(深水灣)이 보이는가 싶더니 곧 잔수만(淺水灣)으로 이어진다. 구멍 뚫린 리펄스베이 아파트가 외눈 알의 거인처럼 버티고 있다. 곧 배는 스탠리 반도를 쭉 따라 내려간다. 백 오십 년 전 홍콩 식민지 관리들은 애버딘 경 이름만 따기가 미안했는지 당시 식민지

장관 스탠리 경의 이름도 갖다 부쳤다고 한다. 반도 남단에는 주권반환으로 영국군으로부터 넘겨받은 중국인민해방군(PLA)의 믹사가 있고, 바닷가 바로 닿는 바위 절벽에는 각종 접시안테나가 어지럽게 널려 있다. 홍콩

리펄스베이의 호화 아파트

의 각 방송국, 전화국 위성 안테나가 총집결된 것처럼 여겨진다.

배가 출발한 지 한 시간이 좀 지나자 카이도는 V자 형의 어촌으로 들어간다. 조그마한 비치가 아담하게 느껴지는 이곳이 포토이라고 한다. 지금은 주민 17명만이 살고 있는 작은 어촌이다. 그러나 주말이면 외롭지 않다고 한다. 각종 정크며 레저 보트가 사람을 가득 싣고 와서 이곳에 닻을 내린다고 한다. 사람들은 홍콩의 최남단을 몸으로 느껴본다. 물론 다녀간 증명서를 따로 발급해 주는 곳은 아무 데도 없지만 그러나 하나뿐인 해선(海鮮)레스토랑은 넓게 자리잡아 적지 않는 사람들을 수용할 수 있는데, 오륙 십 명은 동시에 식사할 수 있을 정도로 넓다. 그 곳의 음식은 신선하고 맛깔스러웠다. 특히 산 오징어를 튀긴 요리는 가히 일품이었다.

섬의 최고봉은 동두정(東頭頂)이라고 해, 해발 244m라고 기록되어 있다. 그 외 섬에는 100~200m의 산봉우리가 몇 개 더 있고, 트레일은 그

사이로 만들어져 있다. 섬에서 가장 남단을 남각저(南角咀)라고 하는데, 홍콩의 가장 남쪽 끝인 셈이다. 포토이 선착장에서 바다 옆을 끼고 사십 분은 걸어가야 한다. 지나가는 배가 많지 않는 것 같다. 그곳에는 중국의 간군도(杆群島)가 바라보인다. 홍콩이 주권 반환 전에는 스톤·카터 섬에서 나온 영국 해안 경비정이 자주 순시를 했다고 하는데, 지금은 간간이 지나가는 어선 외는 아무 것도 없다. 남각저에 가보면 하늘과 바다가 한 선에서 연결된 듯 망망대해의 의미를 알 것 같다. 파도는 멈추지 않고 바위를 때리면서 산산이 부서지고 있다. 바다에는 풍랑이 있는 것은 아니지만 바람은 드세다. 남각저에서 선착장으로 돌아오다 보면 거대한 바위 손바닥이 눈에 들어온다. 정말 자연의 신비라고 할까. 오지(五指)가 분명히 갈라져 있고, 손바닥과 함께 손목도 형성되어 있다. 영국 사람이 만든 표지판에는 그냥 장암(掌岩, palm rock)이라고 되어 있다. 손바닥같이 생겼다. 그러나 현지인은 부처님의 영험을 살려, 바다 생활에 안전을 얻고자 불수애로 부르고 있다.

　섬은 작지만 트레일은 시멘트 포장과 철제 난간까지 만들어 잘 정비되어 있다. 연로한 노인도 남중국해의 바닷바람을 쐬면서 여유 있게 다니기에 지장이 없을 정도이다. 최고봉 동두정에 오르면, 타이탐 만을 사이에 두고, 스탠리 반도와 다퀼라 반도와 함께 홍콩 섬의 남쪽이 시야에 쑥 들어온다. 마치 천상에서 홍콩 섬을 내려다보는 듯하다. 홍콩의 마천루 숲 속을 벗어나 문명의 때가 아직 묻지 않은 홍콩의 이도 중의 이도, 포토이 섬을 한 번 찾아볼 만하다.

진드링커 방어선(Gindrinker's line)

우리가 6월이 되면 6·25를 상기하듯 홍콩 사람은 12월이 되면 12월 8일 일본의 홍콩 침략을 기억한다. 홍콩이 영국 식민지로서 꼭 백 년이 되던 해이던 1941년 12월 25일은, 막강한 대영제국이 당시 떠오르는 태양 일본에게 지금의 페닌슐라 호텔에서 항복을 한 치욕의 날로, 그 무렵 홍콩 사람들은 지독한 블랙 크리스마스를 보냈다.

신 고딕식으로 잘 지어진 지금의 입법국의 화강암 건물이 당시 악명 높던 일본 켐베이다이(憲兵隊)의 본부였으며, 당시 홍콩 상하이 은행의 건물이 일본의 총독부였다. 지금 황후 광장에 황후동상이 없어진 것도 그때의 일이었다고 한다. 1941년 12월 8일 일본이 하와이 진주만 기습 공격과 함께 미·영에 선전 포고를 하고, 동시에 수년 전 이미 점령하고 있던 중국 광동성에서 발진한 일본 폭격기가 카이탁 공항을 공습, 영국 공군기 5대, 미국의 팬 아메리카 회사 소속 민항기 8대 등을 파괴시키면서 대 홍콩 침략이 시작된다.

육로는 선전 주둔 일본 육군이 영국이 난공불락으로 생각했던 방어진지, 이른바 "진드링커 라인"을 돌파한다. 진드링커 라인은 첸완의 진드링커 베이에서 성문수당(城門水塘) 남쪽에서 사틴(沙田)으로 연결되는 방어진지이다. 그 중에 성문수당의 방어진지는 성문저수지가 구룡(九龍)의 생명수로 적에게 내어줄 수 없을 뿐 아니라, 방어선 자체가 구룡의 심장으로 통하는 전략요충(咽喉)이었기 때문에 빼앗겨서는 안 되는 방어선이다. 1937년 7월 7일 일본이 중국 베이징 근처에서 7·7 사변을 일으킨 후 사천성 일부를 제외하고, 대부분 중국을 점령하게 되자, 홍콩의 영국군은 언젠가 있을 일본의 홍콩 침공에 대비 방어 진지를 구축하고, 최고의 정예부대로 하여금 그곳을 지키게 했지만 일본군의 침공에 결국 굴복, 진드링커 방어선을 포기하고 홍콩 섬으로 퇴각한다.

옛 격전지 "진드링커 라인"이 이번 주의 나의 트레일이다.

성문수당(城門水塘) 저수지는 홍콩 사람들이 가장 즐겨 찾는 컨트리 파크의 하나이다. 해발 957m의 대모산(大帽山)이 배경으로 버티어 있고, 넓은 호수 그리고 울창한 수림, 신선한 공기, 바비큐 장소도 잘 갖추어 있어 도시생활에 찌든 홍콩 주민들이 하루 스트레스를 풀기에는 손색없는 시민공원이다. 그래서 사람들이 많이 붐비는 일요일은 "싱문의 몽콕"이라고 부른다. 사람이 너무 많으면 호젓한 등산 분위기가 깨지므로 토요일이 적당한 것 같다. 그러나 요즘은 중국 대륙에서 불법 이민자가 산 속에 숨어 있다가 사람들이 별로 다니지 않은 때를 골라 등산객을 가끔 공격한다고 하니 이것 또한 주의해야 할 것 같다.

성문 저수지 지도

우선 MTR로 첸완 역에서 내린다. 역사를 빠져 나오면 첸완 중심지인 마켓트 거리를 만난다. 성문수당 아래 이목수(梨木樹) 쪽으로 올라가는 미니버스가 기다리고 있다. 미니버스를 타고 이십 분 정도 산으로 오른다. 버스는 S자형을 그리면서 산길을 따라 종점까지 간다. 종점은 성문수당의 거대한 댐 바로 아래에 있다. 버스에서 내리면 왼편으로 댐 계단을 따라 오르면 저수지가 한 눈에 들어온다. 성문이란 지명은 옛날 청정부에서 반기를 든 명 나라 정부의 후예 일부가 이 일대에 성을 쌓고 저항

했다고 하는 데서 전해진다. 이곳에서 발원해 사틴(沙田) 쪽으로 흐르는 강을 성문하(城門河)라고 부르고 있다.

저수지가 들어서기 전에 그 곳에 살던 주민들은 파인애플을 키워 산 아래 췐완에 가져다 팔아 생계를 유지했다고 하는데, 식민지 영국정부는 성문하 상류를 막아서 구룡 주민의 식수용 저수지를 만들었다는 것이다. 저수지가 완공된 해가 빅토리아 여왕 재위 오십 주년이 되는 해라고 해서 영국 사람은 이 저수지를 Jubilee 저수지라고 부르고 있다. 호수 주위를 일주하는 트레일이 잘 닦여져 있다. 보기에도 풍요로운 울창한 숲으로 둘러 쌓인 성문 저수지는 홍콩에서 가장 높은 데 위치한 저수지의 하나라고 일행 중 누군가가 귀띔해준다. 그래서 산정호수의 의미 정호(頂湖)라는 별명도 있다고 한다. 호수를 오른편으로 바라보면서 트레일을 걷는다. 호수 반대편의 침산(針山)이 호수에 긴 그림자를 드리우고 있다.

가을에 호수의 수면이 가장 높아 호수의 풍성함을 느끼게 한다고 한다. 봄이면 건조한 겨울을 지나므로 수면이 아래로 떨어져 호수를 만들 당시의 볼썽 사나운 산이 깎여진 모습이나 시멘트벽이 노출된다고 한다. 컨트리 파크 곳곳에 피크닉용 의자며 테이블이 놓여 있다. 호수의 잔잔한 물결을 바라보고 있자면, 그 곳은 가족 단위로 피크닉 하기에 정말 좋은 곳이라는 생각이 든다. 도시의 소음도 전혀 들리지 않고, 공기도 너무 맑아 정신이 번쩍들 정도이다. 산의 계곡에서 호수로 들어가는 물줄기가 곳곳에 작은 폭포를 이룬다.

계곡의 물이 호수로 들어가는 지점에는 낚시꾼이 뭔가 낚고 있다. 우람하게 자란 나무는 토종보다는 오스트레일리아에서 수입한 유칼리(eucalyptus) 종류이다. 오스트레일리아 현지에서는 검트리라고 부른다고 한다. 나무가 푸른 기를 띠고, 잎에서 증발되는 수액이 푸른 안개를 만든다는 블루검 트리, 나무가 버취처럼 겹겹이 부드럽고 엷은 분홍색의 껍질로 쌓여있는 듯한 것이 레드 검트리라고 부른다.

　전쟁 중에 이 일대의 토종나무가 소실되고 전쟁이 끝난 후 1950년대에 본격적인 식수를 했다고 하니, 그래도 어언 오십 년간이나 자란 셈이다. 키가 크고 수림이 서로 얽혀, 하늘이 잘 보이지 않을 정도이다. 호수면까지 식수가 되어 곧 바르게 줄을 지어 서 있는 모습은 보기에도 시원스럽다.

　한 시간쯤 걸었을까. 호수의 가장 안쪽에 닿았다. 수몰되기 전 마을의 제일 안쪽이며, 가장 높은 곳에 해당되는 곳이다. 아직도 당시 수몰 전의 건물 일부가 파손된 채 남아 있다. 흙벽을 자세히 보면 뭔가 쓰여져 있다. 저수지를 만듦에 따라 본래 살던 토박이들은 졸지에 고향을 등져야 했다. 대부분이 옌롱(元郎) 근처로 집단 이주되었다고 하는데, 그러한 당시 울분이 토담에 쓰여진 글의 내용이 아닐까 상상하이 본다.

　길은 컨트리 파크 로드의 포장도로와도 연결된다. 호수의 북쪽을 돌아 다시 호반의 오솔길로 접어든다. 낙엽이랄까. 가을이 없는 홍콩에도 건조한 계절이 되니까, 잎사귀가 말라 떨어지는 모양이다. 단풍으로 바뀌는 것이 아니고 수분흡수가 잘 안된 잎이 갈색으로 말라 약간 움직임이 있으면 떼그르르 하고 떨어진다. 오솔길에 떨어진 낙엽들은 한국의 가을 기분을 약간이나마 느끼게 만든다. 오솔길은 호수의 모양대로 들쭉날쭉하다. 30~40분 걸었을까 샤틴(沙田) 쪽의 댐으로 나온다. 거의 호수를 일주한 셈이다. 댐을 건너고 진드링커 라인과 연결되는 맥러호스 트레일로 오른다. 호수가 바라다 보이는 산등성이에 참호가 쭉 연결되어 있음을 알 수 있다. 진 드링커 라인이다.

　사용하지 않은 지가 반세기 이상이 되었는데도 당시의 참호가 아직도 건재하다. 입구마다 참호의 이름이 새겨져 있다. 자세히 보면 런던 시내의 거리 이름이다. 런던 시내 거리 이름으로 수비군의 향수를 달랬을까! 참호는 깊숙이 연결된 듯 하지만 방치된 상태로 출입을 금지해 놓고 있다. 홍콩의 좋은 관광 상품이 방치된 것 같은 생각이 든다. 내부를 정리해 등(燈)을 달아놓고, 당시 상황을 음향으로 효과를 내게 한다면 훌륭한 관광자원이 될 수 있을 텐데, 하는 생각도 해본다. 영국군은 일본군 침공에 대비한 주 지휘선을 만들이 놓고, 불철주야 빙이했다는 진드링기 라인도 일본의 공격에 쉽게 무너졌다고 한다. 영국 수비군이 술을 많이 마셔 취하지는 않았을 텐데 말이다. 첩보 활동에 능한 일본군은, 이미 진드링커 라인의 취약점을 모두 파악해 놓고 있어, 방어선을 돌파하는 데는 많은 시간이 필요하지 않았다고 한다. 일본인이나 광동 사람이나 비슷한 황색이라서 영국이 일본의 스파이를 당해내지 못했는지도 모른다.

일본군이 침공하기 수년 전부터 홍콩 센추럴에 광동 사람들이 경영하는 이발소가 있었다고 한다. 이발사들은 영어는 한마디도 못하였으나 이발기술이며 서비스가 뛰어나서 많은 영국 장교들이 즐겨 찾았다고 한다. 그 중에 L이라는 이발사가 가장 뛰어나서 모두 그를 좋아했다고 한다. 홍콩 인이 경영하는 이발소와 달리 매우 충직한 광동 인이 경영하는 이발소는 영국군 장교들이 마음놓고 이야기를 나눌 수 있었던 모양이다. 일본군이 침공 18일만에 홍콩은 함락되고 항복한 영국군은 모두 스탠리 수용소로 보내진다. 어느 날 스탠리 수용소를 사열하고 영국군 포로 앞에서 아주 유창한 영어로 일장 훈시를 하는 일본군 특무 대령이 있었다고 한다. 영국군 장교들은 어디선가 많이 본 얼굴로 생각되면서, 선뜻 기억을 해내지 못했다고 하는데, 그가 바로 그 이발사가 L 이었다는 이야기가 전설처럼 전해진다. 진드링커 라인에 오르면 동북쪽으로 대모산(大

帽山)이 성큼 다가오고, 동남쪽으로는 하성문(下城門) 수당(水塘)과 구룡수당(九龍水塘)이 내려다보인다. 필가산(筆架山) 넘어 홍콩 섬의 빅토리아 피크가 아스라이 보이는 듯하다. 진드링커 라인에서 자기 나라를 위해 목숨을 바친 영국 및 일본의 젊은 군인들을 생각해 본다.

롱케완(灣)에서 밀레니엄 일출

12월이면 누구나 바쁘다. 한해를 마무리하기 위해 그 동안 밀린 일도 끝내야 하고 못 만나던 사람에게 소식도 전한다. 금년에는 E-카드가 유행하여 돈이 들지 않는 블루 마운틴이 바쁘다. 그래서인지 일본 사람들은 12월 섣달을 "시와스(師走)"라고 한다. 오죽하면 점잖은 선생님도 달려야 할 정도이겠는가. 12월 31일과 1월 1일 사이는 사실 보통 날과 다름이 없지만 사람들은 달력을 만들어 한 해를 구분해 두었다. 그래서 두 달의 한 가운데인 자정이 year divide(分年嶺)이다. 그러나 금년(1999년)은 그냥 한 해가 지나감이 아니고 천 자리 숫자가 달라지기 때문에 millenium divide라고 해야 할 것 같다. Y1K 대에서 Y2K 대로 넘어가기 때문이다. Y2K가 되면 컴퓨터가 이렇게까지 연도 인식을 하게끔 내버려두지 않고, 비용 절감을 이유로 뒤의 두 자리 숫자만으로 인식하도록 만들어 두었기 때문이라고 한다. 자업자득이라고 할까.

우리 주변의 컴퓨터 시설에 Y2K 문제가 발생되면 불편을 참는 정도에서 끝날 수 있지만 컴퓨터 덩어리인 항공기는, 작은 사고라도 발생해 비행이 되지 않으면 공중에서 낙하할 수밖에 없다. 그렇게 되면 꼼짝없이 죽어야 하기 때문에 연말연시에 비행기 타는 것은 삼가는 것이 좋다는 것이지만, 연말연시 여행을 모두 자제하게 될 것이고 그러다 보면 탑

승객이 턱없이 부족해 항공사는 Y2K 문제와 관련 없이 비행기와 함께 ground 당할 수밖에 없다. 이번 연말연시에 홍콩에 있을 수밖에 없는 사람들에게 권하는 트레일이 이번 주 "나의 트레일"이다.

하루의 시작이 일출로 시작된다면 한 해의 시작은 그해 1월 1일 일출로 시작된다. 새 천 년의 시작은 2000년 1월 1일의 일출로 시작된다고 본다.

"밀레니엄 일출"은 천 년에 한 번밖에 없는 일출이다. 이러한 특별한

홍콩의 전경

일출을 누구보다 가장 먼저 그리고 아름다운 배경과 함께 감상하기 보기 위해서는 홍콩 신계(新界)의 사이쿵 반도 롱케완을 권하고 싶다. 롱케완

에는 사이완산(西灣山)이 있다. 해발 314m인 그곳에 오르면 타이롱완(大浪灣)의 함틴 비치와 타이롱 비치가 그림처럼 연결해서 펼쳐지면서 밀레니엄 태양이 떠오르는 것을 볼 수 있다. 하나의 대 장관이 될 것 같다.

롱케완은 아름다운 비치와 소나무 숲이 잘 연결된 꾸밈이 없는 자연 그대로이다. 비치 자체도 하이 아일랜드 저수지를 삼 분의 이 정도 들고 다시 산길을 걸어야 나타나기 때문에 사람이 잘 다니지 않고 정말 호젓하다.

그러나 롱케완에서 싸이완 산에 올라가서 보는 타이롱비치는 하나의 그림이다. 싸이완 산에서 아래로 내려가면 싸이완 함탄 비치 등과 연결된다. 그림 속으로 들어가는 것이다. 곳곳에 하카(客家)들이 운영하는 사다(士多, stotre)라는 잡화점이 달린 간이 식당도 제법 있다. 값도 비싸지 않고, 몽콕 같은 데서 맛볼 수 없는 옛날 중국 토속 음식도 곧 잘 준비되어 있다. 함틴 비치는 패튼 총독이 즐겨 찾았다고 하며 총독전용 해리 포터가 만들어져 있다. 이곳은 바다와 산이 잘 어우러진 자연 그대로 여

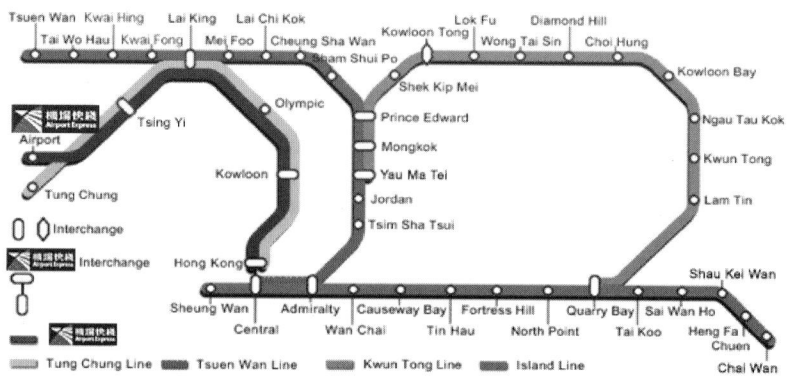

홍콩의 MTR 노선

름이면 더할 나위 없지만 지금도 한국의 늦가을 같은 날씨로 트레일 워킹도 하고 바다수영을 하기에도 좋다. 밀레니엄 일출은 아니더라도 홍콩에서 새해를 맞기에는 안성맞춤이다.

우선 MTR로 초이홍(彩虹) 역까지 간다. 초이홍 역에서는 사이쿵(西貢) 쪽으로 가는 버스 터미널이 있다. 아직 사이쿵까지 지하철이 연결이 되지 않아 사이쿵으로 가는 사람은, 누구나 초이홍 역에서 내려서 버스로 갈아타야 한다. MTR 역에서 지상으로 올라오면 92번 버스 등 사이쿵 가는 버스가 미니버스부터 줄줄이 기다리고 있다. 일단 사이쿵까지 가는 버스를 탄다. 버스는 구룡피크(602m)와 타이성록(402m) 사이 고개를 넘어서 클리어 워터 베이 로드를 따라 내려간다. 유칼리 나무가 잘 식수되어 있는 고갯길이다. 마온산을 중심으로 하는 사이쿵의 연봉들이 다가온다. 이 길을 내려가면 곽사완(白沙灣) 요트 하버가 나온다. 홍콩 요트 클럽, 하벤하벤 요트클럽이 있어 홍콩에서 제일 규모가 크고 주변에 각종 빌라시설도 갖추고 있어 산과 바다까지 동시에 어우러진 세계적인 마리나 환경으로 꼽고 있다.

이 차선을 따라 좌측과 우측으로 꺾어 들면서 사이쿵 구 시가가 나오면서 버스는 터미널로 들어간다. 사이쿵 구 시가는 원래 사이쿵의 리아스식 바다에서 고기를 잡는 "단카(蛋家)" 어부들과 마온산아래 농사짓던 "하카(客家)" 농부들이 서로 물물교환 하던 장터가 발전된 것이라고 한다. 길은 더 뻗어 있지만 컨트리 파크를 보호하기 위해 대중교통은 여기서 끝나고 만다. 건너편의 카이사우 섬의 파브릭 골프장을 가는 사람은 버스 속에서 무거운 골프 가방을 드러내고 선착장으로 향한다. 일요일의 경우에는 대중교통이 띄엄띄엄 있지만 토요일에는 보이지 않는다. 자주 있지 않은 버스를 기다리느라고 시간을 보낼 필요는 없다. 택시를 잡는다. 사이쿵 구 시가 버스종점에서 신계용 녹색택시를 탄다. 다섯 명까지 탈 수 있다.

택시는 사이쿵 컨트리 파크 박담총를 지나 하이 아이랜드 저수지에 오른다. 하이 아일랜드의 거대한 저수지가 눈에 들어온다. 홍콩이 과거 영국 식민지 시절 식수 안보를 위해 마련한 거대한 인공호수이다. 본래 하이 아일랜드 등 몇 개의 섬을 둑으로 연결되어 그 속의 바닷물을 모두 뽑아내고 식수를 집어넣었다고 한다. 1978년 준공된 이 저수지는 망망한 바다 같은 저수지이다. 식수이기 때문에 오염은 금물이다. 그래서 그 큰 호수에 보트도 한 척 없고, 낚시꾼도 물론 보이지 않는다. 죽은 호수처럼 조용하지만 곳곳에 물은 퍼내고 빨아들이는 취·송수구가 있다. 하이 아일랜드의 서남쪽 아스팔트길은 호수의 반쪽 주위를 돌 수 있는 길이다. 왼쪽으로는 호수의 수면이 바라다 보이고, 오른쪽 해변이 내려다보인다. 호수 수면은 바다수면보다 훨씬 높다. 그만큼 저장된 수량이 풍부하다. 댐 아래쪽에 철망으로 둘러싸인 수용소가 보인다. 월남의 보트 피플을 수용했던 곳이지만 월남 난민은 모두 떠나고 지금은 비어 있다고 한다. 택시는 아스팔트 길이 끝나는 곳까지 실어다 주고 유턴해서 나간다. 이곳부터 산길을 따라 삼십 분 정도 걸어가면 산모퉁이로 비치가 펼쳐진다. 이곳이 롱케완이다. 소나무 숲이 해안까지 뻗어있고, 거의 사람이 보이지 않아 마치 숨겨진 비치를 발견한 듯하다.

롱케완 비치에서 하루를 보내려면 다시 오던 길로 돌아 나와야 한다. 댐 주변에 택시가 간혹 들어오긴 했지만 필요한 경우 택시를 다시 불러야 한다. 그렇지 않으면 걸어 나와야 한다. 교통은 별로 좋지 않은 편이다. 그래서 이렇게 잘 보존되어 있는 것인지도 모른다.

새 천 년의 일출을 보기 위해 시간 맞추어 온 사람은 롱케완에서 싸이완 산으로 다시 올라가야 한다. 싸이완 산에 오르면 북동쪽으로 샤프 피크(486m)가 이름 그대로 송곳처럼 샤프하게 우뚝 서 있다. 태양은 동쪽으로 망망대해에서 금방 불쑥 솟아오를 것 같다. 그 사이 내려다보이는 함틴 타이롱 비치는 그 정경이 어디에 가져다 놓아도 손색이 없다. 비치에는 깨끗한 모래에 투명한 바다빛이 있지만 아직 호텔이 들어선 것도 아니고, 레저시설을 갖추지 않았다. 교통도 좋지 않다.

그래서 숨겨진 비밀처럼 트레일 워커늘만이 슬겨 찾는 곳이다. 트레일 워킹에 자신이 있는 사람은 싸이완 산을 내려가면 싸이완 해안을 지나고, 다시 함틴 및 타이롱 비치를 지나고, 타이문산 고개를 넘어 척경으로 나아갈 수 있다. 모두 네 시간 정도 소요되는 것 같다. 척경이 있는 롱하버에서는 샤틴(沙田) 마루 시까지 가는 카이도 통통배가 있다. 마지막 배가 계절에 따라 다르지만 오후 네 시경으로 기억된다. 새 천 년 첫날을 이렇게 보낸다면 한 해뿐만 아니라 천 년이 편할지도 모른다.

란타우의 타이거 헤드

우리가 홍콩을 생각할 때는 홍콩 섬만을 생각하기 쉽다. 그러나 행정구역으로서의 홍콩 즉, 중국의 홍콩 행정 특별 구역에는 홍콩 섬은 물론 중국 선전 남쪽의 옌롱, 타이뽀, 구룡 반도, 사이쿵 반도 그리고 란타우 등 많은 섬이 포함된다. 홍콩 섬은 전체 홍콩의 7퍼센트밖에 되지 않는다. 그렇지만 전체 홍콩을 대변한다. 그렇게 된 것은 영국이 중국 청나라에 대해 1차 중영(中英) 전쟁인 아편전쟁에서 승리한 1841년에 빼앗은 것이 홍콩 섬이기 때문이었다. 급한 대로 창고(godown)로 사용할 장소로 홍콩 섬 하나를 달랑 확보해 놓았지만 섬 하나로는 부족했다. 코 앞의 침사추이(尖沙咀)에서 중국군대가 서성거리고 있고, 그들이 언제 어디서 섬을 공격해 올지도 모를 상황이었기 때문이다. 마카오처럼 은근 슬쩍 눌러 살면서 중국에 렌트(地代)내고 타협한 것도 아니다. 전쟁을 치렀기 때문에 중국인의 영국에 대한 감정이 매우 나빴다. 두 번째 중영 전쟁의 승리에서 구룡 반도의 일부와 스톤 커터 섬을 영구할양 받는다(1860). 항구로는 빅토리아 하버로 충분했지만 홍콩 섬을 지키기 위해서는 홍콩 섬을 바라볼 수 있는 구룡 반도 일부와 스톤 커터 섬이 필요했다.

영국 육군은 구룡 반도, 해군은 스톤 커터 섬에 군사기지를 구축하였다. 그러다가 이른바 신계 지역이 홍콩으로 넘어온 것은 거의 40여 년이 지난 후 1898년이다. 그때는 일본이 중국과의 전쟁에서 승리하게 되자, 중국은 그야말로 껍데기뿐이었다. 이미 천하에 알려져 열강들이 하이에나처럼 쓰러진 코끼리를 물어 뜯어내는 상황이었다. 영국도 이 기회를 놓칠세라 산둥 반도의 웨이하이 시와 지금의 신계를 차지하게 된다. 영구 할양 받기가 어려웠던 탓인지, 반영구적이라고 할 수 있을 정도로 1997년 6월 30일까지 99년간이나 조차를 했다. 란타우 섬도 사이쿵 반도, 엔롱, 타이뽀 등과 함께 영국 입양 동기생이다. 란타우 섬은 홍콩 섬의 두 배나 되는 큰 섬으로 홍콩에 비하면 큰형 같은데도 홍콩에서 '아일랜드' 하면 홍콩 섬으로 통용되고 란타우는 235개의 이도(離島) 중의 하나로 취급되고 있다.

란타우는 영국사람들이 처음 왔을 때 당시 원주민들이 해란(海蘭)이 많이 자라고 있는 섬의 의미로 "난도(蘭島)"라고 했다지만, 그 섬의 최고봉 봉황산이 대모산과 나란히 붙어 있다가 나중에 떨어져 나갔다는 의미로 난두도(亂頭島, broken head island)라고 불렀다는 등 여러 가지 설이 있다.

란타우는 주 강하구(珠江河口)와 홍콩 섬 사이에 거대한 방파제처럼 버티고 있다. 주강의 되직물이 홍콩 섬에 닿는 것을 차단한다.

란타우가 있기 때문에 마카오와 달리 홍콩의 빅토리아 하

란타우 봉황산
(홍콩 시민의 휴식처이며, 홍콩의 관문인 란타우)

버가 수심이 깊고 푸른 하버를 유지할 수 있다. 큰형 란타우가 자리를 잘못 잡아서 덩치 값은 못하고 있지만 홍콩 동생이 세계적 항구가 된 것도 큰형 란타우 덕분이라고 볼 수도 있다. (1840년 영국상인들은 홍콩 섬과 란타우를 한동안 저울질했다고 함) 또한 란타우가 하나의 거대한 컨트리 파크로서 홍콩시민의 휴식처를 제공해 왔고 최근에는 첵랍콕 공항건설로 홍콩의 관문역할을 잘 하고 있다. 디즈니랜드가 란타우에 들어옴으로써 홍콩의 장래까지 짚어지게 되었다. 홍콩이 란타우를 중심으로 아시아의 가족 관광 센터로 다시 태어날 것 같다.

란타우는 섬인데도 높은 산이 많다. 홍콩은 빅토리아 피크가 552m, 파카마운틴이 532m 정도지만 란타우는 큰형답게 최고봉인 란타우 피크(봉황산) 934m, 산세트피크(대동산) 869m로 전체 홍콩의 최고봉인 따위

산(957m)과 어깨를 나란히 하고 있다.

　새해 들어 워밍업이 필요하다. 너무 높은 산은 피하고 홍콩에서 가장 전망이 좋다는 란타우의 동북쪽 타이거헤드 "로푸타오(老虎頭)"가 이번 주 나의 트레일이다. 새해에 호랑이 머리에 올라보는 것은 새 출발의 기

세계에서 가장 큰 란타우섬의 대불상

상이다 란타우의 로푸타오를 가는 길이 많이 있지만 우선 란타우의 정문인 실버마인베이(銀鑛灣, silver mine bay)의 무이워(梅窩)를 거쳐 홍콩 섬을 바라볼 수 있는 트레일을 택한다. 무이워는 새로이 만든 센트럴의 이도행(離島行) 부두 7번으로 나가서 훼리를 타면 간다. 7번 부두로 나가면 30분마다 훼리가 있다. 요즈음은 고속 훼리가 다녀, 값은 좀 비싼 게 흠이다. 주말의 경우 일반 훼리 편도 요금은 십오 불, 고속 훼리는 삼십 불, 주중에는 각각 10불과 20불이다. 소요되는 시간은 일반 훼리의 절반 정

도인 삼십 분이면 도착한다. 급한 경우가 아니면 일반 훼리가 운치가 있다. 고속 훼리의 창문이 밀폐된 것과 달리 일반 훼리의 이층 데커에는 바닷바람을 그대로 쐴 수 있어 좋다. 그러나 겨울철이나 비바람이 칠 때는 고속 훼리를 권하고 싶지 않다. 부두를 출발한 훼리는 장주(長洲)를 지나는 가 싶더니 얼마 되지 않아서 은광만으로 들어간다. 곧 무이워 부두에 닿는다.

무이워에 닿으면 란타우 곳곳으로 승객을 실어 나르는 버스가 기다리고 있다. 우리는 버스터미널 반대방향으로 무이워 마을로 들어간다. 은광만의 유일한 비치가 길게 펼쳐져 있다. 붐비지 않은 계절 탓으로 비치가 한가롭다. "실버 마인 비치호텔"이 70년대 식의 단조로운 시골호텔 모양을 하고 있다. 여름 한철 비행기를 못 타는 홍콩의 피서객에게 인기가 있다고 한다. 비치 주변에는 쓸만한 비어홀도 몇 개 있다.

물 위의 수상가옥

베란다에서 시원한 맥주를 마시면서 넘실거리는 바다를 볼 수 있다. 마을을 돌아 뒷산으로 오르면 은광의 입구가 나온다. 영국사람이 이곳을 silver mine이라고 이름지었지만 란타우가 영국에 귀속되기 전인 1860년대 초 이미 중국정부에 의해 은광이 개발되었다고 한다. 당시는 괜찮은 은광이었다고 전해지지만 20년 정도 채굴된 후로는 광맥이 다했다는 것이다.

그 후로는 은광의 질이 떨어져서 폐광되고 만다. 그때가 1886년경이었다고 하니 란타우가 영국에 귀속되는 1898년도보다 12년 전의 이야기로 영국 사람들은 은을 구경도 하지 못한 셈이다. 무이워도 광산촌으로 개발된 것이 아닌가 하는 생각도 든다. 당초 은광 동굴입구가 세 군데나 있었다고 하는데, 일반 사람들이 은을 캔다고 드나들게 되어 위험하다고 생각되었는지 지금은 모두 시멘트로 막아버려서 동굴 속으로는 나아갈 수 없게 되어 있다.

무이워 뒷산의 은광 동굴 앞을 지나 홍콩 섬의 케네디 타운의 아파트 숲을 바라보면서 로푸타오가 있는 디스커버리베이 방향으로 야산을 오른다. 이 곳은 사람들이 많이 다니는 트레일이 아니라서 길 표시가 잘 되어 있지 않고, 길도 정비되지 않아 길은 가다가 없어지고 다시 연결되곤 한다. 그러나 높지 않은 산이면서 나무도 없고, 산등성이를 따라 가는 길이라 앞이 빤히 보여 길을 잃을 염려는 없다. 무이워를 벗어나서 두 시간 가량 된 것 같다. 왼편으로 첵랍콕 공항이 내려다보이고, 오른쪽으로는 실버마인베이와 헤이링 차우 섬이 내려다보이면서 바로 앞쪽으로 디스커버리베이 골프장이 엿보인다. 들과 억새가 뒤섞인 거친 산을 보다가 녹색융단을 깔아 놓은 것 같은 페어웨이를 보니 골프장의 그린피가 비싼 이유를 알 것 같다.

구릉이 나지막해 걷기에는 불편이 없는 길이다. 일반 등산객의 골프장 진입을 막는 철망이 오히려 길을 안내하고 있다. 길은 골프장의 철망을 따라 이어져 있다. 삼십 분 정도 걸어나가면 디스커버리베이 저수지가 내려다보인다. 그리고 바로 앞에 우뚝 바위 명으로 뭉쳐진 '로푸타오'가 나타난다. 이름 그대로 '타이거 헤드'이다. 그러나 호랑이 머리에 올라서서 호랑이 머리인 줄 모른다. 멀리서 보면 영락없는 호랑이 머리이나. 구룡반은 사사산이 굽어보면서 지키고 있다면 유경만(愉景灣)은 타이거가 수호하고 있는 형상이다. 로푸타오에 서면 디스커버리베이 주택가가 부채처럼 펼쳐져 있다. 빌라 스타일로 지중해연안의 별장지역 같다.

디스커버리베이라고 부르는 이유는 몇 가지 설이 있다고 한다. 19세기초 홍콩이란 이름이 알려질 무렵 영국의 동인도 회사가 이 지역 수심을 측량했는데 당시 측량선의 이름이 "디스커버리호"였다고 해서 부쳐진 이름이라고 한다. 또 다른 이야기는 본래 어촌인 이곳에 찾아온 영국 사람이 여기가 어디냐고 물었는데, 무엇을 하고 있느냐고 묻는 것으로 잘 못 들어 조개를 캐고 있다고, "와시엔"이라고 대답한 것이 "파시엔(發現)"으로 들려, 그것이 디스커버리로 영역되었다고 전해진다.

1980년대 초 홍콩 흥업(HONGKONG RESORT)의 차(查濟民)씨 가족이 이곳에 주택지와 골프장을 개발하였다고 하며, 어떤 사람은 디스커버리베이는 차씨 왕국이라고도 한다. 디즈니랜드가 인근 페니 베이로 옮겨짐에 따라 한때 홍콩 흥업의 주식이 천장부지로 뛰었다고 한다.

로푸타오가 홍콩에서 전망이 가장 좋다는 것은 그 곳에 오르면 란타우 뿐 아니라 홍콩, 구룡 신계를 360도로 모두 볼 수 있기 때문이다.

클럽하우스에서 페리 부두까지 셔틀버스가 부지런히 내려간다. 왼편으로는 대모산과 츄엔완, 튜엔문 사이로 타이람 컨트리 파크가 보이고, 그 앞쪽으로 디즈니랜드가 들어올 페니 베이도 조금 고개를 내밀고 있다. 그 너머로 칭마 브릿지가 언덕 사이로 보였다가 말았다가 한다. 파노라마처럼 홍콩 전체가 내 앞에 펼쳐진다. 팔만 벌리면 홍콩이 그대로 품에 안길 것 같은 기분을 느낀다. 불과 465m의 높지 않은 봉우리인데도 이렇게 시계가 잘 트인 곳은 정말 드물 것 같다. 이름 그대로 좋은 경치라는 의미의 유경만을 실감할 수 있다.

드래곤 백 로드(龍脊道)

금년(2000년)은 중국의 12간지 중 유일하게 실재하지 않는 용에 해당되는 해다.

따라서 금년에 태어난 사람은 용띠가 된다. 중국 사람들은 자신들을 용의 자손(龍種)이라고 한다. 용이란 상상의 동물을 창조한 사람들이 중국 사람들이니 유난히 용을 신성시하는 듯하다. 일부에서는 용(龍, lung)이 영(靈, ling)과 발음이 유사해 초능력을 믿는 중국사람들이 추상적인 영을 구상적인 용으로 대체하였다고 본다. 중국 사람들의 민화에 물고기, 사슴, 박쥐들이 많이 나오는 것도 그 발음이 여유 있기 때문이고 벼슬이 높아짐과 복 많이 받는 것과 관계되기 때문이라는 것도 잘 알려진 이야기이다.

언제부터인가 중국 황실에서 용을 빼앗아 갔다. 용을 황제의 상징으로 삼고, 일반 백성들은 용을 사용하지 못하게 했다고 한다. 그러나 일반 백성들의 반발로 나중에는 황실용과 백성용을 구분하게끔 했는데 그것

용등 축제
(용이란 상상의 동물을 창조한 사람들이 중국 사람들이니 유난히 용을 신성시한다.)

을 용의 발가락으로 정했다고 한다. 발가락이 다섯 개이면 황실용이고, 발가락 세 개가 될 경우 백성용이었다고 전해진다. 베이징의 자금성은 중국의 명과 청조의 정궁(正宮)인데 온통 용의 그림과 조각으로 뒤덮여 있다. 거대한 용의 집이라고 할 수 있다.

20세기 초 중국은 왕정이 없어지고 민국(民國)으로 바뀌게 됨에 따라 용은 다시 황실로부터 백성에게로 돌아가게 된다. 우리가 사는 홍콩은 용과 관계가 많은 도시다. 한 두 마리도 아니고, 아홉 마리의 용이 있다고 해 구룡(九龍)이라는 지명이 홍콩에 있다. 중국이 1970년대 말, 개혁 개방이 이루어지고 경제가 발전할 때 흔히들 중국을 끌고 갈 두 마리의 용이 있다고 했다. 한 마리는 상하이를 용머리(龍頭)로 한 양자강 델타와 또 한 마리는 홍콩을 용머리로 한 주강 델타를 말한다는 것이다. 홍콩과 상하이가 각각 주강과 양쯔강 연안을 이끌어 중국 근대화의 엔진 역할을 하고 있다는 뜻으로 보인다. 그 만큼 홍콩의 역할이 중요한 것이다.

홍콩이 용의 머리라면 680만 홍콩 주민 모두가 용을 타고 있다고 볼 수 있을 것 같다. 그러나 평소에 이런 기분을 느끼기 어려운데, 홍콩 섬에서 이런 것을 현실적으로 비슷하게 느낄 수 있는 장소가 한 군데 있다. 그곳이 문자 그대로 드래곤 백이다. 이번 주 나의 트레일은 홍콩의 드래곤 백을 올라 21세기를 향한 홍콩의 기상을 느껴보는 것이다.

드래곤 백은 홍콩 섬의 남동 끝 부분인 섹오 컨트리 파크에 있다. 홍콩의 지상 전차가 끝나는 홍콩 섬 동쪽의 사우 케이완에서 섹오 가는 버스를 탄다. 버스는 파카 마운틴의 산허리를 잘라 만든 길을 따라 왼편으로 차

타이탐 저수지

이완 시가를 바라보며 타이탐 로드로 향한다.

타이탐 로드와 섹오 로드의 갈림길인 타이탐 갭에서 버스는 좌회전하여 섹오로 향한다. 이 길은 타이탐 만의 벼랑길을 깎아 만든 길로 홍콩에서 경치 좋은 드라이브 코스의 하나이다. 섹오로 가다 보면 오른편으로 타이탐 만과 레드 힐의 그림 같은 지중해식 빌라 촌이 보인다. 누군가는 프랑스 남쪽의 니스 모나코 가는 길과 비슷하다고 말한다. 바다를 바라보는 벼랑길이라 아주 아름답지만 교통사고의 위험도 높다는 게 흠이다. 그래서 뛰어난 경치를 감상하기 위해서 자동차를 운전해 가는 것보다 버스를 이용하는 것을 권하고 싶다. 길도 이 차선으로, 자동차만 왕래해야 할 정도로 좁기 때문에 경치에 한눈이라도 팔면 마주 오는 차를 조심해야 하고 절벽도 위험하다. 섹오에 자동차 데이트 나갔다가 사고를 당하는 커플이 가끔 신문에 난다. 버스가 윈디갭에 닿기 전에 하차한다. 드래곤 백으로 통하는 등산로 입구는 홍콩 트레일 7번 구간과 일치한다. 홍콩 트레일은 피크 트램 터미널이 있는 빅토리아 피크 광장 근처에서 시작하여 홍콩 섬의 남쪽 기슭의 몇 개의 컨트리 파크를 지나 섹오의 다퀼라 반도에서 끝나는 8개구간으로 된 전장 50km의 홍콩 섬 트레일이다.

홍콩 트레일 일부이기도 한 드래곤 백은 홍콩 트레일 중 가장 인기가 높다. 등산로 입구는 길 옆에 숨어 있기 때문에 버스를 하차한 후 동쪽으로 산길을 살피면서 온 길을 거슬러 오다 보면 찾아낼 수 있다. 길 반대편은 산 아래 토타이완 촌에서 올라오는 홍콩 트레일 6번과 연결되어 있다. 이 구간은 타이탐 호 근처에서 출발하여 수로(水路, catch water)를 따라 이어져 있어 조금 지루하지만 평탄한 길이다. 그러나 홍콩 트레일 7번 구간에서 오르는 드래곤 백 트레일은 산의 비탈길로 나무도 없고, 등산로도 잘 정비되어 있지 않아 돌 뿌리를 피해야 하고 미끄러지지 않도록 조금씩 올라가야 한다.

타이탐 만을 등지고 사십 분 정도 오르면 산등성이가 좌우로 연결된 모습을 볼 수 있다. 몇 번의 산모퉁이를 돌아 겨우 산등성이에 오른다. 드래곤 백으로 오른 것이다. 트레일은 오른편으로 섹오 마을과 왼편으로 타이탐 하버를 끼고 남북으로 일직선으로 연결되어 있다. 중간에 섹오 피크(284m)가 낙타봉처럼 솟아 있다. 가쁜 숨을 몇 번 더 몰아 쉬어야 닿을 수 있는 봉우리이다. 드래곤 백은 현재 내가 서 있는 곳에서 섹오 피크를 지나 콜린손 마운틴(347m)까지의 일직선의 산등성이를 말한다.

가장 드라마틱한 구간이 섹오 피크와 콜린손 마운틴 사이이다. 앞쪽으로 남중국해가 무한대로 펼쳐져 있다. 발 아래가 대량만(big wave bay)이다. 그 오른편으로 섹오의 고급주택지가 펼쳐져 있고 나인홀의 골프장도 내려다보인다.

섹오라는 이름이 어울릴 정도로 해안은 바위덩어리로 이루어져 있다. 중국지도에 보면 바닷가에 오(澳)라는 지명이 유난히 많다. 배가 닿을 수 있는 만(灣)으로 영어로 bay와 같은 뜻이다. 영국 사람들은 이곳을 문자 그대로 Rocky Bay라고 부른다. 홍콩 섬의 중심을 센추럴이라고 한다면 센추럴에서 가장 멀리 떨어진 곳이 바로 섹오다. 섹오는 홍콩섬 속의 이도 같은 분위기를 안겨다 주는 곳이다.

타이탐 갭에서 윈디 갭까지 아슬아슬하게 절벽을 깎아, 자동차길이 만들어지기 전에는 스탠리나 싸이완 호에서 배를 타야만 갈 수 있었다고 한다. 홍콩 섬에서도 가장 깊숙이 숨겨진 곳으로 부자들의 별장이 많다. 지금도 섹오에서 수백 평의 널찍한 정원을 갖춘 고급 저택은 홍콩에서 상위급의 재력에 속하는 사람들의 현주소이다.

최근까지 섹오는 중국인이 살지 못했다고 한다. 법으로 정한 것은 아니지만 그 곳으로 이사하기 위해서는 섹오 커뮤니티 카운슬을 통과해야 하는데 백인들, 주로 토박이들로 구성된 카운슬에서 중국인의 입주를 꺼렸다는 이야기가 있다.

 섹오 옆의 대량만은 작은 어촌으로 전쟁 중에는 항일 게릴라의 비밀 아지트로 일본 헌병대의 눈을 피해 비밀회의가 곧잘 이루어 졌다고 전해진다. 대량 만과 섹오가 바라보이고 멀리는 동룡도와 클리어워터베이가 손에 잡힐 듯 하는 드래곤 백의 전망은 많은 등산색을 끌어들인다. 하산길은 홍콩 트레일 7번을 따라 콜린손 마운틴 산자락을 돌아 차이완이 내려다보이는 방향으로 180도 꺾어 돈다. 다시 왼편으로 포틴저 피크(312m)가 있고 콜린손 마운틴이 오른편에서 보인다. 가다보면 섹오 컨트리 파크의 휴게소가 나온다. 이곳은 차이완 주민의 아침 조깅 코스이기도 하다. 휴게소에서 차이완 쪽으로 하산할 수도 있고, 앞으로 더 나아가면 대량만으로 내려갈 수 있다. 홍콩 트레일 7번 구간은 대량만에서 끝난다. 대량만에서 싸이완호까지 가는 버스도 있다. 자동차를 트레일 입구에 주차해 두었을 경우 택시나 버스를 타고 주차장까지 나갈 수 있다.

 드래곤 백에서의 하산 길은 빠른 걸음으로도 한 시간은 잡아야 한다.

송하관폭(松下觀瀑)

 트레일을 매주 쓰다보니 독자들 중에는 이제 더 쓸 것이 없는 게 아니냐고 걱정해 주시는 분도 있고, 이왕이면 좀더 자세히 등산 안내도 겸해 주기를 원하시는 분들도 있다. 사실 모두 옳은 말이다. 홍콩이라면 그 이름이 주는 예단성 때문에 미항(美港) 정도로 여기고 홍콩에서 등산코스를 찾는다는 것은 바닷가에서 고사리 찾는 것과 마찬가지라고 생각하는 사람이 많다.

그러나 이 시리즈는 시작할 때도 언급했지만 홍콩에는 정말 갈곳도 많고, 그 길 하나 하나에 특징과 문화가 있다. 내가 아는 상하이 출신의 한 중국인은 사십 년간 홍콩에서 등산을 하였다는데, 그런데도 갈 곳이 많다고 한다. 등산로 안내에는 대체로 두 종류가 있는 것 같다. 하나는 구체적 길 안내 중심으로 버스 노선이며 정확한 거리, 걸리는 시간 등을 자세히 기술한 것이고, 또 하나는 길에 얽힌 이야기이며 주변의 역사 및 문화적 사실을 가미하여 기술한 것으로 나눌 수 있다.

전자의 경우 빠른 시대변화에 따라 금방 옛날 이야기가 되는 단점이 있다. 나의 트레일은 후자에 속하게 하려고 노력하면서 쓰고 있다. 따라서 나의 트레일은 길 안내가 엉성할 때가 많아서 구체적 등산 안내가 되지 못할 것 같아 송구스럽다.

산에 오르려는 사람은 최소한 몇 가지는 휴대해야 한다고 본다. 첫째 지도이다. 지도는 자신의 위치를 알려주고 위급 사태가 생겼을 때 어디로 빠져나가야 하는가를 가르쳐 준다. 홍콩 땅의 사십 퍼센트가 컨트리 파크이고, 컨트리 파크에는 세밀한 지도가 있고, 지도 속에는 검은 점선으로 산길이 잘 표시되어 있다. 그리고 휴대폰을 지참해야 한다. 물론 걸려 오는 전화도 받아야겠지만, 위급한 사태가 생겼을 때 긴급 구조 요청을 할 수 있다. 또한 3~4월이면 홍콩 특유의 안개가 깊다. 자칫 안개 속에 갇혀 길을 잃을 수도 있다. 이때를 위해 나침반도 필요할지 모른다.

그런데 11월과 2월 사이에 TV를 켜면 항상 TV상단에 불꽃이 타고 있다. 이는 건조 경보로서 특히 산불을 조심해야 한다는 표시이다. hill fire 라고 하는 산불은, 홍콩에서는 매우 심각하다. 그래서 지정된 장소 외에 바비큐는커녕 담배 피우는 것도 금하고 있다. 산불에 갇혀 많은 등산객이 사소한 사건도 있었다고 한다. 지금도 팟신렝(八仙嶺) 아래에 가보면 그때 죽은 사람을 추모하는 비석이 있다. 그리고 땀이 났을 경우 갈아입을 옷 등도 배낭에 넣어 가야 한다. 특히 여름철의 등산은 비를 맞지 않아도 온몸이 다 젖는다. 일반적으로 등산이 끝나는 곳에서 버스나 지하철을 타고 귀가해야 한다. 젖은 옷 그대로 냉방이 잘된 버스나 지하철을 타면 영락없이 감기에 걸리기 쉽다. 땀을 푹 내서 기분은 상쾌하지만 그만큼 피로가 쌓여 있어 감기 바이러스의 침입이 용이하게 된다. 내의는 적당히 갈아입을 필요가 있다. 또한 한여름에 더위를 먹을 수도 있어 물을 충분히 가지고 가야 한다.

국내에서 산을 평소 좋아하는 분도 홍콩에서 등산할 생각을 않는 경우가 많다. 모두 빤히 바라다 보이는 벌거숭이 산이므로 산에 대한 외경이 덜한 것 같다. 그런 분을 위해 중국 대륙의 심산에서나 볼 수 있는 3단 폭포가 멋지게 펼쳐지는 곳을 소개하고 싶다. 30m 이상의 폭포에서 떨어지는 물줄기를 바

대모산

라보면서 홍콩의 다른 모습을 관조할 수 있다. 그곳에는 우리가 좋아하는 소나무도 있다. 이름하여 송하관폭이 이번 주 나의 트레일이다.

　중국 선전에 자주 가는 사람들은 선전 평야에서 금방 눈에 띄는 높은 산에 가슴 상큼한 기분을 느낀 분도 있을 것이다. 선전뿐 아니라 주강 델타지역에는 산다운 산이 없어서 선전에서 바라다 보이는 그 산이 앵커처럼 마음을 가라앉힐 것이다. 그것이 바로 홍콩에서 가장 높은 해발 1000m에 육박하는 대모산(大帽山)이다.

　산이 높아서 항상 흰 구름 띠가 모자처럼 걸쳐 있는 듯하기에 붙여진 이름이라는 설도 있다. 대모산은 선전 평야를 포함해서 광저우 이남의 평야지역에서 비교적 높은 산으로 알려져 있다. 과거에는 열대 우림으로 꽉 차 있었을 테지만 언제부터인가 나무가 자라지 않는다고 한다. 누군가는 바닷바람이 세기 때문에 나무가 자랄 틈을 주지 않는다고 하고 또는 전쟁 등 격변기를 거침에 따라 그나마 골짜기의 나무도 다 잘렸다고 한다.

　우리가 찾아가는 3단 폭포도 대모산 자락에 있다. 폭포를 안고 있으므로 대모산이 산다운 풍모가 있는지 모른다. 현지 사람들은 응퉁차이(梧桐寨)(NG TUNG CHAI) 폭포라고 부르는 이 폭포를 보기 위해서 우선 엉둥챠이 쪽으로 가야 한다. 오동 차이는 KCR로 대포(大浦)역까지 나간다. 대포역에서 하차해 람캄로드를 경유하는 웬롱행 버스를 타고 카도리 농장 근처에서 내린다. 카도리 농장은 구룡의 페닌슐라 호텔, 피크트램, 중화전력 등을 소유하고 있는 카도리 그룹의 개인 농장이다.

　카도리 집안은 1930년대 대모산 북쪽 산자락에 거대한 농장을 만들어 놓고, 자연을 있는 그대로 지키려고 애써 왔다고 한다. 지금도 그 농장에는 사설 식물원이 유명하다는데 그곳에는 아프리카 등에서 자라는 희귀

식물이 수집되어 있다고 전한다.

　카도리 농장을 지나서 응퉁차이 마을로 들어간다. 응퉁차이에서 폭포까지 길은 그렇게 가파르지 않으나 삼단 폭포의 제일 아래쪽 폭포까지는 한시간 정도 산허리 길을 따라 가야 한다. 폭포에서 내려온 물이 계곡을 형성하여 길에서 내려다보이는 계곡 물이 차고 맑다. 과거에는 사람들의 발길이 많지 않아서 길도 나빴다고 하는데, 최근 응퉁차이 마을과 폭포 중간에 도교 사원이 새로이 건립되어 신도들이 많이 몰려 실노 시멘트로 포장하고 도교 사원 입구에 새로이 문도 만들고 요란하다.

　도교 사원은 산비탈을 깎아 새로이 지은 탓인지 단청도 깨끗하고 옛날 분위기는 우러나지 않지만 우리 나라에 없는 도교사원의 가람 배치라든지 모시는 상(像) 등을 눈여겨보면 재미가 있다. 유달리 태극과 8괘 무

응퉁차이 폭포

늬를 많이 사용해 태극기에 친숙한 우리에게도 크게 낯설지 않다.

응퉁차이 폭포는 삼단으로 되어 있으며 다행이 제일 아래쪽이 제일 짧고 갈수록 조금씩 길어지며 마지막 산 중턱에 걸린 폭포가 제일 높고 광대하여 보는 사람의 감정을 점차적으로 흥분시켜 준다. 반대로 위에서부터 아래로 내려오면 가장 멋있는 폭포를 미리 봐버려서 아래 두 개의 폭포에서는 큰 인상을 받지 못할 것이 틀림없다. 그래서 응퉁차이 폭포는 대모산에서 내려오면서 볼 수도 있지만 반드시 응퉁차이에서 올라가며 감상하는 태도를 권하고 싶다.

홍콩에 도착한 지 얼마 되지 않았을 때였다. 어느 모임에서 홍콩의 폭포 이야기를 듣고 반신반의 하면서, 꼭 찾아가 보려고 애를 썼으나 성공하지 못하고 결국 문회보(文匯報) 기자의 도움으로 홍콩사람들과 함께 처음으로 폭포를 찾아갔다. 그 때는 5월로 기억되는데 우기 직전으로 아쉽게도 폭포는 있었으되 물이 거의 흘러내리지 않았다.

그 후 10월경 다시 가봤더니 우기를 지나서인지 쏟아져 내려오는 폭포수를 바라보면서 "여기 홍콩 맞아?" 했던 감동을 지금도 잊지 못한다. 제일 높은 폭포에는 폭포수를 잘 보기 위해 관폭대(觀瀑臺)가 만들어져 있다. 자세히 보면 소나무도 홍콩의 여타 아열대 나무와 같이 있는 것을 보고 옛사람들이 즐겨 찾는 송하관폭의 정취를 그대로 느낄 수 있다. 폭포 바로 아래 웅덩이도 매우 깊어, 대모산 산신령의 욕지(浴池)라 해도 틀린 말은 아니다. 아래 폭포에서 최상단의 폭포까지 오르는 길은, 폭포가 형성된 계곡을 끼고 나 있어 가파르다. 때로는 나뭇가지를 거머잡아 쥐고, 올라야 하는 험한 코스다. 그러나 한 여름에도 햇빛에 한 번도 노출되지 않을 정도로 숲이 우거진 길이다.

최상단 폭포를 제외하고 하단의 두 개 폭포 웅덩이까지 내려가려면 등산로에서 샛길로 다시 아래로 조금 내려가야만 한다. 어떤 사람은 피곤하다면서 다시 내려갔다가 올라오는 수고를 덜고 싶어, 아예 내려가지 않는데 힘이 들더라도 내려가서 아래에서 바라보는 폭포를 감상해야 후회하지 않는다. 크게 높지는 않지만 쏟아져 내려오는 물은 있는 그대로 마시고 싶을 정도로 깨끗하고 신선하다. 최상단 폭포까지는 버스에서 하차해 세 시간 정도 소요되는 것 같다.

폭포에 도달하면 폭포를 바라보면서 준비해 간 도시락을 푼다. 빗빗한 대모산 치마폭 속에 이렇게 은밀한 곳이 있구나, 싶을 정도로 그윽한 곳이다. 내가 아는 사람은 한 달에 한 번 꼴로 폭포를 구경하러 온다고 한다. 폭포가 있어, 공기도 맑고, 큰 힘을 들이지 않고도 하루를 상쾌하게 보낼 수 있는 곳이다. 홍콩이면서 중국 대륙의 심산유곡에서나 만날 수 있는 폭포는 홍콩의 관광 자산이 아닌가 생각된다.

하산 길은 그 곳에서 바로 내려갈 수 있지만 최상단 폭포 옆으로 길이 나 있다. 과거에는 가파른 작은 오솔길로 폭포 옆의 절벽길이라 위험한 길이었다고 하는데, 지금은 산사태로 그쪽이 왕창 무너져 내려서 큼직큼직한 바위틈으로 길을 만들어 오를 수 있다. 절벽이 무너져 내렸으므로 위험도는 덜하다. 마치 길 없는 정글을 헤매듯 지그재그로 올라오면 폭포 물이 떨어지는 곳으로 향하는 옛길과 연결된다.

이 길을 따라가면 삼단 폭포를 만들어 주는 광천수 같은 투명한 개울물이 빠르게 흘러 내려가는 모습을 목격할 수 있다. 그것이 폭포가 되어 30m 아래로 떨어진다. 폭포가 되는 단애에 젊은이들이 위태롭게 걸터앉아 멀리 타이뽀와 토로만을 바라보고 있다. 아찔한 현기증이 일어 가까이 가기가 겁이 난다.

폭포 위의 길을 따라 빠져 나오면 대모산 정상으로 갈 수 있고 다시 하산할 수 있는 분기점이 나온다. 여력이 있는 사람은 대모산 정상으로 오르기도 하고, 대모산 7부 능선쯤에서 반대편의 츄엔완으로 내려갈 수도 있다. 하산 길은 폭포의 다른 쪽 산등성이 길이다. 이 길을 한 시간 정도 내려오면 앞서 말한 도교사원을 다시 만난다.

한(恨) 많은 샤틴(沙田) 고개

샤틴(沙田)의 공원

옛날 이 지방 사람들은 풍수에 따라 배산임수, 즉 바다를 앞에 두고 산을 등지고 살면서부터 마을을 떠날 때는 앞의 바다를 건너든지 뒤쪽의 산을 넘어가야 했다.

구룡 앞 바다는 풍랑이 거칠고 해적 떼가 우글거려 광저우 등 큰 도시로 나가려면 산을 넘어가는 육로를 택했다고 한다. 산을 넘을

샤틴의 옛 모습

경우 반드시 사틴 고개를 넘어갔다고 하니 그 고개에 서린 한은 짐작할 만하다.

옛날 중국 사람들은 주로 구룡성(九龍城)에 살았다고 한다. 구룡성 안에 관청도 있고, 관리들이 인근 바다의 항해의 안전을 맡아보기도 하고 육지에서 바닷가로 많은 사람이 이주하는 것을 도왔다고 한다. 그리고 각종세금을 징수하는 것도 잊지 않았다고 하니 징수한 세금은 광저우로 보내든지 베이징으로 보냈을 것이다.

19세기 중반 영국 사람들이 이 지역에 들어옴에 따라 구룡성의 성곽은 다시 증축되어 단단한 성이 되었다고 하는데 지금은 당시의 성곽은 자취도 없어졌다. 이름뿐인 구룡성이다.

1940년대 초 홍콩을 점령한 일본이 성곽의 돌들을 카이탁 공항매립 확장공사에 모두 사용했다고 한다. 구룡성의 집채만한 성곽 돌이 카이탁 바닷속에서 조용히 잠들어 있는 셈이다.

홍콩 섬에서 구룡을 바라보면 700~800m의 산들이 병풍처럼 쳐져 있다. 옛날에는 지금처럼 터널도 없었을 테고 주로 북상 길은 고개를 넘어야 했을 것이다. 구룡의 관리가 징수한 세금 등 공물을 말에 싣고 넘어갔다는 고개가 바로 사틴고개다.

사틴 고개를 넘어서면 지금의 마료수(馬料水) 항으로 나와서 배로 옮겨 우카우탕 근처까지 간다고 한다. 물론 지금은 푸로버 코브 저수지로 배가 다닐 수 없다. 우카우탕 근처에서 다시 육로 이동을 거쳐 미르베이에서 배로 바다를 건너 사토우각에서 육로로 광저우까지 간다고 한다. 중국의 수도가 지금의 서안, 낙양, 개봉 등으로 바뀌고, 위하(渭河)와 황하가 연결되던 당송시대에는 소관에서 장사까지 나아가서 그곳에서 배로 무한까지 가고, 다시 무한에서 한수를 거슬러 올라 진령 산맥을 넘어 장안으로 넘어가는 길이 있었다고 전해진다.

　명조 이후에는 수도가 지금의 베이징이 됨에 따라 소관에서 강서성 남창까지 나갔다. 그 곳에서 경강을 따라 구강(九江)까지 나가고, 다시 양쯔강을 따라 남하, 난징을 지난 후 운하를 따라 북상하여 베이징까지 갔다고 한다. 한 달 이상 걸리는 길이었지만 수도 베이징에서 수천 리 떨어진 샤틴 쌀이 황제의 수랏상에 오르는 공미였다고 한다.

　그래서 쌀 하면 샤틴 쌀이 지금도 알아준다고 하는데 아쉽게도 지금

샤틴의 어제와 오늘

은 샤틴에는 벼 대신 아파트 군이 빽빽이 들어서 상전벽해의 시대 변화를 실감할 수 있다.

　샤틴을 직역하면 모래밭인데, 모래밭에 황제가 드실 좋은 쌀이 나왔다니 믿기 어렵지만, 이름보다 내용을 찾는 샤틴 농부들의 고집으로 그

이름을 미화시켜, 좋은 글자로 갈아 끼웠다는 유행에도 불구하고, 옛 이름 그대로 유지하고 있다는 설도 있고, 이 고장의 쌀 때문에 공미의 자격을 잃은, 타 지역 사람들이 질타를 해 황제에게 아뢰길, 그 쪽 쌀은 모래밭에서 생산되어 좋은 쌀이 아니라고 고자질했다는 데 황제는 "모래밭(沙田)의 양미(良米)"라 해서, 재미있는 지명을 바꾸지 말 것을 지시해 지금까지 沙田을 그대로 쓰고 있다는 설도 있다. 하여튼 사틴 고갯길은 예사 고갯길이 아니고 역시의 가도(街道)임에 틀림없다.

이번 주 나의 트레일은 이러한 역사 배경을 가진 사틴 고갯길로 올라 보는 것이다. 구룡성을 출발, 사틴 고개를 넘어 사틴으로 내려가는 트레일이다.

중국은 문화대혁명 등 격동기를 맞으면서, 중국 국공 내전 이후 제 2의 이민물결이 홍콩으로 몰아치고 불법 이민 자들은 구룡 반도, 홍콩 섬 할 것 없이 산 속 곳곳에 달동네를 지었다고 한다.

그러니 전기며 물이 들어갈 리 없다. 여름이면 전염병이 만연되어 주택문제가 홍콩이 시급히 해결해야할 문제였다고 한다.

이때 홍콩 정청은 사틴강(城門河)을 준설, 직강 공사를 함에 따라 이른바 강변하천 부지를 대거 활용할 수 있게 된다. 그곳에 부동산 개발업자 신흥기, 신세계, 장강 실업 등을 모두 참여시켜 경쟁적으로 아파트를 짓도록 했다고 한다. 그리고 널찍한 부지 일부를 떼어내어 시민위락시설로 공원도 만들고 제 2의 경마장도 만들었다. 뿐만 아니라, KCR을 강화하여 사틴의 교통도 한결 좋도록 만들었다. 이른바 사틴 신도시가 생긴 것이다.

구룡 쪽에서 사틴 고개를 가기 위해 침사츄이의 버스터미널에서 자운산(慈雲山) 가는 버스를 탄다. 버스는 구룡성 근처를 지나 웡따이신을 끼고 산으로 오른다. 구룡에서 제일 큰 도교사원 황대선묘(黃大仙廟)는 그 규모가 광저우이남에서는 제일 크다고 한다. 본래 중국의 토속 신앙인 도교는 일종의 그리스 신화처럼 다신교라고 하는데, 지방마다 좋아하는 신이 있어 그 신이 효험이 있다고 생각되면 미친 듯이 믿어대는 것이다.

홍콩에서 황대선神이 바로 그 예다. 옛날 동명인(同名人)이 살았다는데 이 분은 생전에 좋은 일도 많이 하신 분으로 타계한 후 그 효험이 널리 알려져 홍콩에서 가장 사람이 많이 찾아오는 사원이 되었다.

황대선묘 원조는 광저우 시내에 있다가 1915년 홍콩섬의 완차이로 옮겨왔다가 6년 후 1921년 지금의 장소로 널찍하게 자리잡았다고 하는데, 지금의 호화찬란한 건물은 1978년에 건립되었다.

홍콩근처에는 모르는 사람이 없는 황대선 신도 베이징 쪽 도교사원에서는 잘 모르고 있는 것으로 보여진다.

웡따이신 묘를 지나 버스 종점 근처에서 하차하여 다시 산 쪽으로 오르면서 아파트 사이로 등산로 입구를 찾아야 한다. 가파른 계단 길로 연결된 길을 따라가면 자운산의 관음묘가 가까워짐을 알 수 있다. 관음묘는 크지 않지만 입구에 돌아가신 분들의 화장한 재를 항아리에 넣어 모셔놓은 것이 특이하다. 우리 나라처럼 묘지를 사용하지 않고 납골당 아파트 같은 인상을 준다.

절은 작지만 산을 깎아 만든 암자로 암자의 앞마당에서 보면 구룡 일대가 한 눈에 들어온다. 암자를 나와 다시 삼십 분 정도 가파른 길을 걸어 오르면 자동차길이 나온다. 옛날에 터널이 뚫리기 전에는 자동차로 고개를 넘었던 것으로도 보이며 지금은 컨트리 파크 관리차량이나 젊은 카 아베크족의 단골길이라고 한다.

그 길에서 왼편으로 꺾어 약간 내려가면 맥러호스 트레일과 연결되어

라이온 록크로 오를 수 있다. 사틴 옛 고갯길을 오른편으로 꺾어 계속 오르면서 SATIN PASS 표지판이 난 곳으로 오른다.

가쁜 숨을 고르면서 10여 분 올랐을까, 옛 사틴 고갯길과 만난다. 고갯마루답게 주막집이 있다. 옛날 주막집은 아니지만 시원한 음료수가 잘 준비되어 있다. 이 곳이 구룡을 둘러싸고 있는 병풍 중 구룡성에서 멀지 않으면서 가장 넘기가 수월했다는 사틴 고갯길이다. 그 고갯길에서 왼편으로 난 길을 따르면 윌슨 트레일과 만나고 다시 산의 허리를 감싸 내려가면, 구룡 수당 저수지로 흘러 들어가는 수로(catch water)가 나온다. 수로를 따라 그 길을 계속 가면 망부석(Amah Rock) 밑을 지나게 된다.

풍랑이 심한 이 곳의 어부들의 많은 아낙네가 아이들을 들쳐 업고 바다를 바라보며 돌아오지 않는 남편을 기다리다가 바위가 되었다는 슬픈

웡타이신 사원(향 내로 가득한 사원의 모습)

전설을 들으면 그때의 한숨소리도 동시에 석화(石化)되어 있는 것 같다.

옛 사틴 고갯길은 고개에서 좀 내려가면 오른편으로 가파른 계단 길로 연결되어 있다. 골짜기를 그대로 살려 만든 계단길이라 그늘이 짙고 혼자 다니기는 약간 무서울 정도로 호젓한 산길이다. 옛날에는 이 길이 끝나면 바로 사틴 강변으로 나왔다고 하는데, 지금은 자동차길이 산 중턱에서 막아버려 길은 그 곳에서 유야 무야가 되고 만다.

이 길이 끝나면서 약간 왼편으로 차공묘(車公廟)가 나온다. 차공도 도교 다신교의 또 하나 경배 대상 신이다. 동명인은 송나라 시대 장군이었다고 하는데 거구의 장신이다. 차공에게 기도하면 병마가 놀래 도망을 가기 때문에 이 지역 사람들은 겨울에도 감기 한 번 안 걸린다고 한다. 요즈음 세계적 독감으로 불편해 하는 분은 사틴의 차공묘에 한 번 다녀오는 게 어떨지……

또 그 아래로 짱다이욱(曾大屋) 있다. 1860년대 채석으로 돈을 크게 번 "짱군만"이라는 부자가 자신의 재물을 안전하게 보호하기 위해 이십년이나 걸려 성채 같은 집을 지었다고 전한다. 처마만 봐도 틈새 하나 안 보이는 '짱다이욱'을 보면 하나의 거대한 금고를 보는 것 같다. 고개 하나 넘은 등산길이지만 3시간 이상을 걷는 길이다. 사틴에는 시내로 들어오는 차편이 많다.

홍콩의 원주민

홍콩의 원주민이라고 하면 이상하게 들리지만 영국 사람들이 홍콩을 "발견" 하기 훨씬 전부터 홍콩에는 주민들이 살고 있었다.

홍콩의 이도에 많이 보이는 마애석각 등에 비추어 6~7천 년 전 신석기 시대부터 이 지역에 사람들이 살았던 흔적이 있지만 문헌기록으로는 기원전 221년 진시황이 중국의 천하를 통일 한 후 7년만에 대군을 남하시켜 홍콩 북부지역, 복건, 광동, 광서 등에 살던 월(越)족으로 대표되는 수많은 부족(百越)을 복속 내지 더 남쪽 또는 산 속으로 쫓아버린다. 그리고 그 자리에 북방의 한족이 식민지를 건설함으로써 이 지역이 처음으로 한족 중심의 오늘날 중국의 일부가 된다.

그 때 산으로 쫓겨간 월족의 일부는 광서성 소수민족으로 남아있고 바다로 쫓겨간 월족은 단카족으로 남아있다고 한다. 지금도 광동성을 약자로 "월(粵)"이라는 단어를 쓰도록 통일되어 있으며 따라서 광동성의 등록 자동차 번호판에는 모두 "월"자를 달고 있다. 지금의 베트남은 월국의 남쪽에 있는 나라라는 의미에서 중국에서는 월남으로 표기하고 있다. 베트남은 이 말의 현지 발음으로 보인다. (베트남을 일부에서는 안남(安南)이라고 하는데, 이는 중국이 베트남을 복속시켰다는 의미가 들어 있어 베트남 사람이 가장 싫어하는 말이다) 기원전에 광저우까지 내

옛 홍콩

려왔던 한족이 홍콩 섬과 지금의 신계까지 더 내려와 살기 시작한 것은 10세기경으로 보고 있다. 이들은 주로 바다 근처에서 농업을 주업으로 하고, 어업을 부업하며 살아왔다. 그러다가 만주의 여진족이 청을 세우고 산해관을 넘어 중원을 평정하자 명은 남쪽으로 쫓겨와 남명이 되고 결국 남명마저 남중국해의 섬으로 쫓겨간다. 유명한 정성공(鄭成功) 등 명의 유신들이 해적이 되어 복명(復明) 멸청(滅淸)의 기치로 청정부를 괴롭히자 청은 정성공 일파를 은근히 도와주던 해안의 한족을 바다에서 삼 십 리 안쪽으로 강제 이주를 시킨다. 역사에서는 천해(遷海)정책이라고도 하고 천계(遷界)라고도 부른다. 천계정책으로 10세기 이후 이곳에 살던 원주민(본지인 : punti)은 고향을 등지고 내륙으로 옮겨 어려운 객지 생활을 시작하게 된다.

　그 후 한족 대신들의 상소 등으로 청의 조정에서는 천계의 어려움을 이해해 다시 자기 고향으로 돌아와서 살도록 하는 복계를 허용하게 된다.

　이때 대부분은 본지인이 다시 고향을 찾아 와서 살게 되었지만 당초 비옥한 땅을 갖지 못했던 가난했던 일부 본지인은 복계가 허용됨에도 불구하고 고향으로 돌아오지 않게 되자 청 조정은 떠돌이 하카(客家)족의 이주를 허용한다. 따라서 본지인은 비교적 비옥한 땅에 재 정착한 반면 하카족은 주로 곡식이 잘 자라지 않아 본지인에 의해 버려진 언덕 기슭이며 응달의 땅을 차지하고 살았다.

　그 후 19세기경 광동성 동쪽 및 복건성에서 어업에 종사하던 사람들이 진주조개 채집을 위해 이곳으로 이주해 와서 살게 되었는데 그들은 이곳에서 "호콜로"라고 불렸다. "호콜로(福老)"는 그들이 본래 살던 지역을 따서 부른 이름이다. 복건 사람들이란 의미다. 나중에는 복(福)이 학

(鶴)으로 와전되어 "학로(鶴老)"라고도 한다.

따라서 홍콩의 원주민은 4가지로 분류된다. 농사를 주로 짓는 본지인(Punti)과 하카(客家, Hakka), 어업에 종사하는 단카(蛋家, Tanka) 와 호콜로(鶴老, Hokkolo)가 그것이다.

이번 주 나의 트레일은 이러한 원주민들이 사이좋게 살고 있다는 신계 북쪽의 루컹 쪽을 택했다. 그곳을 가기 위해서는 KCR로 로우 못 미쳐 판닝 까지 가야 한다. 판닝에서 남충 가는 미니버스를 타면 된다. 미니버스는 KCR역 앞의 버스터미널에 줄지어 있다. 미니버스는 판링－사타오콕 옛길따라 가다가 우섹콕 오른편으로 꺾는다. 더 가면 중국과의 국경 검문소가 나와 일반 차량의 통행이 제한된다. 우섹콕 에서 남충까지는 호수 같은 바다를 바라다보면서 가게 되는데 이 바다를 영국 사람들은 당시 그 해안을 조사했던 탐색선의 이름을 따서 Starling inlet라 하고, 중국 사람은 사타오콕해 라고 부른다. 이러한 호젓한 해안 길을 따라 달리는 미니버스는 곧 남충에 닿는다. 넓은 들이 있는 남충이 홍콩 신계의 본지인의 고장이다.

홍콩의 지명에 많이 나오는 "涌"은 샘물이 있다는 뜻으로 샘물이 있기 때문에 마을도 형성되어 지금은 마을이란 뜻으로 통한다.

남충 동네의 중심지에 조상신을 모셔놓고 잘 살고 있는 사람들이 현지 인들이고 한여름에 창이 넓은 모자를 쓰고 밭일을 하는 여인들은 하카족이다. 하카족 여인의 모자는 뜨거운 햇살을 피하기 위해 넓은 창으로도 부족하여 창에 검은 천으로 둥그렇게 둘러놓고 있어 금방 구별이 된다.

남충의 넓지 않은 들은 쌀 농사가 제법 되는 지 동네도 크다. 그러나 남충에서 Starling inlet 해안 길을 통해 루컹으로 나가면 그곳은 호콜로족과 단카족이 함께 사는 마을이었다고 한다. 단카는 이름 그대로 계란과 관계가 있는 데 그들이 타고 다니던 배의 모양이 계란과 닮았다는 설도 있고 그들의 모자가 계란처럼 둥글다는 데서 나왔다는 설도 있다. 그들은 깊지 않으며 따뜻한 바닷물에 잘 서식하는 진주조개를 잡는다. 그리고 진주조개에서 천연 진주를 채취해왔다. 지금은 양식 진주 때문에 어렵게 천연 진주를 채취하는 사람은 없어졌다고 한다.

얼마 전까지만 해도 애버딘 등에서 집단으로 수상 생활을 하던 단카족도 홍콩 정청의 주택정책의 혜택으로 배를 버리고, 모두 육지로 올라와 산다고 한다. 유명한 홍콩의 재벌 한 분은 본래 단카족 출신으로 그의 일대기를 읽으면 어려서 설빔으로 고무신을 선물 받았는데, 배 밖을 나가지 아니해 고무신을 신을 기회가 없어 항상 가슴에 안고 다녔다고 한다. 지금은 이도에서 이도를 잇는 짧은 거리를 열 명 정도 승객을 실어 나르는 작은 통통배의 바다 택시가 있는데, 풍랑을 잘 헤치며 뒤쪽에 앉아 한 손으로도 솜씨 있게 운전하는 단카족 모자를 쓴 여인을 가끔 만날 수 있는데 정말 단카족 인지는 알 수가 없다.

논농사가 잘 되어 살기 좋은 곳으로 알려져 있는 남충에서 하차해 바다 쪽으로 룩컹 마을 지나 바닷길을 따라 가면 바로 건너편이 사타우콕이다. 중국의 발전된 모습이 손에 잡힐 듯 보인다.

사타우콕은 선전시의 경제특구 일부로 선전시의 동편을 가기 위해서는 로우 쪽이나 록마차우보다 사타우콕의 국경 관문을 통하는 것이 선전으로 들어가서 선전의 도심을 통과하지 않아도 되므로 빠르고 편하다. 선전 동쪽의 골프장으로 운동 나가는 골퍼들은 주로 사타우콕 길이 눈에 익어있을 것이다.

그림 같은 해안 길을 1시간 정도 가다 보면 해수면이 바로 바라다 보이는 어촌이 곳곳에 형성되어 있지만 모두 버려진 집(abondoned)들이다. 사람들이 살다가 마을을 버리고 집단으로 이주해 간 모습이다. 이 지역을 잘 아는 일행 중 한 분은 이곳 사람들은 자식들을 잘 두어 자식 따라 대부분 영국으로 이민 갔다고 말했다. 런던의 소호거리나 차이나타운의 요리사와 주인들은 대부분 홍콩 신계 지역에 살던 사람들이라는 것이다. 바다와 더불어 살던 탄카족이며 호콜로들이 정말로 큰 바다를 건너 영국까지 가버린 모양이다.

신랑탐(bride's pool)
(신부를 태우고 가던 가마꾼의 실수로 아리따운 신부가 가마에서 떨어져 빠져 죽었다는 전설이 있다.)

버려진 집들을 잘 수리하면 금방이라도 살 수 있을 정도로 비교적 뼈대가 건실하다. 마을 앞의 수 백년 된 반얀 트리(榕樹)가 짙은 그늘을 만들어 주지만 그 그늘에 쉬어 주는 사람이 없어 나무도 외로워 보인다.

바로 앞에 보이는 튀는 새우 모습의 섬은 Crooked Island이고 그 앞의 하버를 Crooked Harbour라고 한다. 이 바닷길을 따라 다시 한 시간 반 정도 걸으면 정말 마을다운 마을이 나온다. 삼아촌이다. 틴하우(天后)며 조상의 사당이 큰 것으로 보아 한때는 큰 마을로 보여지나 지금은 많은 촌

팟신렁(八仙嶺)산

민들이 떠나 을씨년스럽다. 과거 문전옥답 같았던 논도 메워져 잔디가 심어져 있어 황량한 느낌마저 든다.

삼아촌에서 높지 않는 언덕을 두 개정도 넘으면 우카우탕으로 다시 나온다. 신부를 태우고 가던 가마꾼의 실수로 아리따운 신부가 가마에서 떨어져 근처 바다 속에 빠져 죽었다는 전설이 있는 신랑탐(bride's pool)도 바로 그곳에 있다. 우카우탕으로 나오면 팟신렁(八仙嶺)산 아래로 그림 같은 플로버 코버 호반 길을 끼고 타이메이 둑을 지나 따이포 마케트까지 오는 버스가 있다. 그러나 일요일 및 공휴일만 다니므로 토요일 경우에는 택시를 이용해야 한다. 호수가 너무 조용하고 아름다워 홍콩의 고정 이미지와는 완전 다른 모습이다.

홍콩의 물

홍콩에 처음 와본 사람들은 아직도 홍콩의 많은 화장실의 수도꼭지가 그냥 틀면 쏴하는 것이 아니고, 힘주어 한 번 눌러야 물이 조금 나오고 금방 물이 끊어지는 것을 알게 된다. 비누칠 한 손을 제대로 씻고, 헹구려면 몇 번이고 신경질나게 수도꼭지를 탁탁 눌러야 한다. 무슨 홍콩 같은 국가도시가 물을 이렇게 아낄까, 하고 의아해 하는 것이 당연하다.

그리고 시내 관광을 나가는 분은 홍콩에 화장실이 많지 않아서 적잖은 불편함을 느낄 것이다. 그래서 진짜 관광 안내 잘하는 사람은 화장실의 위치를 정확히 알아서 손님을 즉시 안내할 수 있는 요령 있는 분이다. 대부분의 화장실이 외부에 개방되어 있지 않다. 열쇠 또는, 요즈음 경우에는 비밀번호를 눌러야 화장실 문이 열리게 되어 있다. 홍콩에서 일류로 번듯한 사무실 경우에도 화장실의 잠금 장치가 복잡해 모처럼 찾아온 내빈들이 화장실을 스스로 찾아갈 수가 없는 경우가 많다고 한다. 회의나 파티가 있는 날이면 내빈을 위해 화장실 안내 당번이 필요할 정도다. 왜 이렇게 되어 있을까?

한 마디로 물이 귀해서다. 화장실 사용 후 후레시로 쏟아내는 물을 아끼고자 하기 때문에 누구에게나 화장실을 완전 개방 못하는지 모른다. 옛날부터 홍콩에 살아온 사람들은 다행히 요즈음 홍콩 시내에 공중 화장실이 많아져서 옛날보다 불편이 많이 줄었다고 한다.

홍콩은 물 부족을 극복하면서 발전해 왔다고 해도 과언이 아니다. 홍콩섬, 란타오섬 그리고 신계의 산을 보면 공통점이 있다. 대부분 바위산이라는 점이다.

마치 거대한 밥 사발을 엎어놓은 꼴이다. 그래서 홍콩의 우기에 비가 양동이로 쏟아 붓듯 해도 그 귀한 물이 모두 금새 바다로 흘러가 버리고 어디에도 남아있지 않는다. 특히 홍콩섬은 더 가파르기 때문에 물이 잠기는 곳이 없다. 그래서 사람뿐 아니라 식물이 살기에도 적합하지 않았

식수난에 시달렸던 홍콩

다고 한다.

영국인이 홍콩섬에 유니온잭 기(旗)를 꽂은 후 십 년 가까이 된 1848년도 인구 조사에 의하면, 겨우 인구가 7백인밖에 없었다고 한다. 7백인 정도라면 우물 몇 개로 식수 해결은 할 수 있었을 것이다.

그 후 십 년이 지난 1858년의 인구조사에 의하면 인구가 자그마치 9만에 육박해 물 부족이 심각해지자 처음으로 홍콩 섬의 저수지 공사를 계획하였다고 한다. 그때 시작된 것이 지금도 남아있는 포푸람 저수지이며 그 후 타이탐 저수지 공사가 이어졌다.

어떻든 1860년대부터 꾸준히 저수지 만드는 작업을 계속해 홍콩 및 구룡에 모두 13개 저수지를 만들어 물 부족을 어느 정도 해결하였다고 한다. 홍콩의 물 부족이 심각해지고 시간단위로 식수공급을 할 정도가 된 것은 2차 세계대전이 끝난 이후다.

일본이 1941년 12월 홍콩을 점령하면서 가장 걱정한 것이 식수와 식량의 부족이었다 그래서 군국 일본 통치자는 중국인의 과잉을 그 원인으로 보고 불요불급한 중국인들을 강제 귀향시키는 조치를 취하였다고 한다.

일본군의 총칼 아래 정든 집을 버리고 대륙으로 쫓겨간 중국인은 청초 이후 제 2의 천계(遷界)라고 불렀다고 전해진다. 일본이 홍콩을 점령할 당시, 150만의 인구 중 100만 명의 중국인을 대륙으로 강제 귀향시켜

1945년 종전 당시는 그야말로 이상적인 인구 50만 수준으로 만들어 놓았다. 전쟁이 끝나자 강제 귀향된 중국인이 모두 복계(復界)한다. 인구는 다시 150만 이상 급증된다. 그런데다가 중국 대륙에서는 국민당과 공산당과의 4년 내전이 시작되자 전쟁 피난민들이 너나 할 것 없이 자유무역항인 홍콩으로 내려온다.

홍콩인구는 금새 삼백만을 육박한다. 인구가 급증할수록 물 부족은 더욱 심각해진다. 목욕은 말할 것도 없고 마실 물노 모자라서 물은 시산 급수 제도가 정착되고 홍콩 변두리에는 물을 얻기 위한 양동이 장사진이 홍콩의 새로운 풍속도가 된다. 그리고 모두 물을 아낄 수 있는 방법은 무엇이든지 강구했다고 전해진다.

물이 나오는 곳에는 반드시 물을 아끼자는 "珍惜用水, 惜用滴水"의 유명한 구호가 나붙기 시작한 것이 이때였단다. 물·물·물 물을 구해야 한다. 결국 중국 정부를 설득하여 비싼 달러를 주고 선전의 물을 사들이기로 한다. 그러나 매년 가격을 흥정해야 하고, 사회주의 국가와 안정적인 계약을 할 수 없는 어려움도 따랐다고 한다. 또한 서방과 적대관계에 있는 중국에 식수를 의존하고 있다는 것은, 홍콩 안보 차원에서도 치명적이었다. 거대한 저수지를 만들어 놓고, 실컷 물을 써볼 수 있었으면 하는 것이 런던과 홍콩에 근무하는 식민지 관리들의 한결같은 생각이었다.

어느 해 여름 홍콩 수도국장이 타이포 앞 바다 Plover Cove에서 수영을 하고 있었다. 그에게 하나의 아이디어가 전광석화처럼 스쳐갔다. 이 만을 양쪽에서 막아버리고 그 속을 온통 담수로 채울 수 있다면 하는 정말 꿈같은 생각을 해냈다.

그러나 결국 이 실현 불가능해 보이던 아이디어를 적용할 정도로 물 부족은 심각했던지 결국 만의 입구를 양쪽에서 막는 거대한 댐 공사를 착수하게 되어 1968년도에 댐이 완성된다. 댐이 완성된 후 그 속에 있던 바닷물을 퍼내는 작업이 만만치 않았다고 하며 또 맑은 물을 계속 집어 넣어 과거 바다였던 밑바닥을 헹구어 내야 했기 때문에 대단한 프로젝트였다고 한다. 주로 선전 동강에서 수도관을 통해 홍콩으로 들어온 물은 지하 수도관을 통해 풀로버 코브 저수지로 흘러가서 오늘날과 같은 거대한 담수호를 완성시킨 것이다.

10년 후 그보다는 적지만 비슷한 공법으로 사이쿵의 하이 아이랜드 담수호도 만들어진다. 이제 홍콩은 물 부족에서 해방되는 것 같았다. 그 사이 중국의 문화 대혁명 등으로 또 한 차례 피난민의 물결이 홍콩을 내습해 인구는 다시 두 배 이상 급증, 현재는 680만의 인구를 갖게 되었다. 그러나 계속해 들어오는 선전의 동강 물과 그물이 플로버 및 하이아이랜드 저수지에 저장시켜 수시로 물을 뽑아 쓰고 있기 때문에 물 부족 현상은 크게 심각하지 않게 되었다.

홍콩의 백 오십 년 역사, 그 한 많은 물을 실컷 볼 수 있는 트레일이 이번 주 나의 노정이다.

만성 물 부족의 한을 풀어준 플로버 코브 저수지를 현지 인은 선만(船灣) 담수호라고 한다. 이 호수를 일주하는 트레일이다. 이번 주 트레일은 하루 일정이 빡빡하게 소요되는 힘든(strennous) 길이다. 그러나 홍콩에 살면서 꼭 한 번은 해 봐야 하는 필수

타이메이 뚝

트레일이다. 우선 트레일을 걷는 사람의 물 부족이 나오지 않기 위해 2리터 이상 물을 준비해야 한다.

 KCR로 타이포 마케트 역까지 나간다. 타이포 마케트 역에서는 일요일에만 신랑탐(bride's pool)이 있는 우커우탕까지 버스가 있다. 그러나 토요일 경우에는 버스가 '타이메이 똑'까지만 간다. 타이메이 똑에서 다시 택시를 합승해야 한다. 택시로 우카우탕까지의 호반 길 드라이브는 이십 분이 소요된다.

 우카우탕에서 등산로 입구를 찾아야 하는데, 주차장 한 쪽에서 곧바로 연결된다. 거대한 등산 지도가 게시판을 가득 채우고 있어 길을 찾는 데 도움이 된다. 플로버 코브 담수호가 발 아래로 바라다 보이는 거대한 우카우탕의 척추를 타고 간다. 몇 번이고 오르고 내리길 두 시간 정도 하면 정말 힘들구나, 싶을 정도로 속에서 단내가 난다. 그 아름다운 호수도, 멀리 바라다 보이는 토로 해협의 푸른 바다도 귀찮아질 정도가 된다. 이 때는 충분히 쉬어야 한다. 가져온 물을 충분히 마시고, 가급적 오렌지를 계속 까서 먹는 것도 좋다. 비닐 병을 아무 데나 던져서는 안되지만, 오렌지 껍질은 자연으로 되돌아가므로 던져도 무방한 것이다.

 멀리 북동쪽으로 미르베이가 바라다 보인다. 앞에는 바다 같은 플로버 코브 호수가 펼쳐지고, 뒤로는 호수 같은 미르베이 바다가 내려다보인다. 멀리 중국의 산 그림자가 첩첩이 병풍처럼 둘러쳐 있다.

 호수의 북쪽 산등성이를 타고 토로 해협 쪽으로 나오다 보면 70도의 가파른 비탈길을 만난다. 비탈길을 조심스럽게 미끄러지듯 내려와서 다시 산을 가파르게 오르면 토로 해협과 평행해 한 시간 정도 둑길 같은 산길을 따라 내려오게 된다. 힘든 코스는 모두 끝나고 이제는 한 팔에 호수를, 다른 한 팔에 바다를 안고 걷기만 하면 된다. 소금기가 풍기는 바닻바람과 신선한 호수 바람을 뒤섞어 마시면서 걷는 길이다.

이렇게 이상적인 트레일이 이 지구상에 또 있을까, 생각될 정도로 환상적인 길이다.

길은 아쉽게도 다 끝나고 댐이 나온다. 이는 보조 댐으로 주 댐인 플로버 코브 댐까지 갈려면 또 한 번 산등성이를 걸어야 한다. 그러나 산길은 아니고 컨트리 파크 서비스 자동차가 다니기 좋을 정도로 아스팔트 도로다. 주 댐은 2km 이상의 둑길이 연결된다. 이른바 코즈 웨이다.

코즈 웨이를 따라 나오면 버스 종점이며 택시를 합승한 바 있는 타이메이둑 주차장으로 나온다. 다리가 천근처럼 묵직하다. 다행히 그곳에서는 타이포 마케트 역까지 버스가 줄을 서 있다. 종점이라서 피곤한 몸을 앉힐 수 있어 좋다.

홍콩의 양반 동네 : 피크

어느 도시든지 오래 될수록 옛날거리가 남아 있다. 여행을 좋아하는 사람들은 그 도시에서 가장 오래된 곳을 찾아간다. 오래된 곳은 그 도시 지배계급의 문화가 남아 있는 곳으로 우리 식으로 말하자면 "양반 동네"라고 보아도 될 것 같다.

우리 나라 수도 서울에는 안국동 거리가 있다. 안국동을 가보면 옛날 우리 나라 양반들이 어떻게 살았는지 알 수 있다. 베이징에는 사합원(四合院)이 있는 동성구(東城區)를 가야 베이징의 양반 즉 사대부들이 살던 모습을 엿볼 수 있다.

홍콩에서는 땅이 좁아서 옛 거리가 유지되지 못하는 것 같아 안타깝다. 서울이라면 옛날 지역을 그대로 두고 강남을 개발할 수도 있겠지만 홍콩은 땅값이 비싸서인지 옛 건물을 그냥 두고 다른 곳으로 옮아가지 못한 것 같다.

까오롱과 훼리로 연결되는 홍콩 섬의 센추럴은 예나 지금이나 금싸라기 땅이다. 새로 집을 지으려면 옛날 건물을 헐어 내지 않으면 안 된다. 세계 건축사에 남을 첨단 철제빔으로 조립된 홍콩-상하이 은행(HSBC) 본점은 고풍을 풍기던 옛 화강암 건물을 아깝게도 힐이 내고서야 지을 수 있었다고 한다. 또한 리츠 칼튼 호텔 옆의 홍콩클럽은 지금의 새 건물보다 이미 사라진 옛날 홍콩클럽 건물이 더욱 품위가 있었다고 말한다.

마카오는 발전이 늦은 탓인지 또는 바다를 매립해서 옮아갈 지역이 많아서 인지 옛날 건물이 비교적 많이 남아 있다. 그래서 마카오는 중국 속의 유럽으로서의 옛날 건물을 관광상품으로 적극 활용하고 있다. 홍콩의 옛 모습을 그런 대로 찾아볼 수 있는 곳이 피크인 것 같다. 사실 피크는 홍콩을 개척한 영국인들이 자신들만이 거주하기 위해 특별 산정구(山頂區)를 설치하고 중국인등 유색인들의 접근을 금하였다는 기록이 있다.

피크는 해발 500m

피크 타워
(옛날 빅토리아 여왕이 더위를 피해 만들었다)

정도의 크게 높지는 않지만 발아래 해안가의 센추럴 보다 기온이 낮아서 영국인을 중심으로 하는 백인들의 별장지대로 사용되었다고 한다. 총독도 피크에 별장을 갖고, 여름이면 별장에서 집무도 보고 자주 연회를 베풀었다고 한다.

피크에 백인들이 모여 살기 시작하던 때가 1874년부터였다고 하는데, 백인들이 점차 집단으로 모여 살기 시작하면서 피크와 센추럴과의 꾸리(苦力)가 운반하는 세단 가마로 오르내리는 교통의 불편이 차츰 늘어나기 시작했다. 이러한 불편을 덜고자 대중교통 수단으로서 지금의 피크 트램이 건설되어 1888년경 개통되었다.

피크트램이 개통된 1888년부터 피크 주택 조례를 정해 PEAK AREA (山頂區)에는 백인만의 거주 지역(WHITE PEAK)으로 제한했다는데 이 조례는 1946년까지 계속되었다.

피크를 구석구석 돌아보면 지형에 따라, 내려다보이는 전망에 따라, 특색 있게 지어진 건물을 볼 수 있다. 피크의 주택가를 돌아보는 것은 보통 trail walking이라기보다는 주말의 한가로움 속에서 옛날과 만나는 역사 산책이라고 부르고 싶다.

자동차로 센추럴에서 코튼트리 로드를 따라 오르면서 매가진 갭을 거쳐 피크로드를 따라 가면 가파른 절벽이 아래위로 깎여져 있고 그 가운데 수림의 터널이 이루어진 겨우 차 두 대가 서로 엇갈릴 정도로 좁은 길이 계속 이어진다. 과거 세단 가마 길 같은 이 차선의 좁은 길 자체가 옛날의 홍콩 모습을 그대로 보여준다. S자형의 꼬불꼬불하며 경사가 급한 곳이 많아 자동차가 많이 보급되기 전인 20세기 초에는 브레이크 파열 고장으로 주행중인 자동차가 절벽으로 곤두박질한 사고도 적지 않았다고 한다. 이런 사고가 늘어나자 일부러 자동차 브레이크를 고장나게 해 교통사고를 가장한 살인사건의 무대로 이 좁은 절벽길이 쓰이기도 하였다고 전해진다.

홍콩 스토리로 유명한 영국의 다큐 작가 제임스 클라벨의 "노블 하우스"에도 이와 비슷한 이야기가 삽입되어 있다. 산정구가 시작되는 곳에 이르면 중국식 소슬 대문에 "하동가든"이라는 입 간판을 발견할 수가 있다. 백인 전용 거주 지역이며 유색인으로서는 출입금지 지역인 피크에 최조로 합법적으로 거주한 유색인 하동의 옛날 집이다.

하동은 성공한 매판(買辨)으로 알려져 있다. 매판은 본래 포르투갈어인 comprador라고 하는 단어의 중국식 영어로 알려져 있는데 이 말은 본래 영어에는 없었던 말이지만 사백여 년간 마카오에서 이런 직업이 필요에 의해 존재했고, 그러니 포르투갈 사람들이 만들어낸 말이라고 한다.

19세기 초 중국 무역에 가담한 영국 사람들이 포르투갈 사람들이 해왔던 방식으로 중국 현지인을 이용해 장사를 했기 때문에 포르투갈 말을 그대로 쓰고 이를 현지 중국사람들은 "마이빤"이라고 부른다.

하동은 20세기 초 지금의 자딘 회사의 마이빤으로 자딘을 위해 일하고 자딘과 함께 돈도 많이 벌어 당시 중국인 갑부로 인정받아 출입금지 지역에 특별히 거주가 허락되었다고 하며 일부에서는 그 자신이 영국인 아버지와 중국인 어머니 사이에 태어난 혼혈로 반쪽 백인으로 인정받아 피크의 백인 거주 지역에 자리잡은 것이 허용되었다는 설도 있다.

하동의 아버지인 영국인은 당시 총독부의 고위 관리였다는 설도 있으나 이름은 알려지지 않고 있다. 이는 당시 런던에 있던 영국 식민성은 포르투갈이나 스페인과 달리 식민지 관리가 현지인과 결혼을 한다든지 현지처를 두는 것을 엄격히 금지시켜 만일 이러한 사실이 본국정부에 알려지면 곧바로 소환되었다는 것이다. 따라서 하동은 아버지가 누군 지도 모르면서 성장을 했고, 하사문(何仕文)이란 이름을 갖고 있던 어머니의 성을 따서 하(何)씨가 되었으며 영국인 아버지가 아시아에서 얻은 아이라는 의미로 하동(何東)이란 이름을 얻어 중국인 행세를 했다고 전해진다.

그러나 차츰 자라면서 중국인보다 서양인의 모습이 두드러지게 나타나게 되자 비밀이 탄로 날 뻔하였다는데 그럴 때마다 주변사람들에게 중국 동북지방의 만주인이라고 속였다고 한다. 당시 홍콩의 중국인은 만주인을 본적이 없었으므로 그대로 믿을 수밖에 없었다는 것이다.

피크의 골목골목을 누벼보면 옛날 식민지 스타일의 건축이 아직도 많이 남아 있는 곳을 볼 수 있다. 지금도 피크의 집들은 공급이 제한되어 있어 기존 주택의 가격도 비싸고 매물이 거의 없어 피크에 집을 갖기가 여간 어려운 것이 아니다. 그러나 1960년대 중국의 문화혁명이 한창일 때 피크에도 매물이 많이 나왔다고 한다. 조반유리(造反有利)라는 구호로 중국대륙을 휩쓴 홍위병들이 홍콩에서도 밤낮없이 지금의 차이나 클럽이 들어있는 옛 중국은행 건물 앞에 모여 "모택동 어록"의 붉은 책자를 흔들면서 영국인 등 외국인 제국주의자는 물러가라고 데모할 때였다. 홍위병 활동이 심각하여 홍콩경찰도 제대로 막지 못하여 홍콩의 치안상태가 극도로 혼란하였다고 하는데, 이로 인해 홍콩을 떠나는 외국인이 계속 늘어났다. 홍콩의 외국인들은 홍위병들이 홍콩을 점령할 날도 얼마 남지 않았다고 믿고 있었다. 사실 홍콩과 비슷한 처지의 마카오는 당시 이미 홍위병 수중에 있었다고 하니 이런 걱정도 무리는 아니었다.

이 때에 피크 중의 피크라고 볼 수 있는 Haystack에 아름다운 식민지풍의 건물이 헐값에 나와 있었다는 것이다. 이곳은 빅토리아 피크의 넥크레이스와 같은 Harlech로드와 Lugard로드가 만나는 고풍 있는 피크 카페에서 다시 더 산 쪽으로 올라가야 만날 수 있는 곳이다. 피크에서 가장 높은 지역으로 연결하는 마운트 오스틴 로드를 따라 오르면 오른쪽으로 과거 총독부 고급관리의 집단주택이 있고, 조금 더 오르면 왼쪽으로 빅토리아 시대의 귀부인 품위를 갖추고 애버딘 쪽을 바라보면서 느긋하게 자리를 차지하고 있는 와이트 하우스를 만날 수 있다. 이 기품 있는 저택이 당시 헐값에 새 주인을 기다리고 있었다고 한다. 지금은 이 저택의 주인이 누구라는 것을 금방 알 수 있는 표지가 있다. 일장기이나. 일장기가 남중국해를 바라보면서 펄럭이고 있다. 어릴 때 읽은 유치환의 "깃발"이라는 시가 연상된다.

"이것은 소리 없는 아우성, 저 푸른 해원을 향하여 흔드는, 영원한 노스탤지어의 손수건"

1960년대 중국대륙이 문화 혁명이라는 홍역을 치르고 있고 홍콩도 크게 전염되어 있던 혼란기에 당시 홍콩주재 일본 총영사 A씨는 중국전문가였다고 한다. 그는 외무성 입성 후 중국어 전문가로 상하이에서 중국어를 연수하였다고 하며 전쟁 전에는 상하이의 일본영사로서 중·일간의 비밀회담에 통역으로 참가하는 등 나름대로 일본 외무성이 갖고 있는 중국 전문가의 한 사람으로 평가되고 있었다. 그는 당시 홍콩에서 만연되고 있는 혼란은 그 심각성이 홍콩의 생명을 빼앗아 갈 중병은 아니고 일과성의 피부병 정도로 가볍게 보고 있었다.

중국문화혁명의 소용돌이가 홍콩을 휩쓸고 있어 많은 외국인들은 패닉에 빠져 홍콩 탈출 분위기였지만 A총영사의 시각은 중국 정부가 홍콩을 이런 식으로 버리지 않을 것이라고 본 것이었다. 1949년 중국 공산당이 국민당과의 내전에서 승리하여 중국 대륙을 통일한 후 마음만 먹으면 홍콩도 무력으로 접수할 수 있었지만 홍콩의 중요성 때문에 홍콩을 살려

왔다고 그는 믿고 있었다. 그러나 영국사람들을 위시하여 외국인들은 안전을 위해 홍콩철수를 결정하고 홍콩에서 소유하고 있던 부동산을 헐값이라도 팔아서 현금화하고자 했다. 이 때 나온 매물 Haystack저택을 A총영사가 장래 일본의 외교를 위해 구입해 둘 것을 결심하고 본국 정부를 설득, 예산을 따내어 오늘날 피크 노른자위에 붉은 태양 기를 펄럭이게 하고 있는 것이다. 어떤 홍콩의 지식인은 피크의 Haystack에 있는 일본 총영사 관저는 1941년 12월 일본이 홍콩을 점령하면서 마운트 카메룬에 세웠던 일본의 충혼탑이래 두 번째로 피크에 갖고 있는 일본의 상징이라고 이야기하고 있다.

마운트 카메룬의 충혼탑은 볼품 사나운 거대한 콘크리트 말뚝 같아서 풍수 지리적으로 당시 100년간 홍콩에 뿌리를 내린 영국의 맥을 끊는 모양이었다고 전한다. 전쟁이 끝난 1947년, 충혼탑은 폭파되어 카메룬 정상은 옛 모습을 회복하여 지금은 그러한 일본의 충혼탑이 있었는지조차도 모르게 되었다. 카메룬 산에 사라진 일본의 상징이 위치를 옮겨 빅토리아 피크의 Haystack의 일장기가 되어 "애수의 백로처럼" 날개를 펴고 있다는 것이 그의 설명이다.

김문태(金文泰) 트레일

홍콩에서 주말에 뭘 하고 지내느냐는 질문을 자주 받는다. 여가에 대한 물음이다. 골프가 일반화된 해외생활에서 많은 사람들은 여가에 골프를 많이 한다. 그러나 홍콩에서는 골프하기가 쉽지 않다. 홍콩의 골프장은 회원제 위주로 운영된다. 회원이 아니면 골프장 접근이 어렵다. 비회원은 홍콩의 골프장에서 게스트로 초청을 받는다. 사이쿵(西貢)에 퍼블릭 코스가 하나 있긴 하지만 부킹이 간단치 않다. 골프하기 좋은 계절인 춘추 동절기에는 몇 시간 전화기와 씨름해도 부킹을 못하기 일쑤다. 부킹전용 특수 전화기가 있다는 이야기도 들린다. 누구는 인근 중국 선전 골프장을 열심히 찾아가기도 한다. 그것도 쉽지 않다. 무거운 골프 백을 메고 하루에 긴 줄을 네 번 서야 하기 때문이다.

골프장 행 전용버스를 타더라도 네 번 내리고 네 번 타야 한다. 홍콩을 떠나 중국에 입국할 때, 그리고 골프를 끝낸 후 중국을 출경(出境)할 때와 홍콩으로 입경(入境)할 때이다. 매번 출입국 비자를 꼬박꼬박 받아야 하는 것도 부담스럽지만 하루 네 번의 출입국 스탬프를 여권의 여기 저기에 찍어대면 새로 만든 여권도 몇 번 안 가서 비자난이 꽉 차고 말아 여권을 재발급 받아야 한다. 물론 그린피도 적은 부담은 아니다.

부임차 홍콩 도착 후 골프에 대한 이런 저런 오리엔테이션을 받고 나면, 불확실하고 어렵게 골프를 하는 것보다, 확실하고 용이한 등산을 선택하게 된다. 하루 종일 고층건물 속에서 생활하면서 자신도 모르게 쌓인 스트레스를 어디선가는 풀어야 하기 때문이다. 마치 한 주간 시계 태엽처럼 감겨 있는 것을 주말 하루는 완전히 풀어버리는 작업이 필요한 것이다.

또한 홍콩에는 주로 일터가 고층건물 속에 있는 관계로 자연에서 발생되는 마이너스 이온에 접할 시간이 부족한데다가 사람 사이 또는 자동차와 건물 속에서 발생하는 플러스 이온에 과다 노출되어 있어 몸의 이온 밸런스가 깨어져 있다고 한다. 과도한 플러스 이온은 사람을 나른하게 하고 병에 대한 저항력을 잃게 하여 몸의 조직이 쉽게 노화되고 따라서 몸 기능이 쇠약해진다고 한다. 그래서 자연 속으로 돌아가 마이너스 이온을 흡수 중화시켜야한다는 주장이다.

　잠시나마 자연으로 돌아갈 수 있는 등산은 골프처럼 사전 부킹이 필요 없다. 마음만 먹으면 언제든지 떠날 수가 있다. 무거운 골프백도 필요 없다. 미네랄 워터 한 병과 등산화 한 켤레만 있으면 일단 해결된다. 그리고 홍콩 섬 및 신계(新界)에 거미줄처럼 얽혀 있는 등산 지도 한 장 지참하면 더욱 좋다.

　내가 홍콩에 와서 제일 먼저 만난 트레일이 김문태(金文泰) 트레일이다. 처음에는 한자 이름만 보고 깜짝 놀랐다. 김문태라면 틀림없이 김씨 성이고 김씨라면 우리 나라 박씨처럼 고유의 성이다. 김문태라는 한국인이 만들어 둔 트레일이라도 있다는 것이 아닌가 하는 생각이 들었다. 나중에 안 일이지만 김문태는 1925년부터 5년간 홍콩 총독을 역임한 Sir Cecil Clementi총독의 홍콩식 한자발음이었다.

　홍콩지도에도 김문태 트레일을 김독치마경(金督馳馬徑) 및 김부인(金夫人) 치마경(馳馬徑)으로 표기되어 있다. 그는 영국 명문가 후예답게 말타기를 좋아하여 부인과 함께 홍콩 섬 北角(North Point)의 半山(middle level)에서 웡나이충 갭을 지나 애버딘까지 홍콩 섬 동서대각선 S자형으로 가로질러 승마하기를 좋아했다고 전해진다. 그 후 1970년대 홍콩 총독으로 결출한 Murray Maclehose 총독도 야외 활동을 좋아했다고 전해진다. 그래서인지 홍콩에서 가장 긴 trail인 맥러호스 트레일도 그의 이름을 따서 지은 것이다.

　홍콩 섬에 트레일이 만들어진 것은 주민들이 섬에 갇혀 부족 되기 쉬운 야외운동을 할 수 있도록 배려한 것보다 군사 목적으로 만들어졌다고 한다. 즉 유사시에 군대의 이동을 용이하게 하기 위해서다. Clementi 총독이 한가롭게 부인과 함께 승마만 한 것이 아니고 당시 산업시설이 밀집해 있어 홍콩의 공장지대라고 불리우던 North Point와 군대가 주둔하고 있던 섬의 남서쪽 스탠리와 애버딘을 육로로 쉽게 연결할 수 있는 통로를 찾았는지 모른다. 일상적인 상황에서는 북각에서 코즈웨이 베이 → 완차이→ 센추럴→ 사이잉푼 → 폭푸람을 거쳐 애번딘 및 스탠리로 갈 수 있었겠지만 그 도로가 여러 가지 이유로 막힌다든지 바다를 이용할 수 없는 장애가 생겼을 때를 상상하이 볼 수 있다. 북각의 조선소머 설탕 공장 등 산업시설이 위기에 놓여있을 때 스탠리 등에 주둔하고 있는 군대를 어떻게 이동시킬 것인가가 그들에게는 중요했을 것이다. 지금도 미들 갭에서 윙나이충 갭을 이어주는 홍콩 섬의 척추에 해당되는 Black Link는 문자 그대로 Black 총독이 군사목적으로 닦은 연결로(Link)서 자동차도 다닐 수 있을 정도로 폭이 상당히 넓다. 지금은 헬리콥터 같은 수송수단이 있으므로 트레일로 군대를 이동을 한다는 것은 극히 제한적일 것 같다.

구룡 반도의 동서로 10폭 병풍 같은 연산(連山)을 타고 걷는 100km의 맥러호스 트레일은 과거 홍콩주둔 영국군대의 유사시 산악 교통로였다고 한다. 그 후 용감하기로 유명한 네팔의 쿠루카족으로 구성된 쿠루카 대대의 지옥훈련 코스로 활용되다가 맥러호스 총독이 전장 100km를 연결하여 시민의 등산로로 개방하였다고 한다. 매년 10월경 우리 나라 동아 마라톤처럼 산을 좋아하는 홍콩시민이 대거 참여하는 자선 등산경기로도 유명하다. 사이콩의 하이아일랜드 호수에서 시작하여 튠문에서 끝나는 장장 100km 트레일을 논스톱으로 15~20시간 내 완주할 자신이 있는 분은 한 번 참가해 볼만한 코스이기도 하다.

매주 트레일을 찾다보면 재미있는 기인(奇人)도 가끔 만난다. 언젠가 어느 트레일에서 홍콩에 오래 산 괴짜 노인을 만났다. 그는 홍콩의 트레일은 안 가본 곳이 없다고 한다. 그가 트레일을 좋아하는 이유가 특이했다. 그는 트레일을 좋아하면 유사시에 생명을 구할 수 있다는 것이다. 2차 세계대전 전 오스트리아의 본트랩 대령이 가정교사였던 수녀 마리아와 일곱 자녀를 데리고 나치가 점령한 조국을 탈출할 수 있었던 것도 평소 알프스 트레일을 좋아했기 때문이라는 것이다.

만의 하나 홍콩 시내의 도로가 차단된다면 타이쿠싱(太古城) 등 북각 지역에 거주하는 주민들이 가족과 함께 비교적 안전한 홍콩 남서쪽으로 이동할 수 있는 방법은 김독치마경(金督馳馬徑)과 김부인(金夫人) 치마경(馳馬徑)이 아닐까 생각된다.

어느 해 연말 나는 교민회의 송년 모임에 참가하기 위하여 Deep Water Bay의 자키클럽 골프장의 클럽하우스로 가게되었다. 나는 이 기회에 북각의 집에서 트레일로 파티 장까지 가보고 싶었다. 파티 장에서 입을 옷은 잘 접어 배낭에 넣고 등산차림으로 집을 나섰다.

North Point의 반산(半山) 브레머 힐의 아파트를 나와 바로 브레머 힐 등산로로 접어들었다. 아파트 후문에서 오른편으로 돌면 등산로 입구가 나온다. 약간 가파르기는 하지만 주로 계단 길을 10분 정도 가볍게 오르면 벌써 아파트의 수영장과 테니스 코트장이 내려다보이고. 김독치마경(金督馳馬徑, Sir Cecil Ride) 표지가 나온다. 이 길은 본래 Mount Parker Road에서 해발 436m의 Mount Butler 산의 허리를 감고 도는 트레일로 시작된다. 이 길은 해발 200m의 등고선을 따라 만들어져 있어 인근 주민들의 아침 조깅 코스로도 이용되고 있다. 브레머 힐을 지나고 북각(北角) 반산(半山) 지구의 아파트 군을 위해 만들어진 거대한 배수진을 지나면서 삼십 분 정도 서쪽으로 돌아 나가면 코즈웨이 베이가 한 눈에 들어온다. 길은 능선을 따라 움직이므로 걷는 길이 지루할 정도지만 오르고 내리는 길이 아니므로 힘든 길은 아니다.

김독(金督)이 부인과 함께 말을 타고 트롯팅 했던 모습이 연상되는 길이다. 힘은 들지 않지만 시간이 무척 소모되는 것 같다. 발아래 홍콩의 샌드위치 중산층을 위해 지어진 원통형의 라이탁춘이 바라보이는 듯 싶더니 Tiger Balm Garden의 고탑이 인근 아파트 건물 사이에서 어울리지 않는 자태를 드리우고 있다.

피부와 관련되는 병은 뭐든지 잘 낫게 한다는 연고 하나로 큰돈을 벌어서 신문사도 몇 개씩이나 가지고 있던 싱가포르 화교재벌이 노후에 홍콩으로 이주하여 향수를 달래기 위해 중국식 정원을 만들었다고 한다. 그러나 그가 죽고 난 후 신문사도 넘어가고 별장처럼 지어 놓았던 정원도 팔렸다고 한다. 한때 없어서 못 팔고 집집마다 상비약으로 갖고있던 tiger balm은 전쟁 중에는 돈 대신 거래되어 돈보다 tiger balm을 가지고 오면 쌀도 살수 있고 차도 구할 수 있었다고 전해진다. 이 정원은 중국고대 신화 전설을 조각화 해 놓아 홍콩 관광 코스에서 빼놓을 수 없는 문화관광지역이다. 그곳에 가면 중국 대륙 문화가 다이제스트로 집약되어 있다. 그러나 불행하게도 이곳이 홍콩의 완차이와 코즈웨이 베이를 굽어보이는 위치로 홍콩의 고급주택지로 안성맞춤이다. 홍콩의 아파트 명당 찾는데 천재인 리카싱이 언젠가부터 이 가든을 탐내어 왔었다고 하는데 결국 뜻을 이루었다 한다. 얼마 가지 않아 헐려서 콘크리트 아파트촌으로 바뀔 수 있는 타이거 밤 가든의 고탑은 애수의 그림자를 띠고 있는 것 같다. 아직도 안 가본 사람이라면 서둘러서, 헐리기 전에 가 볼만한 관광명소이다.

트레일은 자딘 루크 아웃 산 아래로 거대한 채석장(quarry)을 만난다. 지금은 흉물스럽게 버려져 있지만 한때 돌도 캐내고 그 자리에 아파트도 지으려고 했던 모양이다. 홍콩경찰의 사격장을 왼편으로 하고 폐차장 같이 어수선한 지역을 지나면, 우리나라 성북동 같은 자딘 루크 아웃의 고급 주택지로 나오는 길이 있다. 바로 위는 해발 433m의 자딘 루크 아웃이 이 지역의 풍수를 즐겁게 해 주는 배산(背山)으로 버티고 서 있다. 한때 자딘회사가 양쯔강 수역에서 화물을 싣고 홍콩 동쪽으로 레이유문을 통해 들어오는 자사 선박을 관찰하기 위한 장소로 쓰였다고 해 이름이 유래하지만 지은 지 오래 되어 지금은 아무런 흔적도 남아 있지 않다. 그 때나 지금이나 모든 정보가 돈으로 연결되어서인지 자딘 자사 선박이 만선일 경우 주식이 뛰기 때문에 멀리서 들어오는 선박을 미리 보고 주식을 사거나 팔거나 하였다는 이야기가 전해진다.

　자딘 루크아웃 주택지에서 가파른 산길로 접어들면 길은 웡나이충 갭에 가까워지면서 홍콩 테니스 센타가 바라보인다. 양명산장으로 통하는 길도 홍콩 섬에서 가장 높은 저수지인 웡나이충 저수지가 바로 앞에 있다. 이 곳은 유원지(park)로서 아이들과 보트놀이도 할 수 있는 곳이다. 브레머 힐에서 이곳까지 3시간 정도의 코스다. 김부인치마경은 웡나이충에서 시작하여 Mount Nicholson 근처에서 300m 등고선에서 다시 200m 이하로 내려와서 홍콩섬의 남쪽으로 애버딘 호수를 돌아 애버딘 시내로 빠지는 3시간 정도 소요되는 트레일로 연결되어있다.

　나는 송년모임에 가기 위해 양명산장(park view) 아파트를 옆으로 하고 Deep Water Bay쪽으로 나갔다. 이 트레일은 윌슨 트레일 1번 구간이다. 가파르기로 유명한 twin peak에 오르기 전에 오른편의 계곡으로 들어가면 리펄스베이를 빠져 나온다. 리펄스베이 비치에서 바닷길을 따라가면 Deep Water Bay beach로 나오게 된다. 파티가 예정된 자키클럽의 아담한 2층 클럽하우스가 땅거미 속에서 자태를 나타내고 있다.

타이꾸(太古) 트레일

주말에는 주로 등산을 하느라 홍콩의 아름다운 트레일을 찾는다. 그러나 비가 많이 온다든지 서울에서 손님이 찾아오면 등산하기가 곤란해진다. 그 때 찾아가는 곳이 타이꾸 트레일이다. 가족이나 서울 손님과 함께 떠나므로 큰 장비가 필요 없다. 간소한 복장에다 걷기에 편한 스니커즈 한 컬레만 있으면 된다. 손님에 따라서는 사무복의 정장구두로 잔뜩 긴장하고 떠나기도 한다. 그러나 타이꾸 트레일에는 미네랄 워터보다는 두둑한 돈지갑 또는 크레디트 카드가 필수품이다. 타이꾸 트레일은 깜종(金鐘)의 Queensway가(街)에 걸려있는 대리석 구름다리를 건너면 시작된다. 다리를 건너자마자 압도할 듯이 금색으로 타이꾸 광장(太古廣場)이라는 입 간판이 벽에 붙어 있다. 타이꾸는 매우 오래 되었다는 의미만은 아닌 것 같다. 타이꾸는 홍콩의 영국계 자본으로 유명한 Swire그룹의 중국 상호이다. Swire 그룹이 타이꾸를 쓸 정도로 오래 된 회사로는 보이지 않는다. Swire 그룹이 중국명 상호로 어떻게 타이꾸를 쓰게 되었는가에 대한 공인되지 않은 에피소드가 하나 전해진다.

영국 욕크 지방 출신의 Swire가(家)가 중국 무역에 관심을 갖은 것은 19세기 중반 이후였다고 한다. 당시는 많은 영국 무역상들이 신천지 중국을 찾아 너도 나도 아시아로 진출할 때였다고 한다.

키신저의 비밀외교 결과 닉슨이 중국을 방문, 상하이를 대화의 창구로 하고 중국을 개방시키기 전, 서구인들의 눈에 비친 중국이란 "죽(竹)의 장막" 속에 있었다고 한다면 ,영국이 아편전쟁을 일으켜 주요 항구를 개항시키기 직전의 중국은 "비단의 장막"이 드리워져 있었다고들 한다.

타이쿠싱의 시내

중국은 비단의 장막이 서서히 걷히면서 서방의 새로운 관문이 되어 갔다. 특히 1860년대 미국의 남북전쟁으로, 신대륙에서 원료를 공급받고 있던 영국 등 유럽의 무역상들은 더 이상 미국에 의존하지 못하고 모두 중국으로 눈을 돌렸다. 상하이가 지금의 홍콩처럼 아시아 무역 및 금융의 중심이 된 것도 그 시절부터 시작된다. 현재 구미계의 아시아 본사가 대부분 홍콩에 있는 것처럼 그 시절 아시아 본사는 대개 상하이에 있었다고 한다. John Swire라는 사람이 영국의 리버플에서 미국의 남부 면화 수입을 중심으로 무역업을 시작(1816)한 후 그의 아들 John Samuel Swire 대(代)에 와서는 미국이 남북전쟁으로 면화 수출을 중단하자 중국 양쯔강 연안의 면화에 관심을 갖게 되었다. Swire 회사도 그 때 처음으로 중국에 진출하게 된다. 당시 중국 진출기업은 회사에 등록을 위해 중국명의 상호가 필요했다. Swire 회사도 적절한 상호를 찾아야 했다. 1866년 말 중국에 온 J. S. Swire 사장은 상하이 인근의 시골여행을 좋아했다고 한다. 지금도 중국의 시골에 가면 대문 등에 누덕누덕 붙어 있는 글귀가 있다. 그 글귀 중에 가장 많은 것이 "대길(大吉)"이란 글귀이다. 좌우가 아니고 상하로 쓰여져 있다. 大吉은 입춘대길 등에서 쓰여지는 일종의 주문(呪文)이다. 상하로 쓰여진 大吉을 보고 Swire 사장은 무슨 뜻인지 알 수는 없었지만 중국사람들이 아주 좋아하는 말이라는 것을 알아차렸다. 그는 중국 상호로 大吉을 등록했다. 그러나 그의 눈썰미는 100% 정확하지 않았던 모양이다. 大吉이 太古가 되어 버렸다. 대길을 상하로 붙여 써보면 太古처럼 보인다. 그 이후 大吉은 太古로 불려졌다는 것이다. Swire 사장의 본래 뜻대로 등록되었다면 우리는 太古 광장이 아니고 大吉광장을 걷고 있을 텐데 말이다.

언젠가 홍콩의 Swire 그룹 직원에게 타이꾸의 뜻이 뭐냐고 물었더니 타이꾸의 의미는 "規模弘大 歷史久遠"이라는 심오한 뜻이 있다고 하였다.

타이꾸 광장을 분해해 보면 거대한 감자모양이다. 그 감자 위에 4개의 기둥이 꽂혀 있는 형상이다. 물론 감자 속은 모두 파내어 3층의 쇼핑센터로 이루어져 있다. 4개의 기둥은 30~40층의 4개의 건물이다. 4개의 건물도 자세히 보면 두 개는 타원형이고 두 개는 모난 건물이다. 이것은 홍콩에서는 피할 수 없는 음양의 풍수를 따라 지었기 때문이라고 한다. 원형은 양(陽)이고 모난 건물은 음(陰)이다. 아일랜드 상그릴라 호텔과 콘라드 호텔은 각각 타원형으로 두 개를 합하면 원이 되는 건물이고 매리엇 호텔 건물과 타이꾸 오피스타워는 모난 건물이다.

1990년도 초 당시 영국군대의 주둔지(barrack)였던 깜종(金鐘)언덕이 부동산 붐과 함께 새로운 개발지로 떠올랐다. 자딘사를 중심으로 하는 Hong Kong Land라는 부동산 개발회사는 익스체인지 빌딩 등 센추럴의 부동산 개발에 열을 올리고 있었다. Swire그룹도 타이꾸싱 아파트 단지 등 부동산 개발에 관심을 쏟았다. 깜종에 유일하게 남은 금싸라기 땅을 불하 받아 대형 쇼핑 몰과 호텔 3개, 오피스타워 하나를 만들어 낸 것이다. 타이꾸 광장에서 시작되는 타이꾸 트레일은 사실상 눈의 트레일이다. 구미의 유명브랜드 상품은 모두 모여 있어 eye shopping에 적격이다. 특히 3층의 브랜드점은 세계의 유명한 브랜드가 모두 모여 있는 것으로 유명하다. 서양 브랜드에

상점의 내부 모습

싫증이 나면 삼 층 한 쪽 코너에 있는 홍콩의 유리창을 가보라. 유리창은 베이징의 골동품 가를 부르는 말로 우리 서울 같으면 인사동 거리와 같다. 골동품 거리에 가면 중국황제의 용포도 볼 수 있고 진시황의 군대도 만날 수 있다. 돈으로 사겠다고 덤빌 필요는 없다. 가격표에 쓰여진 가격은 눈이 어지러울 정도의 동그라미가 많이 붙어 있다. 그래도 이곳은 할리우드의 골동품거리 보다 가짜를 살 확률은 낮다고 한다.

홍콩의 골동품은 100여 년 전 베이징의 황궁을 점령한 영·불 등 8국 연합군의 장병들이 빼앗아 온 황실물건을 귀국에 앞서 들린 홍콩에서 술

값 대신 내놓은 물건에서 시작되었다고 한다. 그래서 홍콩의 골동품은 부피가 큰 고가구보다는 휴대 간편한 악서사리 등이 주종을 이루었다고 한다. 타이꾸 트레일은 미네랄 워터와 샌드위치가 따로 필요 없다. 여기 저기 오르내리는 에스컬레이터를 타든지 쇼핑객이 내려다보이는 투명 엘리베이터로 G층까지 내려오면 먹자골목이 나온다. 패스트푸드의 브랜드는 모두 모여 있다. 맥도널드, 켄터키 후라이드 치킨 등등. 중국식 패스트푸드도 브랜드마다 모여 있다. 이 곳에는 저렴한 가격과 맛의 안정성 때문인지 항상 만원이다. 특히 일요일은 필리핀 가정부들로 붐벼, 자리 찾기가 매우 어렵다. 그러나 동쪽으로 지하 1층으로 내려가면 여러 가지가 괜찮으면서 대중적인 각국의 특색을 살린 레스토랑이 즐비하다. 그 곳에서도 입맛에 맞는 음식이 없으면 쇼핑몰 위에 우뚝 서있는 호텔로 찾아가면 된다. 복장을 별로 따지지 않고 최고급 음식을 제공하는 호텔 레스토랑도 있다. 이 것 저 것 전문점에 싫증이 나면 백화점도 있다. 홍콩의 백화점이라면 역시 Lane Crawford를 빼놓을 수 없다.

홍콩은 국제도시로 홍콩 자체 브랜드가 귀하지만 Lane Crawford는 1850년경 런던과 홍콩을 오가는 선박의 선상용품 중심으로 창립된 순수 홍콩 백화점이다. 홍콩 사람들의 사랑을 받고 있던 Lane Crawford는 창업 100년 후 카나다인 Thomas Wheelock가 세운 Wheelock사에 의해 합병된다. 그 후 Wheelock사는 세계적 선박왕 포옥강(包玉剛)의 기주등륙(棄舟登陸)이라는 업종전환 대상에 걸려 지금은 포(包)씨 집안의 소유로 되어 있다. 그러나 아직도 홍콩의 명문 백화점으로 손색이 없다.

타이꾸 광장의 Queensway가(街)측 1, 2층을 터서 만든 백화점은 홍콩 사람들이 즐겨 찾는 쇼핑센터이다. 이 안에는 일본의 세이부(西部) 백화점이 (홍콩의 서쪽이 아닌 중심부에) 자리잡고 있다. 일본에서는 고급 백

퍽시픽 플레이스 백화점 내부모습

화점이라기보다 중산층 이하를 상대로 하는 대중백화점이지만 홍콩에서는 홍콩 거주 일본사람들을 주고객으로 하다보니 서민용 백화점이라는 인상은 들지 않는다.

일본 동경에서 1920년대 철도의 민영화 시절에 동경의 동북쪽 교외철도를 불하받아 운영하는 동부 철도와 서남쪽 교외철도를 중심으로 하는 서부 철도라는 민간철도회사가 있었다. 동부는 지금도 철도운송 이외는 별 유명한 것은 없다고 하지만 세이부는 백화점 유통업계에 뛰어들어 크게 성공을 하였다고 한다. 세이부는 야구단도 조직하여 프로야구의 중심구단이 되어 있다. 세이부 야구단이 일본 리그에서 우승하면 그날은 바로 세이부 백화점이 big sale을 하는 날이다. 세이부 백화점의 물건을 정기세일기간이 아닐 때 싸게 사고 싶으면 세이부 야구단을 응원해야 한다. 정기세일 때는 재고 정리하느라고 잘 팔리는 물건은 별로 없고 잘 팔리지 않는 물건을 주로 내놓는 바람에 "좀 그렇다"는 기분이 들지만 세이부 야구단이 우승했을 때의 sale은 정말 "기분이다" 하는 식의 sale이므로 있는 그대로 상품과 상품 그 가격에서 30~50%씩 바로 깎아

준다고 한다. 세이부 야구단이 우승할 것 같으면 야구경기보다 물건을 싸게 사기 위해 사람들이 흥분하고 아침부터 인근 세이부 백화점에 몰려 갈 준비를 한다고 한다. 그러나 애석하게도 홍콩에는 그러한 "재미"가 없다. 이러한 세이부 백화점이 홍콩에 지점을 내었다. 홍콩에는 미쯔꼬시, 다이마루, 소고 등 일본의 주요 백화점이 모두 나와있다. 한때 홍콩 돈의 절반은 일본 돈이라는 말이 나올 정도로 이자가 싼 일본 돈이 홍콩에 많았고 돈 따라 일본 사람도 홍콩 진출이 많았다. 거수교민의 숫자노 우리교민의 숫자보다 훨씬 많지만 경제 몸집은 우리와 비교가 안 된다. 그러나 지난 1990년대의 10년간을 일본에서는 "잃어버린 10년"으로 볼 정도로 일본은 부동산의 거품이 빠진 이후 경제침체가 심각하였고 부동산을 기반으로 일본경제의 기반도 흔들렸다고 한다. 특히 부동산의 담보로 가능했던 은행의 대출방식은 부동산의 평가절하로 대출금 회수가 어려워지고 그에 따라 일본은행의 경영도 악화되었다. 홍콩의 일본계은행 자체구조개혁과 건실 경영을 위해 홍콩에 나와있는 대출금을 차츰 회수해 간 것이다. 돈 따라 나왔던 일본 사람들도 돈과 함께 썰물처럼 빠져나가게 된다. 일본인이 많이 거주하던 일본학교 인근 아파트는 텅 비게 되고 일본학교의 생도수도 대폭 줄어든다. 고객이 빠져나가므로 일본의 백화점도 문을 닫을 수밖에 없다. 다이마루가 닫고 미쯔꼬시가 닫을 형편이다. 그러나 자체건물을 갖고 있는 소고는 계속 버티고 일본 유수 재벌기업의 세이부도 당장은 문제가 없는 것 같다. 타이꾸 광장의 세이부가 문을 닫는다면 타이꾸 광장도 영향이 클 것이다. 우선 그 많이 뿌려진 세이부의 상품권을 교환하기 위해 몰려들 인파 때문에 깜종(金鐘)일대는 교통이 마비될 지도 모른다.

 타이꾸 트레일에는 극장이 많다. 시간마다 상영하는 외국직배 영화는 비싸지 않다. 특히 매주 화요일은 할인제도가 있다. 타이꾸 트레일은 타이꾸 광장에서 지하철을 타고 가면 타이꾸싱(太古城)까지 연결된다. 타이꾸싱은 지금도 당창가(糖廠街)라는 거리 이름이 남아 있는 옛날 설탕공장(Tai-koo Sugar Ltd.)과 그후 설립된 조선소(Tai-koo Dockyard Ltd.)를 매립하여 만든 거대한 아파트 단지들이다. 문자 그대로 Swire City이다. 타이꾸 광장(Pacific Place)에서 시작한 타이꾸 트레일은 타이꾸싱에서 끝나지 않는다. 타이꾸의 항공기 Cathay Pacific은 세계를 나르고 있고 타이꾸 설탕은 전세계 백화점 식품부에 자리를 차지하고 있다.

2. 홍콩탄생의 비밀

홍콩의 이미지는 사람에 따라 다를 것이다. 그러나 대부분 사람들은 홍콩을 쇼핑과 연관시킨다. 동북아시아를 하나의 생활권으로 생각하면 홍콩은 거대한 쇼핑몰 또는 아케이드 정도로 생각된다. 그래서 홍콩을 방문하는 사람은 우선 상가부터 가본다. 그러나 홍콩은 아시아의 쇼핑센터일 뿐만이 아니라 월가이다. 세계의 금융인이 몰려 있다. 또한 홍콩은 150년 전통의 자유항이다. 자유 무역을 설립 목적으로 하는 WTO의 리딩 멤버다. 이와 같이 홍콩은 다양하게 발전(many-splendoured)하고 있다. 중국의 남단 구룡 반도 앞에 흩어져 있는 하나의 쓸모 없는 바위 덩어리(barren rock)섬에서 어떻게 지금의 홍콩으로 탄생되고 발전하였을까. "홍콩 탄생의 비밀"이라도 있는 것일까. 이번 주 나의 트레일은 이 "비밀"을 추적해 보는 역사탐방이다. 홍콩에서 멀지 않은 곳에 이 비밀을 잘 설명해주는 곳이 하나 있다.

이 트레일은 로우(羅湖)를 거쳐 중국 선전으로 가야하므로 중국 입국비자가 필요하다. 먼저 지하철과 KCR을 타고 로우역으로 나간다. 센추럴에서 50분은 잡아야 된다. 로우에서 빠져 나오면 바로 선전 시의 시외버스터미널과 연결된다.

　시외버스 터미널에서 후먼(虎門)행 마이크로 버스가 10분 단위로 손님을 기다린다. 요금은 인민폐 30위안이다. 홍콩과 마카오 사이에 바다처럼 도도하게 흐르고 있는 강이 주강(珠江)이다. 주강을 광저우 쪽으로 거슬러 올라가면 갑자기 좁아지는 곳이 바로 후먼이다. 범의 아가리라는 뜻이라고 한다. 이곳은 외국상선이 당시 중국의 유일한 개항지인 광저우(CANTON)로 들어가려면 반드시 거쳐야 하는 곳이다. 따라서 중국으로서는 외국상선을 통제할 수 있는 지리적으로 전략 요충지다.

　마이크로버스는 금방 사람이 꽉 찬다. 버스는 선전 시내를 통과하여 북으로 달린다. 선전 시내도 높은 건물이 많지만 도시의 길도 넓다. 그리고 서울의 청계천 고가도로처럼 고가차도가 많아 자동차가 신호등에도 걸리지 않고 잘도 빠져나간다. 도시를 벗어나면 6차선의 시원한 고속도로가 기다리고 있다. 고속도로 주변은 논인지 밭인지 평야가 끊임없이 뻗어 있다. 이쯤 와 보면 광활한 중국대륙의 모습을 조금 엿보는 것 같다. 30분쯤 달렸을까 버스는 조그마한 시골 읍 같은 곳으로 들어간다. 종착지 후먼이라는 곳이다. 그곳은 인근 농어촌의 상업 중심지이고 육로 및 수로 교통의 중심지라 시내가 활기 차 보인다. 홍콩에서 구하기 어려운 중국 토속 농산물도 많다.

　버스를 내린 후 다시 택시를 타고 간다. 혼자일 경우에는 중국 남부지방에서 유행하고 있는 오토바이 택시를 타 볼만하다. 헬멧을 쓰고 요란한 엔진소리를 들으면서 두 팔로 땀내 나는 운전자의 허리를 꼭 감고 시내를 질주하면 운전자의 체온이 전해지면서 짜릿한 스릴도 느낄 수 있다. 이렇게 해서 찾아가는 곳이 후먼박물관이다. "뽀우꽌"이라고 소리치면 두 말하지 않고 데려다 준다. 잘못 알아들으면 필답도 가능하다. 종이에 "博物館"이라고 미리 써 두었다가 보여주면 금방 알아차린다. 아편전쟁 박물관이라고도 한다. 널리 알려져 있듯이 아편전쟁이 홍콩 탄생과 직접 관계가 있다. 아편 전쟁이라면 전쟁의 원인이 바로 아편이다. 그러나 왜 하필 아편이냐고 물으면 알 듯하면서도 좀 막힌다. 그러나 이 박물관에 와 보면 불을 보듯이 분명해진다. 내·외국인이 다같이 10위안의 입상료를 내고 늘어간다.

후먼(虎門)박물관(일명, 아편전쟁박물관)

박물관 정원에 청동으로 만든 거대한 좌상이 시야를 가린다. "임칙서"라는 인물이다. 우리 나라로 치면 이순신 장군 같기도 한데, 본래 군인이 아니고 학자이자 벼슬아치이다. 박물관은 아래 위층으로 된 현대식 건물이다. 건물입구에서 들어가서 오른편으로 관람이 시작된다. 처음 만나는 전시실은 유리창 벽 속에 세 가지 물건이 들어 있다. 찻잎, 비단, 도자기이다. 이 세 가지가 당시 중국에서만 생산되었던 것으로 서양사람들이 없어서 못 가지는 물건이었다고 한다. 중국에서 나오는 "차"는 유럽 사람들이 아침 저녁으로 시간을 정해놓고 마실 정도로 인기 있었다. 우리가 즐겨 마시는 홍차는 당초 중국의 찻잎을 구해 영국사람들이 자신의 입맛에 맞도록 가공한 것이다. 서양사람들이 즐겨 마신 차는 주로 복건성 차였다고 한다. 지금의 Tea라는 말도 차 수출항 복건성 복주의 현지 발음을 그대로 따서 지은 이름이라고 한다. 신차(新茶, first crop)가 나올 때면 영국의 차상(茶商)들은 신차를 복주와 런던 간의 16,000마일의 거리를 어떻게 하면 빨리 운송할 수 있을까 하고 속도가 빠른 배를 매년 만들어 냈다고 하는데 가장 빨랐던 것이라도 99일은 소요되었다고 한다.

　로마시대부터 유럽에 건너간 비단도 유럽의 귀족들이 즐겨 입었다고 한다. 비단은 가볍고 흘러내리는 감촉이 좋아 중국산 비단은 황금보다 귀하게 취급되었다고 하는데 "비단길"이란 말도 있듯이 동서 문화의 교류도 이 비단길에서 시작되었다고 보고 있다.

　마지막으로 도자기(porcelain)가 진열되어 있다. 지금 유럽의 곳곳에 생산지 이름을 딴 도자기 브랜드가 유명하지만 처음 중국사람들이 만들기 시작할 당시, 유럽은 주석제품의 식기가 주종을 이루었다는데 중국의 도자기가 수입됨에 따라 돈 있는 귀족들은 너도나도 중국 도자기 수입에 열을 올렸다고 한다. 서양에서 china와 같은 단어를 쓸 정도로 중국이라고 하면 도자기로 통했었다.

　유럽의 왕이나 귀족의 옛 저택을 관광해 보면 중국의 도자기가 많이 진열된 것을 볼 수가 있다. 중국은 옛날에 옥(玉)이 많이 산출되어 황실이나 귀족은 玉으로 된 그릇을 주로 사용했다고 한다. 옥기(玉器)는 건강에도 좋고 쓰면 쓸수록 광이 나서 모두들 좋아했다고 하는 데 하나의 흠은 玉의 생산이 제한되었다는 것이다. 옥은 주로 중국의 서쪽 서역지역에서 많이 생산되었다고 하는데 중국이 분할되고, 서역지역은 인근의 소수 민족이 장기간 점령함에 따라 비교적 풍부한 옥의 생산과 공급이 끊어진 것으로 알려진다. 공급은 없고 찾는 사람이 많아 옥의 값은 천정부지로 뛰게 되자 사람들은 옥기와 유사한 것을 고안하게 되었는데 그것이 바로 도자기였다. 특히 도자기는 고령토(kaoline)같은 특수 흙으로 빚어 고온으로 구워낸 것인데 유약을 발라 반짝거림이 마치 옥으로 만든 것과 진배없다고 한다. 잘 씻겨지고 아름다운 무늬며 마음에 드는 그림도

넣을 수 있어 오히려 옥기보다 더 인기를 끌게 된 것 같다.

중국에서 도자기 문화가 가장 크게 발전한 때가 송나라였다는데 송은 나중에 지금의 중국 대륙의 동남쪽 일부분만 차지했다고 하며 대부분 지방이 당시 북방의 소수 민족들이 차지하고 있어 그 쪽으로부터 생산되던 옥이 전혀 반입이 안되었기 때문이라고 한다. 중국 도자기의 주산지는 황산(黃山) 인근의 경덕진이라는 곳인데 이곳은 옥이 산출되는 서역의 정반대 편에 있다.

세계역사가 그러하지만 중국역사도 전쟁과 평화의 술래잡기 역사인데 혼란기에는 경덕진의 도자기를 굽는 요가 수시로 파괴되었다고 한다. 중국으로부터 도자기를 수입해오던 유럽 상인들은 중국이 전란으로 도자기를 더 이상 반출할 수 없게 되자 일본으로 눈을 돌리게 되었다. 마침 일본은 조선과 7년 전쟁을 치르고 난 후 당시 조선의 도공을 대거 납치해놓고 있는 상황이었다. 도공이 있고 흙이 있으니 유럽 상인이 원하는 도자기를 구워낼 수 있었다. 지금도 일본 구주일대의 도자기 즉 야키모노 산업이 세계적으로 유명해진 것도 이와 같이 중국 도자기 산업의 흥망과 관련된다고 보고 있다.

차·비단·도자기와 아편

하여튼 이 세 가지 물건이 유럽상인, 나중에는 영국상인이 집중적으로 수입해 갔던 물건이었다고 한다. 특히 차(茶, tea)는 영국사람들의 입맛을 완전히 잡아 놓았다. 태양이 지지 않는 대영제국의 유니온잭 기(旗)와 함께 신대륙 미국, 뉴질랜드, 호주 등 차가 보급되지 않은 곳이 없었

차 재배 현장

다. 유럽의 은화 그 중에서 영국의 국고가 중국으로 흘러 들어갔지만, 영국은 중국에 팔 만한 물건이 없었다. 중국은 거대한 종합 국가로 완전 자급자족 경제로 보였다. 이것이 당시 동인도 회사를 거점으로 하는 영국 상인으로서는 큰 문제였다.

다음, 전시장에는 아편이 전시되어 있다. 아편은 시커먼 진흙덩어리처럼 생겼다. 그래서 중국에서는 이 진흙을 박래니(舶來泥, foreign mud)라고 불렀다. 이 진흙덩어리(mud)가 어떻게 만들어져 중국까지 오게 되었을까. 인도의 동쪽 갠지스강의 중상류에는 양귀비(poppy)가 흐드러지게 자라고 있다. 양귀비의 화려한 꽃이 지고 나면 씨주머니가 생긴다. 씨주머니 속에는 씨를 보호하고 나중에 싹이 틀 때까지 영양분으로 공급될 우유 빛깔의 찐득찐득한 유액이 들어 있다.

현지 인도사람들은 예리한 칼로 씨주머니에 노련한 상처를 낸다. 너무 깊이 내면 씨주머니가 말라 버릴 수 있고 너무 얕게 내면 그 유액이 제대로 흘러나오지 않는다. 흘러나온 유액을 채취해서 한 곳에 모은다. 몇 번이고 씨주머니에 생채기를 내서 흘러나온 유액을 모은 것을 석설한 가공과정을 거쳐 둥글게 뭉친 것이 아편이다. 새까만 대포알처럼 생겼다. 이것

아편의 원료 양귀비꽃

들은 갠지스 강을 따라 하류로 내려온다. 각지에서 생산된 아편 덩어리는 유럽상인들에게 경매에 붙여져 실려간다. 적당한 습도를 유지하기 위해서는 망고나무로 짠 상자(chest)가 제일 좋았다고 한다. 그 상자를 한 배 가득 싣고 다시 동쪽으로 항해를 계속한다. 곧 마카오에 도착하고 다시 마카오에서 주강을 따라 후먼을 지나서 캔톤 즉 지금의 광저우까지 가지고 온다.

아편은 당시 약으로 진통제 역할을 하는 등 만병통치 가정의 상비약으로 사용되었다고 한다.

영국 상인은 차 수입대금 확보를 위하여 영국의 식민지 인도에서 무한정 자라고 있는 양귀비꽃 열매에서 나온 아편을 중국에 가져와서 중국사람들이 소비케 하였다. 중국사람들은 아편에 쉽게 빨려들어 아편중독 현상이 봄철의 들불처럼 퍼져나가게 된다.

아편에 중독이 되자 모두 일은 하지 않고 하루종일 아편굴(divan)이라고 부르는 공중흡연장소에서 세월을 보내게 된다. 당시 청(淸) 정부로서는 아편 수입도 대단해 그 동안 벌어둔 은화를 모두 내주고도 모자라 오

히려 중국의 부(富)가 밖으로 빠져나가게 되었다.

　중국 정부는 이런 현상을 타개하기 위하여 올곧은 임칙서를 황제의 특사로 남쪽에 파견하여 아편의 만연을 막도록 했다. 국민의 보건도 중요하지만 국고의 유출이 더욱 심각하였다고 한다.

아편 망국 – 홍콩 탄생

　전시실에는 아편중독이 되어 아편 담뱃대를 물고 누워 있는 인형이 실물처럼 전시되어 있다. 그 옆에는 찢어지듯 가난하게 보이는 부인이 남편이 중독 되어 피우는 아편을 사대기 위해 가재도구를 팔아 돈을 마련하는 모습을 보여주고 있다.

　드디어 임칙서가 베이징에서 내려왔다. 그는 일차적으로 외국인이 갖고 있던 아편창고를 기습, 아편을 몽땅 압수해 버렸다. 창고에 쌓여있던 아편을 한데 모아 태워 없애야 했다.

　다음 전시실은 아편창고를 기습하여 아편을 압수하는 의기양양한 청나라 관리의 모습을 보여준다. 압수한 아편을 모아서 태우는 장면이 이어진다. 거대한 논처럼 생긴 연못에다 화학제품을 풀어놓고 그곳에 대포알 같은 아편 덩어리를 쪼개어 집어넣고 태운다. 태운다는 것은 불로써 태우는 것이 아니고 화학적으로 못쓰게 만드는 것이었다. 화학작용으로 연기가 뭉게뭉게 나고 있다. 임칙서와 그의 관리들이 자랑스럽게 그 모습을 보고 있는 반면에 영국 등 유럽 상인들은 낭패와 분노의 얼굴로 쳐다보고 있는 장면이 대형 전시실을 가득 채워 관객을 압도하고 있다.

　이 장면이 후면 박물관의 하이라이트 같은 인상을 준다. 몇 년간 수확해 놓은 아편이 하루 아침에 몰수되어 못 쓰게 된 것을 본 영국 상인이 가만 있을 리 없다. 즉각 본국에 연락해서 중국이 압수해 간 아편의 보상을 중국 정부에 요구토록 하였다. 웨스트민스터 영국 의회에서도 이 문제가 심각하게 거론된다. 결국 아편 상인들의 로비에 굴복한 의회는 군대파견까지 고려하게 된다. 전쟁의 먹구름이 서서히 중국 남쪽 광동성에 몰리기 시작하였다. 임칙서도 일전을 각오하고 전쟁방비에 열중하였다. 이 후면은 강을 통행하는 영국선박을 공격하기 좋은 장소였다. 임칙서와 그의 부하가 직접 지휘하면서 후먼(虎門) 포대를 수리하고 성을 구축하였다. 전시실은 임칙서가 백발수염을 휘날리면서 포대수축을 지휘하는 장면을 보여준다.

3년에 걸친 중·영 전쟁

중국은 새로운 무기를 가지고 온 영국해군의 공격에 속수무책이 되었다. 결국 청의 조정은 강경파 임칙서를 멀리 신강성으로 귀양보내고 온건파를 내세워 강화를 하게 된다. 이것을 역사에서 난징조약이라고 하는데 이 조약에서 중국은 홍콩 섬을 영국에 내주게 되었다는 것이다.

홍콩은 당시 사람이 거의 살지 않았던 이름 없는 바위섬이었다. 영국은 중국과 무역량이 늘어남에도 포르투갈이 갖고 있던 마카오 같은 창고턱이 없었기 때문에 불편이 이만저만이 아니었다고 한다. 주강 삼각지에서 좀 멀긴 하지만 홍콩 섬에 창고(godown)를 갖게 된 것은 영국상인들의 오랜 꿈의 실현이었다.

그 후 영국은 청 나라가 혼란한 틈을 타 홍콩 섬의 건너편인 구룡 반도의 남쪽 일부도 받아내고 나중에는 그것도 부족하여 구룡반도 전체를 99년간 조차해 홍콩의 주민과 함께 오늘날의 홍콩으로 발전시켰다. 중국 대륙의 이마에 난 하나의 뾰루지(pimple)가 찬란한 진주(pearl)가 된 셈이다.

그러나 결국 사필귀정이라고 할까. 홍콩을 다시 중국에 돌려주게 된다. 만일 아편전쟁이 없었다면 홍콩은 태어나지도 않았을 것이고 홍콩섬은 지금도 광동성의 남해안 이도(離島)의 하나로 남아 있을 지도 모른다.

3. 노블하우스

이화양행 본사 건물

홍콩에 살다간 사람이 반드시 기억해 둘 홍콩회사가 있다면 이화양행(怡和洋行)이 아닌가 생각된다. 현지 사람들도 Ewo라고 발음하는 Jardine, Matheson & Co., Ltd가 바로 그것이다. 홍콩의 역사는 아편무역과 관련되고 이화양행은 아편무역으로 기가(起家)하였으므로 홍콩은 자딘 즉 이화와 뗄레야 뗄 수 없는 관계로 보인다. 지금의 코즈웨이베이 부근인 홍콩의 동각(東角, East Point)은 19세기에는 사실상 자딘 왕국이기도 했다. 다소 과장이 있지만 지금도 센추럴에 가면 이화의 땅을 밟지 않고는 다닐 수 없을 정도라고 하고 홍콩 사람의 의식주에 이화를 떼놓고서는 하루도 살 수 없다고 할 정도이다.

언젠가 Fortune 잡지의 홍콩 특집에서 홍콩을 실제로 움직이는 것의 순서를 매긴 적이 있다. 홍콩에 대하여 가장 영향력이 큰 것이 쟈키 클럽, 두 번째가 이화, 세 번째가 홍콩상하이 은행(HSBC), 마지막이 홍콩 총독으로 보도되었었다. 이화가 홍콩에서는 총독보다 더 영향력이 크고 홍콩의 수많은 양행(洋行) 중의 단연 최고였다는 얘기가 된다.

스타 훼리 선착장과 익스체인지 스퀘어 건물 사이에 50층 흰 건물이 우뚝 서 있다. 건물의 특색은 별 것 아닌데 창문이 모두 둥글둥글하다. 배의 창문(船窓)을 본떴다고 한다. 이 건물이 1970년대 이화양행의 본사로 지은 건물이다.

무역으로 큰돈을 벌어서인지 본사를 지으면서 건물의 창을 모두 무역선의 선창으로 꾸몄다. 18세기 해양 시절의 향수가 진하게 깔려있다. 강락 대하(康樂大厦)라고 부르는 이 건물의 둥근 선창은 인체의 썩 아름답지 않은 다른 둥근

스타페리 선착장

것과 연상시켜 조크로 많이 사용되고 있다. 지금은 더 높은 건물이 우후 죽순처럼 많아 홍콩의 적은 사이즈 건물로 다운 그레이드 되었지만 1973년 동 건물이 완공될 당시에는 아시아 최고기업 이화에 걸 맞는 건물로 아시아 최고 명성을 얻었다고 한다.

  18세기에서 19세기 중반까지 영국의 대 중국무역은 주로 인도 캘커타 중심의 영국 동인도회사가 전매 독점하고 있었다. 독점에 의한 폐해가 빅드기 시작하자 영국정부는 동인도회사의 독점권을 자유상인들(free merchants)에게 부여하였다. 아편무역만 하더라도 당초 동인도회사가 독점하고 있어 자유상인들이 끼어 들 자리가 없었는데 1830년대에 와서 중국이 아편금수를 강화하자 점차 자유상인들에게 아편거래를 허용하게 된다. 그러나 자유상인들이 아편거래에 뛰어들기 앞서 1810~20년대에는 동인도회사의 중역 또는 사원을 중심으로 극히 제한적으로 허용되고 있었다. 아편은 중국 정부가 수입을 공식적으로 금하고 있어 밀무역에 의한 몰수 등 위험이 따르기는 하지만 한 번 거래에 큰돈을 만질 수 있는 인기 있는 품목이기도 하였다.

선의(船醫)에서 아편 기가(起家)

  이화를 창업한 윌리암 자딘(William Jardine)은 동인도 회사소속 무역선의 선의었다. 1784년 생인 그는 스코틀랜드 에딘버러 의과 대학을 졸업하고 고향에서 의사로 편안한 여생을 보내기보다는 모험이 기다리고 있는 동인도 회사 무역선에 취직한 것이다. 그는 선의로서 아편 두 상자까지 사고 팔 수 있는 권한을 허용 받았다고 한다. 닥터 자딘은 차츰 선의

로서 받는 월급보다 자기 몫의 아편 판매에 의한 수익에 더 큰 관심을 갖게 된다. 1817년 닥터 자딘은 과감하게 선의의 자리를 박차고 나와 자신의 회사를 만든다. 그는 대중국 아편무역에 직접 뛰어든 것이다.

그는 당시 동인도회사 중국본부가 있던 Canton 즉, 지금의 광저우(廣州)에 자신의 회사를 차린다. 이름도 즐겁고 화목하게 번성하길 기원하는 의미의 이화라고 짓는다. 나는 언젠가 강락(康樂)빌딩에서 W. Jardine 의 초상화를 본 적이 있다. 죠지 친너리(G. Chinnery)라는 19세기초 마카오에서 활동하던 화가가 그린 것이다. 눈이 둥글고 입술이 두툼한 약간 미소를 띄고 있는 자딘의 모습은 황금을 추구하는 아편무역상인이라기보다 옆에서 이야기를 나누고 싶은 유쾌한 외교관 스타일이다. 금방 뭔가 쓰다가 돌아앉은 모습으로 나무 의자에 걸터앉아 가볍게 주먹 진 왼손을 데스크에 걸치고 오른손으로 깃털 달린 펜을 쥐고 있는 모습이다. 흰 셔츠에 흰 넥타이, 흰 바지까지 온통 흰 색깔로 멋을 부리고 검은색의 쟈켓과 검은 신발로 흑백의 대조를 이루고 있었던 것으로 기억된다.

중국의 도강(道光)황제가 아편의 피해를 우려하고 임칙서를 흠차 대신으로 광저우에 내려보낼 때 닥터 자딘은 이미 아편 대상(大商)이 되어 회사를 동업자 Matheson에게 물려주고 런던으로 돌아가 의회에 진출하고 있었다고 한다. 임칙서에 의해 자딘의 회사 창고가 기습되고 황금보다 귀한 아편이 몰수당하자 자딘 회장은 의회의원들을 동원하고 파머스톤 당시 수상을 설득 영국정부로 하여금 무력개입을 하도록 압력을 넣었다. 결국 자기들의 재산을 되찾고 차제에 밀수로 취급된 아편무역을 합법화하고자 했던 것이다.

어떤 역사학자들은 아편전쟁은 영국과 중국과의 전쟁이라기보다 이화양행으로 대표되는 아편무역 상인들과 중국과의 전쟁이라고 말하기도 한다. 결국 전쟁에 이긴 아편무역 상인들은 영국정부의 승인도 나기 전에 당시 상무감독 엘리어트(C. Elliot)를 설득하여 당장 급한 아편 보관 창고(godown)를 지을 땅을 중국으로부터 빼앗아 내게 한다. 당시 홍콩은 마카오와 반대편에 있고 캔톤과는 거리가 있지만 언젠가 개방될 중국대륙을 생각한다면 당시의 홍콩 만한 곳이 없었다는 것이다. 중국대륙에는 바다 같은 양쯔강이 버티고 있고 그 하구인 상하이와 무역의 중심지인 캔톤 사이의 홍콩 섬을 골라냈다. 그리고 홍콩 섬은 주강(珠江)의 황토물이 흘러 들어오지 못하니 수심도 깊어, 앞으로 수송에 불가결한 대형 선박의 정박도 가능해 보였다. 동인도 회사의 선박에서 근무한 자딘 회장은 수십 년 전부터 수심측량의 핑계로 이미 중국연안을 탐사해 놓은 영국의 동인도회사 해도(海圖)를 이미 쥐고 있었던 것 같다.

아편무역 상인들의 성화로 중국과 전쟁을 하게 된 영국정부는 아편전쟁을 통해 중국을 본격적으로 개방시킬 계획을 갖고 있었다. 그래서 영국정부는 홍콩보다 상하이 앞 바다의 단산(舟山)섬을 더 원했다고 한다. 그러나 자딘 등 아편무역 상인들은 본국 정부의 원대한 계획을 알 필요가 없었다. 그것은 나중에 정부가 할 일이고 우선 그들에게 필요한 것은 홍콩 섬이었다. 그 섬이 "바위뿐인 쓸모 없는 무인도"라 해도 상관이 없었다. 캔톤에서 쫓겨나 주강 여기저기에 떠 있는 아편 선상창고를 어딘가 안전한 육지에 모아 두는 것이 급선무이기도 했다.

결국 이화양행 등의 간청으로 본국 정부승인 없이 홍콩 섬 할양 정도로 전쟁을 끝낸 엘리어트 상무감독관은 나중에 런던으로 문책 소환되고 당시 사람 살기 어려운 미국에서도 오지인 텍사스로 쫓겨간다. 아편무역 상인들은 그런 것에도 아랑곳없이 새로이 받은 섬의 중간에 창고도 짓고 타운을 만들어 포르투갈 땅인 마카오에 엉거주춤 있던 사무실을 모두 옮긴다. 타운 이름, 타운 뒤에 솟아 오른 바위산의 이름, 그리고 타운 앞 바다의 이름도 그들이 존경하는 빅토리아 여왕의 이름을 모두 가져다 부친다.

벤처타운 : 홍콩

어떤 사람들은, 인도의 캘거타가 동인도 회사의 타운이었다면 홍콩은 전직 동인도회사 직원들이 벤처 정신으로 회사를 뛰쳐나와 만든 뉴타운으로 비유한다. 당초 영국 동인도 회사가 캘거타와 캔톤(廣州)을 오가며 대중국 무역을 독점하여 돈을 벌어 런던으로 보냈는데 동인도 회사를 나온 젊은 벤처 자유상인들은 아편거래로 잡은 거금을 벤처 캐피탈로 삼아 홍콩에 벤처 타운을 세웠다는 것이다. 아편이라는 아이템 하나로 출발한 벤처 상인들은 홍콩을 건설하여 차엽(茶葉), 실크 등으로 대중무역을 확대, 거대한 중국시장에 진출하게된다. 그리하여 지금까지 150년의 영화를 누리어 왔고 주권을 넘겨주고도 앞으로 50년간 영화까지 보장받고 있다. 그러나 그 당시 수많은 벤처 양행이 있었지만 대부분은 사라지고 몇 개는 묘비명처럼 아직도 이름만 홍콩거리에 남아 있다. 그러나 이화만이 벤처 양행의 노블하우스로 아직도 승승장구하고 있다.

코즈웨이베이의 요트 하버에서 구룡 쪽을 바라보는 지점에 조그마한 포대가 있다. 남중국 해안에서 만나기 쉬운 녹슨 철포가 아니다. 반짝거리며 지금도 쏘면 포탄이 날아갈 것 같은 현역(現役)포대이다. 이른바 오포(午砲, noon gun)다. 이화(怡和)의 상징처럼 되어 있는 오포는 한때 만선으로 돌아오는 무역선을 축하해 주기 위한 축포였다고 한다. 이화의 배가 들어올 때마다 시도 때도 없이 마구 쏘아대어 시민들을 깜짝깜짝 놀라게 했다. 그래도 총독은 어쩌지 못하고 애만 태웠다고 한다. 나중에는 포를 쏘려면 점심시간에만 쏘아달라는 총독의 간청으로, 포는 정오에만 쏘게 되어 "noon gun"으로 바뀌었다고 한다. 홍콩에서 이화의 권세를 짐작케 하는 사건이다.

또 하나 이화의 상징은 회사상표(trade mark)이다. 뭔가 빨간 꽃을 싸고 있고 그 아래 Jardines라고 표기된 회사마크를 보는 순간 사람들은 아편 꽃을 자딘이 두 손으로 잘 에워싸고 있는 모습으로 착각하게 된다. 한때 아편망국의 중국 사람들이 가장 싫어한 회사가 이화이고, 망국 아편을 감싸고 있는 그 이화의 상표를 무엇보다도 싫어했다고 한다. 그런데 이화양행의 설명에 따르면 삼각형의 빨간 꽃은 영국에 편입되기 전의 스코틀랜드 왕국의 국화(國花)로 초여름 바람 많은 스코틀랜드 들판에 흐트러지게 피는 엉겅퀴 꽃이라고 한다. 그리고 가시 많은 엉겅퀴 잎사귀가 꽃을 싸고 있는 모습이라는 것이다.

스코틀랜드인의 아시아 진출

19세기에 아시아 무역에 진출하여 돈을 벌고, 지금도 아시아에 애착을 가지고 있는 사람들은 스코틀랜드 출신이 많은 것 같다. 이화양행도 자딘회장이 고향 에딘버러 대학 후배인 James Matheson(1796~1878)을 끌어들여 Jardine , Matheson & Co., Ltd를 만든 것이다.

언젠가 트레일 친구이기도 하며, 홍콩에 오래 산 영국사람에게 19세기 초 아편전쟁 등 영국인의 중국·인도 등 아시아와의 관계에 대해 어떻게 생각하느냐고 조심스럽게 물어 본 적이 있다. 그랬더니 그 사람이 대뜸 하는 말이 영국인(English)은 아니라는 것이다. 눈이 휘둥그래진 나를 한 두 번 더 힐끔 쳐다보더니 "The Scots!"라고 한다. 나는 어리둥절하였다.

그러나 다시 한 번 생각해 보니 아시아 무역은 역시 잉글리쉬보다 스코틀랜드 사람들이 해낸 것 같다. 무역뿐 아니라 영국의 동인도 회사 간부, 인도 및 홍콩 총독부 관리들 중에서도 정말로 순수한 잉글리쉬가 드물었다고 한다. 호주, 뉴질랜드의 초기 식민지 건설에도 그 사람들의 힘이 컸다. 지금도 스코틀랜드 사람은 영국 국내보다 외국에 많이 사는 것으로 알려져 있다. 스코틀랜드 사람과 잉글리쉬는 서로 다른 인종·문화 배경을 갖고 있으며 현재 일부 스코틀랜드 사람은 독립을 원하고 있다. 최근에는 북해에서 원유가 생산되면서 경제자립을 앞세워 독립을 주장하고 있다.

어쨌든 영국에서는 소수민족(minority)으로 생활하다 보면 스스로 콤플렉스를 느낄 수도 있고 잉글리쉬와 보이지 않는 차별도 없지 않을 것이다. 그래서 모험이 기다리는 바다를 건너왔다는 설도 있다.

땅도, 사람도 익숙하지 않은 아시아와 무역을 하다 보니까 현지인과 이해관계가 상충해 싸움을 하는 등 서로 원하지 않는 일도 많이 일어나게 된다.

아편전쟁만 하더라도 당초 아편은 중국에서 금수품이 아니었다. 다만 중국사람들이 과용한 것이 문제가 되었지만 그렇다고 황제의 특사 임칙서가 관헌을 동원하여 외국상인(洋行)들의 아편창고를 습격해 아편을 강제로 압류하여 못쓰게 만든 것은 지나친 행동으로 보는 사람도 있다.

그 것을 보상받으려고 하다보니 나중에 전쟁까지 연결되었다고 한다.

물론, 중국 측에서 보면 적반하장의 논리로 볼 수밖에 없다.

1980년대 포클랜드전쟁을 승리로 이끈 영국의 대처 수상은 1997년이 되면 99년으로 끝나는 홍콩 신계(New Territory)의 임차기간 연장교섭을 시작하였다. 지는 해가 없다던 대영제국도 결국 스스로 지는 해가 되어 하나의 중등(中等) 국가로 전락되고 말았는데 대서양의 절해고도 포크랜드 섬을 두고 아르헨티나와의 일전을 승리로 끌어내어 세계를 놀라게 하였다.

그러나 영국이 이러한 기세를 업고 시작한 협상에도 중국의 등소평에게는 통하지 않았다. 임차기간의 연장은커녕 1997년 7월로 홍콩 섬 전체를 내 놓으라는 요구였다. 영국으로서는 혹을 떼려다 혹 하나 더 붙인 꼴이 된 셈이다.

등소평의 민족주의적 반응에 이화양행이 더 놀랐다고 한다. 중국으로서는 아편으로 창업하고 아편으로 돈을 번 이화를 그냥 둘 것 같지 않았다. 이화는 부동산 등 일부만 홍콩에 두고 알짜기업은 버뮤다로, 싱가포르로 옮긴 것으로 알려지기도 했다.

홍콩의 노블하우스 이화의 강락대하(康樂大廈)에 근무하는 사람들은 둥글둥글한 선창(船窓)을 통해 빅토리아 하버를 내려다보면 150년 전 아편을 가득 싣고 캔톤으로 항해하고 있는 아편무역선 선실에 있는 것 같은 착각에 빠진다고 한다. 무엇을 가득 실었는지 Henry Keswick 선장의 이화는 여전히 모험이 기다리는 거친 바다를 향해, 오늘도 항해를 계속하고 있다.

4. 코우가미네(香ヶ峯)

트레일을 좋아하면 물론 건강에 좋다. 그러나 동행을 잘 만나면 일석이조 효과가 있다. 재미있는 이야기도 들을 수 있기 때문이다. 처음 홍콩에 온 사람은 트레일을 통해 홍콩의 지리도 익히고 바다와 산이 절묘하게 어우러지는 경치를 감탄하고 자연을 음미하면서 트레일도 걷는다. 그러나 홍콩에 거주한 지 수년이 지난 사람에게는 트레일 자체가 재탕, 삼탕이 된다. 반복되는 트레일은 계절마다 달라지는 자연의 경관도 감상하게 해 주지만 또 다른 장점도 가지고 있다. 그것은 트레일을 통해 작년 이 맘 때와 지금과의 체력과 건강을 비교하는 기회가 된다는 것이다. 홍콩의 트레일 애호가들이 난 코스로 여기는 곳이 하나 있다. 란타오의 포린사라는 절에서 출발하여 란타오 피크를 오르는 수직에 가까운 가파른 트레일이 그것이다.

내가 아는 어떤 분은 이 트레일을 통해 자신의 체력을 테스트하고 건강을 체크한다고 한다. 건강체크는 병원에서만 하는 것이 아니다.

또 하나, 트레일의 장점은 등산을 통해 사람을 사귀고 사귄 사람을 통해 지금까지 몰랐던 새로운 지식을 접할 수 있다는 것이다. 따라서 트레일의 동행이 좋으면 트레일의 재미는 두 배로 증가한다.

언젠가 나는 윌슨 트레일 1번이 시작하는 스탠리에서 어느 나이가 듬직한 홍콩사람을 만났다. 이 분은 자기 이름이 람(林)이라고 소개하고 부모님은 상하이가 고향으로, 1930년대 상하이를 점령한 일본 사람들이 싫어 홍콩으로 이주하였다고 했다. 그랬는데 1940년대 초에 그 싫어했던 일본사람들을 홍콩에서 다시 만나게 되어 할 수 없이 마카오로 피해갔다고 한다. 람씨는 일본이 홍콩을 점령한 시기였던 이른바 일점(日占)시기에 마카오에서 태어났지만 이 시기의 홍콩에 대해서도 많이 알고 있었다. 건강상의 이유로 지금은 퇴직하여 열심히 산에만 다닌다고 하면서도 젊은 시절 일본 동경에서 유학한 적도 있어서인지 일본역사에도 밝고 일본말도 곧잘 한다.

何日君再來

우리는 twin peak를 오르고 있었다. 뒤로 스탠리 적주(赤住) 반도가 내려다보인다. 람씨는 스탠리 감옥을 가리키면서 홍콩에는 죄수들도 고급 주택지로 유명한 스탠리에 산다고 한다. 왜 스탠리에 감옥이 있을까? 람씨 말로는 일본이 홍콩을 점령하면서 홍콩의 영국사람들을 대거 수용함에 따라 스탠리에 이러한 시설들이 늘어나게 되었다는 것이다. 당시로는 스탠리에 사람이 거의 살지 않았다고 한다. 지금은 중국의 인민해방군이 사용하고 있는 스탠리 포대(砲坮)는 일본이 중국대륙을 하나씩 점령하기 시작하자, 일본이 남중국해에서 홍콩을 공격해 올지도 모른다는 우려 속에 일군(日軍)을 막기 위한 영국군의 포대였다고 한다. 1941년 12월 결국 홍콩을 침략, 영국군을 항복시킨 일본군이 이 포대를 그대로 접수하고 스탠리에 영국사람들의 집단 수용소를 만들게 되었다고 한다.

스탠리 마을 전경
(일군(日軍)을 막기 위한 영국군의 포대가 있었음)

람씨는, 얼마 전에 리바이벌로 유행했던 "何日君再來"라는 노래를 불러 유명해진 대만과 홍콩에서 활약한 여가수 테레사 등(鄧)의 집도 이 스탠리에 있다고 설명했다. 테레사 등은 바로 그 유명한 등려군이라는 여가수이다. 한때 중국에는 두 사람의 등이 살고 있었다. 한 사람은 베이징의 등소평이요 또 한 사람은 홍콩의 등려군이었다. 何日君再來은 일점(日占)시기 홍콩에서 야래향과 함께 애창되었던 대중가요였다. 람씨는 何日君再來라는 노래를 중국말로 불러보고 뜻을 해석해 준다. 그리고 이 노래에는 일본군이 다시 일어나 홍콩으로 돌아온다는 이중의 의미가 있다는 설명도 덧붙인다.

    好花不常開 好景不常在
    愁堆解笑眉 淚洒想思帶
    今宵離別後 何日君在來

4. 코우가미네(香ヶ峯)

喝完了這杯 請進点小菜
人生難得幾回醉
不歡更何待
來來來, 喝完了這杯再說

좋은 꽃은 항상 피어 있지 않고
경치는 늘 있는 것이 아니니
눈가에 웃음을 띄워 수심을 풀어버리고
눈물이 넘쳐흘러 사랑을 적신다.
오늘밤 그대와 이별하면 언제 다시
그대가 돌아와 서로 만나리.
이 잔을 비우고 안주도 드세
인생에서 몇 번이나 취할 기회가 주어지겠나
기다림은 즐거운 일이 아니니
오시게, 오시게, 오시게
이 술잔을 비우고
다시 이야기를 해봄세.

이 노래를 부르면서 람씨는 뭔가 홀린 듯 1940년대 일본군의 군화소리가 홍콩거리를 울릴 때의 홍콩 이야기를 하고 싶어한다. 나도 바짝 긴장을 하면서 람씨의 이야기를 경청했다. 우리는 twin peak 정상에서 남중국해에서 불어오는 바람을 마주 쐬었다. 약간 바다 안개가 끼여 있지만 저 아래 리펄스베이가 보이고 그 다음으로 빅토리아 피크가 엷은 베일 속에 떠 있었다. 그는 문득 생각난 듯 일본 점령시대 리펄스베이는 미도리가하마, 녹색의 해변으로 불렸다고 하고 저 멀리 빅토리아 피크는 코우가미네(香ヶ峯 : 향기로운 봉우리)라고 불렸다고 한다. 우리는 다른 일행과도 떨어졌다. 그의 이야기를 듣느라고 중간중간 쉬기도 하였다. 람씨와 나는 50년 전의 홍콩을 더듬고 있었다. 그 날은 H. G. 웰즈의 타임

머신을 타고 과거여행을 하는 이상한 트레일이었다.

100년만의 외출

일본이 중국을 야금야금 침략하고 있었다. 1931년 9월 18일, 심양 교외 柳條湖 근처 일본 관동군의 철도폭파 이후 그 사건을 수습한다면서 이른바 만주사변을 일으키고 이어서 만주국을 건설한다.

1932년 1월 28일, 상하이사변을 일으키고 상하이를 점령한 후 1937년 7월 7일, 베이징교외 노구교에서 7·7사변을 일으켜 베이징을 점령하기에 이른다. 그 해 8월 상하이의 조계지를 점령하고 12월에는 난징을 점령하였다.

1937년은 영국의 조지 6세가 등극한 해이기도 하다. 1938년 7월, 무한을 점령하고 10월에는 대아만에서부터 선전 및 광저우를 점령한다.

1941년 12월에 일본은 하와이 진주만 폭격과 함께 영·미에 선전포고를 한다. 선전의 일본항공대는 카이탁 영국공군기지를 기습 공격함과 함께 일본육군은 홍콩점령에 들어간다. 일본육군은 선전에서 로우를 지나 사틴을 거쳐 홍콩 섬에 육박한다.

영국군의 난공불락이라고 자랑하던 "진드링커 라인"도 허무하게 무너지자 영군은 홍콩 섬으로 후퇴하고 9000명의 수비군은 산정(山頂)에서 최후의 저항을 계속한다. 이미 런던에서는 홍콩보다 싱가포르 방위에 중점을 두기로 결정한 이후였다. 홍콩의 방위가 중요하지만 싱가포르가 더욱 중요하다는 것이다.

피크의 수비군은 고립무원(孤立無援) 상태였다. 그때가 바로 크리스마스 이브였다. 그 해 크리스마스는 영국이 홍콩에서 맞이한 100번째 크리스마스였다고 한다. 영국은 동아(東亞)침략 100년만에 홍콩을 중국이 아닌 또 다른 아시아인 일본에게 넘겨주고 쫓겨난 셈이었다. 실로 100년만의 외출인 셈이다.

그 후 일본은 대동아 공영을 표방하고 아시아는 아시아인이 지켜야 한다면서 아시아 관리에 들어갔다. 일본은 과거 유럽 열강에게 빼앗겼던 아시아의 옛 땅을 수복한다는 것이었다.

네덜란드로부터 인도네시아를, 불란서로부터 인도차이나 반노를 해방시키고 영국으로부터 미얀마를 빼앗은 일본은 인도마저 독립시키고서 인도 내 반영(反英) 독립파와 손을 잡고 인도공략에 열을 올리고 있었다.

일본의 시미즈(淸水) 근처 후지산 산록에는 이러한 아시아제국의 독립군을 양성하는 특수 게릴라 캠프가 있었다고 한다. 인도네시아와 미얀마의 많은 독립영웅들이 그 캠프를 거쳐간 것으로 알려지고 있다.

일본의 홍콩점령은 대동아 공영권의 첫 신호탄이었다.

1941년 12월 25일, 홍콩에서 가장 호화로운 페닌슐라 호텔(半島酒店)은 영국의 홍콩진출 백주년의 센테니얼 파티가 예정되어 있었다고 한다. 그러나 파티의 손님은 간 데 없고 불 꺼진 호텔의 삼층 대 연회실은 촛불 아래 크리스

홍콩에서 가장 호화로운 페닌슐라 호텔

마스 캐롤이 아니라 당시 영국의 Young 홍콩총독이 일본군 사까이(酒井) 사령관에게 항복문서를 읽는 눈물겨운 상황이 벌어지고 있었던 것이다.

홍콩거리에 나타난 일본천황들

해가 바뀌어 1942년 봄, 일본은 홍콩의 장기 점령을 결정하고 홍콩에 일본총독을 파견한다. 磯谷가 초대 총독으로 부임하여, 센추럴(中環)의 홍콩상하이은행(HSBC) 본점의 화강암 건물을 일본의 홍콩총독부로 접수한다.

그리하여, 지금까지 페닌슐라 호텔에 있던 군정청의 업무가 총독부로 이관되기에 이른다. 또한 황후광장의 빅토리아 황후상은 일군의 전리품으로서 일본으로 실려간다. 전쟁이 끝난 후 만신창이가 되어 돌아온 황후상은 제자리로 가지 못하고 지금의 빅토리아 공원에 재 안치되었지만, 그 당시, 황후가 없어진 황후 광장은 일본천황의 이름을 따서 昭和광장으로 바뀐다.

그곳뿐 아니라 Queensway는 메이지 도오리(明治通り), 케네디 로드와 알버트 로드는 다이쇼 도오리(大正通り)로 바뀐다. 소와덴노(昭和天皇)의 아버지(大正)와 할아버지(明治) 이름이 홍콩에 나타난 것이다. 구룡의 메인 스트리트 Nathan로(路)는 돗토리 도오리(香取通り), 보엔로드는 기리시마 도오리(霧島通り)로 바뀐다.

현재 퍼시픽 플레이스가 있고 홍콩 파크가 있는 당시의 깜종(金鐘) 병영(兵營)에는 일본의 신사(神社)가 들어섰다. 이름하여 남해신사(南海神社). 지금은 홍콩 입법회의 건물로 쓰고 있는 석조전인 당시 고등법원 건물은 악명 높은 헌병 총사령부였다. 磯谷 총독은 영국 총독부(Government House)를 개조하여 총독관저로 꾸몄다. 홍콩을 하나의 일본식 성으로 생각했는지 향항성주(香港城主) 즉 총독이 거주하는 총독관저에 천수각(天守閣)이 필요했는지 모른다. 총독관저 한 쪽에 높다란 다락을 올렸다. 지금도 Government House를 유심히 보면 당시 총독이 이상하게 만들어 놓은 천수각이 아직도 그대로 있음을 알 수 있다.

일본은 가난하고 일자리 없는 홍콩거주 중국인을 모두 대륙으로 강제 이주시키고 친일중국인만 살게 했다. 따라서 일본을 싫어한 많은 홍콩 기업인은 람씨 부모처럼 2차 세계대전 당시 중립국을 표방한 포르투갈령(領)이었던 마카오로 피신하였다.

과거 영국인이 경마 클럽을 만들고 영국인에게만 관람을 허용하였던

해피벨리 경마장

경마를 일본 점령군은 오히려 영국인은 완전히 배제시키고 중국인에게만 관람을 허용한다. 해피밸리 경마장은 100년만에 처음으로 영국인 한 사람 없는 완전히 까만 머리 아시아인으로 만원이었다고 한다. 그러나 일본은 나가사키·히로시마 원자폭탄으로 1945. 8. 15 무조건 항복과 동시에 모든 점령지에서 물러가게 된다. 세실 하코트 영국 태평양함대 사령관이 8월 30일, 홍콩에 진주 일본 점령군으로부터 항복을 받아낸다.

1941년 12월 Young 총독이 페닌슐라 호텔에서 항복을 한 후 3년 8개월만에 하코트 제독이 총독관저에서 일본총독으로부터 항복을 받아낸 것이다.

전쟁의 승패는 무정한 것인지 영국으로부터 항복을 받아낸 사카이(酒井) 사령관은 1946년 전범으로 취급되어 난징의 이슬이 되었지만 하코트 제독은 현재도 우리 나라 총영사관의 주소(하코트 로드)로 살아 있다.

람씨의 50년 전 홍콩이야기가 끝날 무렵 昭和광장, 아니 빅토리아 스퀘어에는 네온사인이 밝아지고 있었다. 네온사인에는 이미 일본이 다시 온 것처럼 일본상사, 제품광고가 홍수를 이루고 있다. 한 때 홍콩 돈의 절반이 일본에서 왔다는 이야기를 반증이라도 하는 듯하다.

5. 빌린 땅 빌린 시간

　흔히 홍콩을 동양과 서양이 만나는 곳이라고 한다. 더 구체적으로 말하면 중국과 영국이 만나는 장소이기도 하다. 홍콩 시내에서 그러한 접점이 곳곳에 많이 있지만 나는 상환(上環)과 중환(中環)의 접점이 동과 서가 만나는 곳이 아닌가 생각할 때가 많다.
　중환의 높은 오피스 건물군도 상환 쪽으로 가다보면 옛날식 주상복합 건물로 바뀐다. 상환의 서쪽 끝 케네디 타운과 연결되는 곳은 더욱 동양, 즉 중국적이다. 특히 식품에 있어서 중국 전역에서 가지고 온 듯한 물건들로 가득 차 있다. 물론 지금 중국의 특산품을 사기 위해 홍콩 섬보다 까오룽 쪽을 많이 택하고 있다. 그렇지만 옛날 호주며 동남아시아에 흩어져 있는 화교들이 중국물건을 사기 위해서는 모두 홍콩 섬의 상환으로 몰려들었다고 한다. 그러한 가게에 쌓여 있는 물건들이 중국 전역에서 생산되어 수입된 것처럼 홍콩에 사는 중국 사람도 중국 전역에서 온 사람이 많다. 홍콩이 본래 광동성에 위치해 인근 광동성 사람들이 건너와

주류를 이루면서 살고 있는 것은 사실이지만 지난 150년간의 홍콩에는 중국대륙의 정치·경제·사회의 압박을 받아온 사람들이 홍콩을 하나의 피신처(sanctuary) 또는 자유무역항의 자유신천지 홍콩 드림을 실현하기 위한 장소(dream land)로 생각하고 이민 온 사람이 대부분이다.

나는 시간이 있을 때마다 올드 피크 로드를 따라 올라 피크에서 Lugard Road를 걷기를 좋아한다. 이 길은 홍콩의 동양적인 것과 서양적인 것이 잘 조화를 이루고 있는 지점을 보기 좋은 곳이다. 홍콩을 방문하는 외지인에게 홍콩을 짧은 시간에 문자 그대로 일목요연하게 보여줄 수 있는 곳으로 이 길을 추천하고 싶다.

식민지 풍의 고급 주택도 듬성듬성 있는 Lugard Road가 끝나면서 Harlech Road를 접어들기 전에 오른쪽으로 꺾어 하산 길로 내려가면 Hatton Road가 나온다. 이 Hatton Road를 계속 따라 내려가면 홍콩대학 캠퍼스 뒤편을 지나고 다시 서쪽 지역으로 내려갈 수 있다. 이 곳은 홍콩 속의 차이나타운처럼 정말 중국적인 분위기를 물씬 풍기는 곳이다. 이 거대한 차이나타운이 19세기 중반 중국에서 일어난 태평천국이 만들어 주었다는 것을 아는 사람이 많지 않다.

태평천국과 남북행(南北行)(제1파)

세계제국 중국 청조가 이 작은 섬나라 영국과 싸움에서 지게되어 체면도 잃고 땅도 빼앗기게 되자 200여 년간 만주족에게 눌려 살던 중국 한족의 자존심이 되살아나기 시작했다. 그것은 북방소수민족인 청의 만주족에게 쫓겨 남쪽으로 도망 와서 살던 한족일수록 그러한 자존심이 더욱 살아났다. 원래 광동성 주민이란 북방의 소수민족에게 고향을 빼앗기고 떠돌며 살던 사람의 집단이었다. 광동의 한족들은 그들의 고향을 빼앗고 남쪽으로 쫓아낸 만주족도 사실 별 게 아니라는 생각을 갖기 시작했다.

바다의 소식이 빠른 광동성 사람들은 대청제국(大淸帝國)의 취약함을 누구보다도 잘 알고 있었다. 광동성 북쪽의 작은 마을(廣東省 花縣)에 홍수전이라는 기인(奇人)이 나타난다. 그가 어디선가 주어들은 성경 이야기며 예수님 이야기를 섞어서 자신이 예수의 동생이라고 자칭하고 구세주임을 강조하면서 흔들리고 있는 민심을 잡아보려고 했다. 하나의 사이비 종교집단도 청제국에 불만을 갖고 중심을 잡지 못하는 사람들의 관심을 모을 수 있었다.

홍콩거리의 밤 풍경

1851년 1월, 광서(廣西)의 계평 금전(金田)에서 의거를 시작한 홍수전은 어지러운 나라를 수습하여 크게 평화스러운 하늘나라를 지상에 세운다는 의미로 자신의 나라를 태평천국이라고 부르게 하고 수도 난징을 天京으로 고친다. 태평천국과 청국은 양쯔강을 사이에 두고 중국을 양분한 후 10년 전쟁이 계속되었다. 양쯔강 이남은 서구의 영향이 비교적 많고 베이징의 청 정부로서는 통제가 잘 미치지 않아 속수무책이었다. 청 정부는 자체군대부족으로 한족토호를 이용한 상군(湘軍) 등 향토군으로 태평천국군에 대항토록 하였다. 막강 태평천국도 자체 내분으로 결국 평정된다(1864).

홍수전의 의거가 있기 전, 꼭 십 년 전인 1841년 1월은 영국의 브레머 제독(Commodore Bremer)이 지금의 상환 포세션 포인트에서 유니온잭 기를 꽂은 때다.

그 당시 홍콩에 거주하던 중국인은 가난한 석공(石工), 영국 군함에 신선한 야채며 과일을 공급하며 떠다니는 가게(艇戶) 그리고 짐을 나르는 막노동꾼(苦力) 정도였다. 광동(廣東)·광서(廣西)지방에 일어난 태평제국의 난은 그곳에 평화롭게 오랫동안 뿌리를 내리고 살던 토착지주와 대상(大商)들을 쫓아냈다. 그들은 가진 돈을 황금 등으로 바꾸어 자유무역항인 홍콩으로 평화와 자유를 찾아온다. 그리하여, 홍콩에는 처음으로 돈이 있고, 지식이 있는 중국인이 거주하기 시작하게 되고 이것이 홍콩 발전에 일대 전환점이 된다.

대륙에서 돈을 가진 지식인이 홍콩의 자유항에 몰려들면서 홍콩에서는 중국인의 고정 이미지와 위치를 바꾸어 놓게 된다. 그들은 상환을 중심으로 가게를 내기 시작했다. 중국 대륙의 물산을 수집해 당시 화교들이 흩어져 사는 태국, 버마 등 동남아시아로 공급하는 중계무역을 하는 것이었다. 홍콩에서는 이러한 무역을 남북행(南北行)이라고 불렀다. 중국의 북쪽(北)과 동남아시아 등 남쪽(南)을 중계하면서 장사(行)를 한다는 의미이다.

홍콩의 남북행은 한때 500개 정도로 늘어났다고 한다. 그러다가 1848년 미국 캘리포니아에서 금광이 발견되면서, 중국인들이 캘리포니아 황야의 막노동꾼(苦力)으로 대거 진출하게 된다. 1849년에는 미국의 황금광들이 몰려드는 이른바, 골드 러쉬, 포티 나이너들의 해였다. 홍콩은 이러한 쿠리(苦力)를 공급하는 인력수출의 중심이 되었고, 이 쿠리들의 식생활 보급기지가 되었다. 샌프란시스코는 홍콩의 중국인에게는 성 프란시스코라는 어려운 이름의 성스러운 도시라기보다는 하나의 황금의 산(金山)으로 보였다. 한때 홍콩을 거쳐 샌프란시스코에 보낸 쿠리는 대략 삼만 명 정도로 추산되고 있다.

홍콩의 부호 중에 젊을 때 금광광부가 되이 금산(金山)으로 갔다가 급여를 꼬박꼬박 저축해 홍콩으로 들어 와서 거부를 이룬 사람이 있다. 지금 코즈웨이베이에 부동산을 많이 갖고 있던 리 가든 및 리 씨에터(舞臺)의 주인이었던 利希愼의 아버지가 바로 광부출신이었다.

미국의 금산에 이어 지구 남반부의 오스트레일리아 시드니 근처에서도 1852년에 금광이 발견되기에 이른다. 홍콩의 중국인에게는 또 하나의 금산이 생긴 것이다. 홍콩은 오스트레일리아 금산에도 쿠리를 공급하고 쿠리에게 필요한 식품을 보내 주었다. 샌프란시스코는 묵은 금산의 뜻으로 구금산(舊金山)이라 부르고 시드니는 새로운 금산의 뜻으로 신금산(新金山)으로 부르게 되었다. 지금도 일부 홍콩사람들은 옛날의 추억 속에 두 도시의 이름을 신·구 금산으로 부르는 사람도 있다.

이제 남북행에 종사하던 상인들은 신·구 금산에 막노동꾼(苦力)을 위한 식품공급을 맡기 시작했다. 이러한 금산 전문의 중계무역업체를 금산장(金山莊)이라고 불렀다. 지금은 많이 쇠퇴하고 없어졌지만 아직도 상환의 중국상인들의 가게이름에 隆, 昌 등의 글자가 있는 것은 당시 남북행이나 금산장의 가게라고 보아도 틀림없다.

의화단의 난과 신이민(新移民)(제2파)

중국(淸)은 문자 그대로 내우외환(內憂外患)의 형상이었다. 밖으로는 영국에 당하고 안으로는 태평천국의 난을 치른 후여서 마치 중환자 같은 처지였다. 유럽 열강과 일본은 병든 제국 청을 그냥 두지 않는다. 중국은 하나의 거대한 피자이고 유럽열강과 일본은 피자를 잘라 나누어 먹으려는 형국이었다. 양쯔강 연안과 해안가 도시는 서방의 식민지 도시로 전락한다. 뜻 있는 중국인은 반 외세를 주장하게 되고, 당시 산동 지방에 있던 중국 고유의 권법(拳法)을 중심으로 조직된 무술집단은 이러한 반외세 세력을 규합한다. 수십 년 전 태평천국이 기독교 철학을 끌어넣은 것과는 달리 이번에는 외세 및 기독교 세력을 배척한다. 의화권(義和拳)으로 알려진 이 권법은 송나라 초기 무사들이 실전이 줄어듦에 따라 훈련부족을 느끼고 스스로 실전을 상정하고 주로 주먹을 사용 힘을 기르는 것으로 시작되었다고 전한다. 실제 사람을 치는 것이 아니면서 마치 치는 것과 같이 전력을 쏟는다.

어찌 보면 혼자서 권투 연습을 하는 것 같기도 하고 팬터마임을 하는 것 같기도 하다. 그러나 매우 진지하다. 서양 사람들은 이것을 shadow boxing이라고 번역하고 있다. 의화권이란 의화단 운동을 벌인 백성들의 무술 형태로, 이것을 박서(boxer)의 난이라고 부르는 것도 그러한 이유에서다.

6. 홍콩의 본가 : 광저우(廣州)

　　서양 사람들은 홍콩의 중국 사람을 Cantonese라고 부르고 그들이 만든 중국음식을 광동요리(Cantonese Cuisine)라고 하며 그들이 하는 중국말을 Cantonese Chinese라고 한다. 모두 Canton이고 어느 하나에도 홍콩이라는 말이 들어 있지 않다. 이는 홍콩이 인종, 음식, 언어 등 문화적으로는 Canton의 일부라는 뜻이다. 서양 사람들에게 Canton으로 알려진 곳은 중국의 廣東이다. 베이징식 발음은 "꽝둥"이지만 현지인의 발음에 따라 CANTON으로 표기되고 있다. Canton은 넓은 의미로 광동성(廣東省) 전체를 말하기도 하고 좁게는 광주시(廣州市)만을 일컫는다. 광저우는 본래 지금의 광동성과 광서성 양광(兩廣)을 모두 합친 넓은 지역이었다. 옛날 중국에서 주(州)라는 명칭은 지금의 성(省)보다 큰 지역이었다. 중국대륙을 구주로 나눌 정도로 주 하나는 중국 전체의 1/9정도로 보아야 할 것 같다. 따라서 꽝둥이란 말은 넓은 광저우땅의 동부라는 말이고 광서는 광저우 땅의 서부라는 뜻이다. 마치 우리 나라에도 규모가 큰 행정구역을 남북으로 나누는 것과 유사하다. 어쨌든 지금 광저우는 하나의 도시

이름으로 전락되었으나 과거의 지역은 상당하였음을 알 수 있다.

홍콩은 광동성의 해안의 작은 섬에서 출발하여 불과 150년만에 오늘날의 홍콩으로 성장했으니, 청색이 쪽빛에서 나왔지만 오히려 쪽빛보다 더 푸르다(靑出於藍碧於藍)라는 성어를 생각케 한다.

그렇지만 광동성의 중심지인 광저우는 어느 모로 보나 홍콩의 큰집과 같다. 따라서 홍콩에 살면서 광저우는 필히 가보아야 할 곳이므로 이번 주 나의 트레일은 광저우 트레일로 잡고 싶다. 그러나 광저우는 매년 4월과 10월의 광저우박람회(Canton Fair)기간은 피해 가시길 바란다.

남월국(南越國)과 남해군(南海郡)

홍콩에서 광저우로 가는 길은 120km의 육로와 주강을 거슬러 오르는 뱃길이 있다. 육로는 로우(羅湖)를 거쳐 선전으로 나가면 곧바로 광저우행 고속버스가 있다. 廣深고속으로 나가면 빠르다. 또 하나 뱃길은 침사추이 Ocean Terminal의 중국행 페리를 타면 된다. 바다같이 넓은 주강 하구를 지나고 후먼(虎門)을 거쳐 곧 연화산을 지나고 광저우에 도착한다. 이 뱃길은 오래된 무역 루트이다. 지금은 주강 삼각주가 거대해지고 삼각주 내에 수많은 도시가 형성되었지만 옛날에는 광저우 근처까지 바닷물이 닿을 정도로 광저우 자체가 바다를 낀 항구와 유사했다고 한다. 옛날의 광저우는 중국의 중원에서 보자면 아득히 멀고 먼 땅이었다. 지리적으로도 멀지만 동서로 해발 2000m의 오령산맥이 병풍처럼 둘러쳐 있어 그 산맥을 넘어 광저우로 나간다는 것은 예삿일이 아니었다. 따라서 광저우는 영남이라고 부르면서 중원과는 좀 색다르고 독자적인 문화를 구성하고 있었다. 중원에서 보면 한 번 내려가면 살아서 돌아올 수 없는 귀양지가 바로 광저우였고 중원에서의 싸움에서 패한 측이 도망가서 숨어사는 지역이기도 했다. 중국의 모든 省은 각각 약식명칭이 있다. 베이징시는 "京", 호남성은 "湘"이라고 하듯 광동성은 "越"이다.

이름에서 알 수 있듯이 이 지방이 과거 월국(越國)이었다는 의미다. 본래 중국 역사상(BC 5~6세기) 월국은 지금의 상하이 아래측 항저우 부근이었다. 그곳에 근서하여 그보다 북쪽에 근서한 오국(吳國)과 원수끼리의 중단 없는 전쟁으로 유명하다. 오월동주(吳越同舟)라는 말은 원수끼리 한 배에 탄 것을 의미할 정도로 오와 월은 한 배를 탈 수 없다는 말이다. 결국 월이 오를 멸망시키지만 월은 나중에 초국(楚國)에 의해 멸망되어 지금의 광동성·광서성 지역으로 쫓겨왔다는 것이다. 이 때부터 이곳은 남월(南越)이라고도 불렀다고 한다. 하여튼 전국시대에 지금 식으로 말하면 G7(七雄)의 하나인 진(秦)이 중국 전역을 통일(BC 221)하면서 이곳의 남월도 예외가 될 수 없었다. 진은 남월을 없애고 남해군을 설치하였다. 그 후 진의 통일황제 진시황의 사망과 함께 항우와 유방의 연합군에 의해 진이 망하자 당시 남해군의 태수가 다시 남월이라는 독립왕국을 세운다. 그 후 남월은 유방이 세운 한의 무제 때 멸망되어 이 지방은 다시 북쪽의 식민지가 되고 만다. 한무제는 동쪽으로 한반도 북부에 낙랑 등 4군을 설치하듯 남쪽으로는 이 광저우 땅에 진에 이어 다시 남해군으로 바꾸어 식민지 통치를 하게 된다.

국제무역항 – 광저우(廣州, gateway to China)

옛날에는 범선이 강으로 거슬러 올라가야 내륙과 만나고 강을 낀 내륙에는 항구가 있는데 중국지도를 자세히 보면 강이 끼어 있는 곳이 남쪽으로는 광저우가 있고 동쪽으로는 양쯔강 하구인 상하이가 있다.

인도, 동남아시아에서 오는 뱃길은 월남해안을 따라 해남도를 지나 곧바로 주강을 따라 광저우로 들어오는 것이 일반적인 무역선의 코스(sea lane)였다. 그래서 옛날부터 광저우는 자연스럽게 인도, 이슬람, 동남아 등과의 남해무역의 중심이 되었다. 7세기 당조에 와서는 중국전체가 외부세계에 개방되었으므로 당의 큰 도시가 국제화되었다고 한다.

특히 북으로는 장안, 남으로는 광저우가 국제도시의 면모를 갖추었다고 전한다. 당시 광저우에는 세계 각지에서 몰려든 선박이 집중되어 있었으며 인도상인의 내왕이 많아 인도의 절이 3개나 있었다고 한다.

당 말에 혼란기가 왔는데 특히 황소(黃巢)의 난이 당의 혼란기를 더욱 부채질하였다. 당시 당조정에서 벼슬을 하고 있던 신라인 최치원이 토황소격문(討黃巢檄文)을 써서 유명한 황소의 난도 주목적은 국제도시로서 산물이 풍부하고 부가 집중되어 있는 광저우를 욕심낸 데 있었다는 설이 있다.

중국 역사상 광저우만큼 무역항으로서 오랫동안 부를 누려온 도시는 없었다. 지금 중국에서 무역항으로 크게 알려져 있는 곳은 그 역사가 길어야 150년 정도이다. 샤먼, 상하이, 텐진 등 무역항이 모두 아편전쟁에서 패한 청국이 전승국 영국의 요구에 의해 부득이 개항시킨 항구였기 때문이다. 그 반면에 광저우는 진 이후 오늘날까지 변함없는 무역항이면서 양쯔강 이남의 제일 큰 항구도시다. 또한 주강의 상류인 동강, 북강, 서강이 만나는 광저우는 산물이 풍부하여 식재광저우(食在廣州)라는 말은 이때부터 나왔다고 한다.

영국이 홍콩섬에 이어 카우롱(九龍)을 병합하고서 Kowloon Canton Railroad(KCR)를 재빨리 부설한 것도 광저우와의 산업적 연결을 꾀하고자 했던 것이다. 그 때부터 Hong Kong은 shop이요 광저우는 shop에 진열할 상품을 공급하는 공상으로서 이른바 'Front Shop, Back Factory' 구조도 되었으며 이 구조가 지금까지도 이어지고 있다.

홍콩에서 광저우까지 대중교통편을 이용하면, 열차든 고속버스든 도착하는 곳이 광저우의 중심지인 월수(越秀)공원 근처가 된다. 월수공원은 과거 광저우의 배산(背山)에 해당된 야산을 공원화 한 것으로 공원의 제일 높은 곳에는 5층이나 되는 진해루가 솟아 있다. 진해(鎭海)는 물을 평정한다는 뜻으로 광저우가 무역항이었다는 것을 보여준다.

저항(烈士)의 땅 - 홍수전, 손문 그리고 모택동

중국에서 양쯔강, 황하에 이어 3번째로 큰 주강(珠江)의 연원이 되고 있는 오령산맥은 워낙 높아 중국대륙에 붙어 있는 인도차이나 반도와 한반도 다음으로 외부세력의 침입이 용이하지 않아 지리적으로도 독립성을 갖고 있다. 그래서인지 역사적으로 중국 내 타 왕조의 망명정부가 많이 섰던 곳이기도 하다.

남송 최후의 황제가 광저우의 남쪽으로 도망을 와서 송의 명맥을 유지코자 한 것, 명조가 만주족에 쫓겨 남쪽으로 도망 왔다가 최후에는 이

지역에서 마지막 항전을 하였고 결국 오삼계(吳三桂) 등 청에 복속한 명의 장군들에 의해 진압된 곳도 이 지역이다.

청 말기에는 광저우에서 북쪽으로 30km 떨어진 화(花)현에서 홍수전의 태평천국의 난이 일어났고 60여 년 후 손문의 신해혁명의 근거지가 된 곳도 이곳이다.

손문은 광저우시에서 남으로 70km 떨어진 향산(香山), 지금의 쫑산에서 출생하여 홍콩의 중앙서원(中央書院, Queen's College)을 졸업하고 한 때 광저우의 박제의 학교에서 수학하였다가 그 후 지금의 홍콩의과대학 전신인 홍콩의 서의서원(西醫書院)을 졸업, 마카오에서 개업하였던 완전한 광저우인이었다.

그는 고향 광저우에서 3번에 걸쳐 청 조정에 대항 무장봉기를 감행하였다. 1895년 10월 광저우에서 1차 무장봉기를 하였으나 실패하고 일본으로 망명하였다. 그 후 1900년 10월 광동성 동쪽 혜주에서 제2차 봉기를 하였으나 보급 난으로 다시 실패하였다. 1911(신해년)년 3월, 그는 외국에 있으면서 황홍(黃興)을 시켜 제3차 봉기를 하였으나 혁명당 정예를 대거 희생시키고 또 실패하였다.

이 때 희생된 혁명당원 72인을 청조는 사형수가 묻히는 이름 없는 공동묘지에 묻어버렸던 것을 익명의 화교가 광저우의 백운산(382m) 산록의 황화강 지역의 토지를 헌납하여 72명의 희생자를 합장시켰다. 지금 그 곳의 도로를 선열로(先烈路)라 부르고 "72열사의 묘"로 단장되어 있다.

그 해 11월 무창에서의 무장봉기가 결국 성공하여 청조는 몰락하게 된다. 광저우에는 72열사의 묘 근처에 "廣州起義烈士陵園"라는 또 다른 열사의 묘가 있다. 이 열사들은 1927년 12월 11일 중국 공산당 광저우 콤

뮨이 무장봉기 하였다가 희생된 열사들이다.

 1927년은 중국공산당에서 가장 중요한 해로 그 해 4월 상하이에서 백색테러라고 알려진 장개석 국민당에 의한 공산당원 기습체포 사건이 있었다. 당시 국민당과 공산당의 이른바 국공합작으로 북쪽의 군벌을 공격하고 있던 주은래 중심의 중국 공산당이 혼비백산 상하이를 탈출하게 된다. 상하이탈출에 성공한 주은래, 주덕 등이 8월 1일 강서성 남창에서 국민당에 대항 부장봉기를 하였다. 그날이 인민해방군 건군 기념일이다. 그 무장봉기는 결국 실패하여 주은래 등은 인근 정강산(井崗山)으로 도피하여 그에 앞서 들어온 모택동과 합류, 정강산 투쟁이 시작되는 해이기도 하다.

 중국의 공산혁명을 성공시킨 모택동에게도 광저우는 중요한 곳이었다. 1926년 2월 모택동은 광저우에서 농민운동 강습소 소장이 되어 광저우에서 농민 운동을 직접 지휘했다. 열사 능원에서 멀지 않은 곳에 강습소 구지(舊址)가 있다. 아편전쟁 후 중국의 창은 광저우에서 홍콩으로 옮아갔지만 사실 광저우는 천 년 이상 중국의 창의 역할을 해 왔다. 특히 청조에는 쇄국정책으로 국법으로 국외무역을 금하였으나 광저우만이 외국인의 출입을 허용하여 광저우가 명실공히 유일창(唯一窓)의 기능을 다했다. 따라서 서방의 산업혁명의 파도와 제국주의 식민지 정책의 파도가 중국 땅에서 제일 먼저 도착한 곳이 바로 광저우였다. 광저우는 서방과 중국과의 문화적, 군사적 접점으로 격동기를 보낸 셈이다.

 광저우의 현재 인민로(人民路)는 옛날 광저우성의 서측 성벽과 일치한다. 인민로의 서쪽이 성밖인 셈이다. 인민남로(路)의 주강변의 서쪽에 지금도 13행가(行街) 있는데 이 곳이 중국과 거래할 수 있는 특허를 가진 13개의 외국회사가 있던 곳으로 이 일대가 합법적인 외국인 거류지역이었다. 명치유신 이전의 일본에도 나가사키에 데지마(出鳥)가 있어 이와 비슷한 기능을 하였다.

　아편전쟁 결과 중국에 많은 항구가 치외법권적 조계지로서 외부에 개항되었으나 이미 개항된 광저우의 경우 주강의 중주(中洲)를 매립하여 "사면(沙面)"이라는 조계 지역을 만들었다. 가로 300m 세로 900m의 고구마 같은 사면에는 지금도 서구 스타일의 건물이 많이 남아 있고 광저우에 주재하는 16개의 외국 총영사관의 일부가 들어 있는 곳이기도 하다. 광저우에 몇 남지 않은 1920~30년대 4층 테라스 하우스 식의 서양식 건축으로 이루어진 old town이 그대로 남아 있고 아름드리 나무도 옛 풍취를 보여주고 있다.

　홍콩 재벌 헨리 폭이 투자한 백천아(白天鵝) 호텔은 사면의 남쪽 미국 총영사관 인근에 우뚝 솟아 호텔 방에 드러누워 주강에 오르내리는 크고 작은 배를 바라보면서 역사의 낭만을 즐길 수 있는 곳이다. 사면에서 다리를 건너면 바로 6·23로(路)라는 길 표지가 있다. 이 길은 사면과 뗄 수 없는 길이다. 이 길은 1925년 6월 23일, 홍콩과 광저우가 연합 파업시위를 할 때 사면의 영국 조계 경찰의 발포에 의해 쓰러진 수많은 영혼을 위로하기 위한 길이다.

　월수공원에서 광저우 백운 비행장으로 가다보면 삼원리(三元里)라는 지명이 나오는데 그 곳은 항영지(抗英地)로 유명하다. 지금도 항영 기념비가 서있다. 밖으로 집들이 들어서 있어 잘 보이지는 않지만 19세기 중반 아편전쟁으로 일컬어지는 중영 전쟁에서 중국은 신무기를 가지고 온 영국에 패전한 기록밖에 없는데 삼원리의 중영(中英)전투는 규모는 적으나 중국의 깨끗한 승리로 기록될 수 있는 곳이다.

　1841년 5월 24일 빅토리아 영국 여왕의 탄생일인 이 날을 맞아 주강의 영국 해군은 13행가에 상륙 광저우성으로 육박하였다. 광저우성을 지키던 정부군(청군)은 싸우지도 않고 도망가 버렸다. 그렇지만 영국의 침략에 분개한 삼원리의 주민들은 곡괭이, 삽, 몽둥이 등을 들고 거리로 나왔다. 그들은 영국을 평정하겠다는 의미로 "평영단(平英團)"을 조직하고 군인을 대신하여 싸움에 나섰다. 제대로 된 무기도 없이 싸움에 나선 평영단은 2만 정도 되었다고 한다. 평영단은 삼원리 교외에서 영국의 마드라스 제37 보병단 1,000명을 포위하였고 그 때 마침 집중호우가 내렸다. 습기에 약한 프린트 총을 사용하고 있던 영국군은 속수무책이었다. 화약이 모두 젖어 격발이 되지 않아 총은 무용지물이 되고 말았다. 삼원리는 평영단에 의해 포위되어 사상자를 많이 낸 영군은 긴급 휴전을 제의하고 삼원리 주민에게 6백만 파운드의 배상금을 주기로 약속하였다고 한다. 무적 영군을 겁내지 않고 분연히 궐기한 삼원리 주민의 용감성을 돋보이

도시안의 이슬람 사원

게 하는 사건이다.

또 하나 광저우에서 빠뜨릴 수 없는 것은 이슬람교도(淸眞)의 무덤이다. 월수공원 인근에 청진선현고묘(淸眞先賢古墓)라는 곳이 있는데, 이 고묘가 바로 마호메트의 외삼촌 묘라고 알려져 있지만 확인할 길이 없다.

광저우가 외국과의 무역중심지이다 보니 7세기에는 사라센(大食國)에서 많은 상인들이 중국 즉 광저우에 와서 무역을 하고 일부는 무역뿐 아니라 선교활동(missionary)을 위해 광저우에 장기체류 하였다고 전한다.

이슬람교의 교주인 성현 마호메트 집안도 무역업에 종사하였다고 하는데 그의 어머니 형제가 광저우에 사절로 와서 객사하였다는 설도 있지만 믿기 어렵고 당시 이슬람 선교사의 무덤이 아닌가 생각된다.

광저우에 가보면 7세기의 국제도시 광저우의 영화(榮華)가 다시 돌아오고 있음을 알 수 있다. 홍콩과 마카오의 주권반환과 함께 광저우를 중심으로 하고 홍콩과 마카오를 포함하는 거대한 주강 3각주(Great Pearl River Delta)가 하나의 지역공동체가 되어 다시 태어날 날도 얼마 남지 않은 것 같다.

좌청룡, 우백호와 같이 좌측에는 선전-홍콩이 버티고 있고 우측으로는 주해(珠海)-마카오가 싸고 있으면서 광저우를 돕고 있는 형상이다.

7. 티 트레일 *tea trail*

　지구상에서 중국말 중에 가장 많이 사람들 입에 오르내리는 것 중 하나가 차(茶)가 아닌가 생각된다. 중국 운남성(雲南省)이 원산지인 아열대 상록수 차가 서양 사람들의 입맛을 크게 바꾸어 놓았다. 중국 차를 전문으로 수입한 영국의 동인도 회사가 차 수입에 따른 은화의 대량유출을 만회하기 위해 슬그머니 아편을 끌어넣게 되었다. 결국 아편 만연으로 망국의 위기를 느낀 중국 청조가 영국과의 아편전쟁은 근세 중국의 역사를 바꾸어 놓게 되고 홍콩은 그 역사를 새롭게 시작한다.
　또한 영국 차는 영국 자신의 역사도 바꾸어 놓았다. 중국 차를 가져다가 홍차를 만들어 식민지 미국으로 싣고 가 비싼 세금을 매겨 팔게 되자 미국의 식민지 주민들은 차를 마음대로 마실 수 없어 세금을 내지 않아도 되는 독립의 필요성을 느끼게 되었다.
　식민지 주민들은 보스턴 티파티(tea party)사건(1773년) 등으로 영국정부와 긴장관계를 유지하다 2년 후 독립전쟁을 일으키게 된다. 전쟁 발발의 방아쇠가 된 것이 바로 tea라고 볼 수 있다. 그보다 훨씬 앞서 16세기

말 일본의 조선 침략인 임진왜란도 차와 관련된 전쟁이란 것이다.

당시 조선의 차완(茶碗)이 일본에서는 대인기였다. 특히 일본을 통일한 도요토미 히데요시는 더욱 극성스러웠다. 도요토미의 조선 침략은 그의 옛 주군(主君) 오다 노부나가의 차선생 센리큐(千利休)와 차와 차완 사이에 얽힌 갈등이 한 원인이 되고 있다는 설에 근거하고 있다. 일본의 조선침략은 조선제 차완(茶碗)을 얻기 위한 것이라는 설명이다. 따라서 임진왜란을 혹자는 차완 전쟁이라고도 부른다.

차에 대해 가장 이야기가 많은 곳이 홍콩이 아닌가 생각된다. 홍콩이 19세기 중반 중국대륙에서 차와 아편이 서로 만나서 태어난 사생아 같은 위치는 차지하고서라도 홍콩은 중국과 서양이 만나는 지점이고 중국의 것을 서양에 보급시킨 영국의 오랜 식민지였기 때문인지도 모른다. 사실 홍콩에 살다보면 부지불식(不知不識)간에 차를 알게되고 차 문화에 접하게 된다. 차 역시 홍콩을 좋아하는 것 같다. 특히 값비싼 차가 홍콩을 좋아한다. 무게로 따져 황금보다 비싼 차가 많다. 그래서 석유를 블랙골드(black gold)라고 하듯이 차를 그린골드(green gold)라고 부르기도 한다. 새로운 차가 나오는 계절이면 홍콩의 돈 많은 사람들이 차 경매장에 몰려 성황을 이루기도 한다.

홍콩 주변에는 차산지가 많다. 운남성(뽀우레이), 복건성(우롱), 광동성(칭웬), 절강성(용정) 등 중국의 유명한 차 산지가 홍콩과 가깝다. 따라서 영국의 차를 파는 상인들이 중국 차를 집산시키는 곳이기도 하다. 그래서 홍콩은 직접 차 산지가 아니면서도 세계적으로 차의 명소로도 유명하다. 차의 집산지는 과거 복건성의 아모이가 유명했지만 20세기의 중국의 혼란기 때문에 제대로 기능을 발휘하지 못했다.

요즘 일본의 식자들 중에는 차에 대해 알고 싶어 2박 3일 일정으로

7. 티 트레일 tea trail

홍콩에 차 체험여행을 온다고 한다. 동서양 각종 차가 팔리고 있는 곳이 홍콩이고 그 차를 마시는 얌차(飮茶)문화가 가장 발달된 곳도 홍콩이기 때문이다. 홍콩에는 그 작은 땅 때문인지 차밭(tea plantation)이 없다. 그래서 홍콩의 차는 스리랑카나 중국의 내륙에서 가지고 오는 수입품이 대부분이다.

그런데 홍콩에 차밭이 꼭 한 곳에 있다. 란타오 섬의 옹핑(Ngong Ping)에 있는 포렌사 근처의 차밭이나. 중국의 실크가 실크로드를 통해 서양에 알려지듯 홍콩의 차가 티로드를 통해 서양에 크게 알려졌다. 실크로드가 당(唐)의 장안(長安)이 출발점이라면 티 로드는 홍콩이 출발점이다. 홍콩에 살게 되면 이러한 분위기 때문에 차를 빼놓고 살 수 없다. 문자 그대로 차는 항다반사(恒茶飯事)의 하나이다. 그래서인지 홍콩에서 만나는 사람은 동서양인을 막론하고 모두 차에 대해 일가견이 있다.

언젠가 란타오 트레일(Lantao Trail)에서 홍콩의 유일한 차밭을 찾아가 볼 수 있는 기회가 있었다. 마침 차를 잘 아는 분들이 동행중에 있어 Lantao Trail의 어려운 등산길에서도 차 이야기를 계속하였다. 그것이 계기가 되어 홍차를 전문적으로 파는 가게도 가보고 홍콩에서 중국 차를 전문적으로 연구하고 있는 일본사람도 소개받았다.

이번 주 나의 트레일은 이러한 차 이야기를 정리하는 티 트레일로 하고 싶다. 홍콩에 사는 사람들에게 차 이야기를 하는 것은 중국 사람 앞에서 어설픈 중국어를 쓰는 만큼 쑥스러운 일이지만 차에 관한 것을 이 기회에 한번 정리하고 싶어서이다.

차는 차(茶) 또는 티(tea)

서양에서는 티(tea) 또는 테(the)라고 하지만 인도·아랍 지역에서는 차(cha)·차이(chai)라고 하고 지금 중국에서도 차(cha)라고 말한다.

같은 중국어 茶인데도 이렇게 혼용해서 쓰고 있는 것에 대해 두 가지 설이 있는 것 같다. 그 하나는 중국의 방언이 지역에 따라 틀려서 같은 글자로 서로 틀리게 발음하여서 그렇게 되었다는 설이다. 예를 들면 복건성에는 "타"라고 읽고 광동성에는 "차"라고 읽기 때문에 차가 어디에서 서양으로 수출되었는가에 따라 "타" 또는 "티"로 되기도 하고 "차" 또는 "차이"로 되기도 하였다는 것이다.

그러나 또 다른 설명으로는 지금의 차라는 뜻으로 茶자가 쓰이기 시작한 것은 역사가 오래지 않고 그 이전에는 차의 나무木 대신 禾라는 글자가 쓰였다고 한다. 즉 글자가 시대에 따라 달라졌다는 것이다. 다시 말해 7~8세기 당조에 와서야 茶라는 글자로 쓰이고 그 이전에는 맛이 쓴 식물의 뜻으로 荼가 쓰였다는 것이다.

차(茶)

중국에서 차가 자연산으로 발견된 것은 퍽 오래되었지만 실제로 재배가 시작된 것은 4세기경이며 이때는 북방의 기마 소수민족이 중원을 차지하여 한족의 국가인 진은 동남쪽으로 옮겨오면서 많은 한족이 남하하게 된다. 또한 일부 한족은 전란을 피해 복건성 산악지대로 숨어살면서 그때부터 최근까지 당시 언어를 그래도 지켜왔다.

중원은 다시 한족인 수(隋)가 천하를 통일하면서 수복되었고 곧이어 당조의 황금문화가 꽃 피우게 되었고, 언어의 변화도 있어서 지금까지 쓰이던 차(tu)가 차로 바뀌었다. 그러나 복건성의 차밭의 차는 여전히 차(tu)로 불리우고 있었다는 것이다. 복건성의 차(tu)가 중국에 처음 발을 들여놓은 화란인에게 팔려 유럽으로 건너가면서 이름도 복건성 발음내로 tu, tea, the로 된 것이고 그 이후 당의 장안을 통해 실크로드를 따라 간 차는 새로운 이름 차가 되었다는 설이다. 광동이 국제 무역항이 된 것이 7세기 당조 이후이으로 그 당시 이곳에서 차를 수입한 인도 아랍상인들은 차(cha)라고 불렀던 것은 당연한 일이다. 차와 글자가 다르지만 옛날에는 차를 명(ming)이란 글자로도 표시했다고도 한다. 만일 차 대신에 명이 더욱 유행했다면 지금 우리들은 ××茶 대신에 ××茗으로 부를 뻔했다.

지금도 홍콩의 유명한 차장(茶莊)으로 복명당(福茗堂)이란 것이 있는데 복명은 복차라는 뜻임을 알 수 있다.

색깔과 발효

차나무에서 찻잎을 따서 어떻게 발효시켜 가공하느냐에 따라 홍차도 되고 녹차도 된다. 차는 발효(fermentation) 정도에 따라 여러 가지의 차가 만들어진다. 동백나무와 사촌 관계인 차나무는 봄에 새순을 내놓는다. 차는 이 새순을 따서 가공한 것이므로 따다 놓은 찻잎이 어떻게 변하느냐에 따라 맛과 향기가 달라질 것이다. 찻잎에는 공기중의 효소가 묻어 있는데 이 효소가 공기와 결합, 산화(oxidation)가 됨에 따라 찻잎 속의 탄닌이 발효가 되는 것이다. 발효가 많이 되면 색깔도 변하고 탄닌의 떫은 맛이 없어진다. 발효가 안되면 떫은맛은 그대로 있지만 색깔은 녹색 그대로이고 신선한 맛이 있다. 완전히 발효해 버리면 찻잎의 색깔도 검게 변하고 맛도 달라진다. 그 찻잎을 뜨거운 물에 풀어보면 붉은색을 띠게 되므로 우리는 이것을 홍차라고 부른다.

그러나 서양에서는 찻물의 색깔보다 검게된 찻잎에 착안하여 블랙차(black tea)라고 달리 부른다. 그러나 발효되기 이전 상태인 따다 놓은 푸성귀 그대로 찻잎의 경우 엽록소가 물에 풀려 녹색을 띠게 되므로 녹차라고 부른다. 중간쯤 발효한 것 즉 발효 도중에 발효 효소를 제거해 버리고 가공한 차의 경우를 청차(靑茶)라고 부른다. 홍차와 녹차의 중간쯤이라고 할 수 있다. 상품명으로도 유명한 우롱차가 청차에 속한다. 또한 청차보다 녹차 끼가 들어있는 것으로 조금 발효가 덜 되어 나온 경우를 백차(白茶)라고 한다. 백목단왕(白牧丹王)은 복건성 백차의 최고급이다. 수미(壽眉)도 백차의 일종이다. 일반적으로 매년 따내는 찻잎을 그해 가공을 거쳐 상품화하여 소비되지만 와인처럼 수년간 묵혀 두는 경우가 있다. "뽀우레이"라고도 하는 푸얼차(普耳茶)가 이 경우이다. 그 색깔이 너무 검어 흑차라고 부르지만 와인처럼 오래 될수록 값이 나간다. 차 종류가 차의 색깔로 구분되고 차의 색깔은 찻잎의 발효와 관계된다. 찻잎이 공기를 만나 발효하게 됨에 따라 본래의 색깔, 맛과 향이 변하게 된다.

색깔과 발효정도를 구분, 녹차(발효도 : 0%)→백차(발효도 : 25%)→청차(발효도 : 50%)→홍차(발효도 : 100%)로 정리해 볼 수 있다.

홍콩에서 즐겨 마시는 운남성의 뽀우레이는 녹차도 아니고 홍차도 아니다. 수 년 또는 수 십 년 묵혀두어 천천히 발효시킨 것이다. 뽀우레이는 색깔로 구분, 검어서 흑차(黑茶)라고 부른다. 녹백청홍흑에 이어 황차(黃茶)라는 것도 있다. 호남성 군산, 안휘성 황산의 은침차(銀針茶)를 황차라고 한다. 후발효차의 일종이다.

동양인이 좋아하는 녹차

우리 나라·중국·일본에서 "차"라고 하면 녹차를 말한다. 앞서 말한 바와 같이 녹차는 비발효차이다. 찻잎을 따서 그냥 두면 잎의 효소가 발효된다. 그래서 발효되는 효소를 죽여야 하는데 그 죽이는 방법에 두 가지가 있다. 차는 뜨거운 대형 후라이팬에 볶는(炒) 방법이고 또 하나는 가마솥에 넣어서 찌는(蒸) 방법이다. 이 경우 곰팡이의 일종인 효소 균을 완전히 익혀서 죽여 버리므로 더 이상 발효가 될 수 없다. 중국의 녹차는 주로 볶아서 만들고 일본의 녹차는 주로 쪄서 만든다고 한다. 녹차는 계절감이 있어야 하므로 신선한 것이 생명이다. 중국 녹차의 대명사는 용정차다.

홍콩에는 매년 봄 그 해에 나오는 차를 경매에 붙인다. 봄에 새순이 난 찻잎을 따서 만든 차를 마시려는 애호가 때문에 경매장은 돈 많은 사람들로 붐빈다. 용정은 중국의 동쪽 절강성 항저우에 있는 지명이다. 글자 그대로 샘물이 솟는 우물이 지금도 있고 그 옆에는 유명한 서호(西湖)가 있다. 서호 주위 야산에 차밭이 흩어져 있는데 여기서 생산되는 차가 모두 용정차다. 녹차는 신선한 것이 생명이므로 언제 새순을 땄느냐가 중요하다. 주로 양력 3월 15일에서 4월 15일경이다. 일년의 절기 중 청명과 곡우가 그 속에 있다. 그래서 녹차의 값을 정하는 요인으로 산지도 중요하지만 찻잎을 따는 시기도 중요하다고 한다. 예를 들어 녹차 중에 '항주명전용정(抗州明前龍井)'이라면 항저우의 용정차로 청명전에 찻잎을 딴 경우이고 '항주양전용정'이라면 곡우 이전에 찻잎을 딴 경우다. 녹차로서 유명한 '항주사봉명전용정'이란 긴 이름이 있는데 이는 항저우 용정의 사자봉이 산지라는 설명이다. 녹차를 좋아하는 사람은 반드시 항저우를 가보고 서호와 용정을 찾아보아야 한다고 믿는다.

차에는 카페인·비타민C·탄닌·불소 등이 함유되어 있어 발효되지 않은 녹차를 많이 마시면 졸음도 막을 수 있고, 소화도 잘 되고, 치아도 좋아지는 것이 이러한 이유에서다.

중국에서는 농사의 신(神) 신 농이 하루는 뜨거운 물을 끓이고 있는데 어딘가에 잎새 하나가 날아 들어오니 뜨거운 물이 금방 녹색으로 변하였다. 신 농이 그 물을 마셔보니 향과 맛이 특이하고 머리가 맑아졌다고 한다. 그 이후로 절간의 스님들이 염불할 때 수마(睡魔)를 이기기 위해 각성제로 차를 마셨다고 한다. 일본에서는 참선하는 스님이 너무 졸려 계속 눈꺼풀이 덮이므로 양쪽 눈까풀을 칼로 잘라 마당에 던졌더니 마당에서 나무 두 그루가 나왔는데 그것이 차나무가 되었다는 전설이 있다. 이 두 전설은 녹차에 들어있는 카페인과 관련되는 이야기이다. 그러나 카페인에 민감해 커피를 싫어하는 사람도 녹차는 괜찮다고 하는데 이는 녹차 속에는 커피 등에는 없는 카페인 성분이 있어 이것이 녹차 속의 카페인이 체내흡수를 느리게 해 준다고 한다. 모택동의 전기를 읽어보면 모택동은 양치질을 거의 아니했다고 한다. 그렇지만 그는 매일 몇 잔이고 녹차를 마셨기 때문에 치아 색깔이 검게 변했지만 치아 자체에는 크게 문제가 없었다고 하는데 이것이 녹차의 불소와 관계가 있다고 한다.

서양인이 좋아하는 홍차

16세기 처음으로 중국에서 유럽으로 차를 가지고 간 사람은 네덜란드인이었다. 그 후 영국인이 차 무역에 본격적으로 뛰어든다. 처음에는 중국의 녹차를 가지고 갔는데 차츰 운반의 시간이 걸려 녹차의 신선도가 잃게 되어 가공된 차가 필요했는지 모른다.

홍차는 중국의 찻잎을 완전 발효한 것이다. 당시 유럽에서는 프랑스가 아프리카 식민지를 통해 커피를 독점하자 영국은 홍차로 승부를 걸었다고도 한다. 홍차는 유럽에서 처음 귀족이나 부유한 상인들만이 마시기 시작하다가 차에 대한 인기가 높아지자 공급물량을 늘리고 수입 선을 다 변화하기 위해 영국은 식민지 스리랑카에도 차를 심고, 인도에도 차를 심었다. 영국에서 차는 17세기 후반과 18세기에 일반인에게 기호품으로

정착되었다가 19세기에는 유럽인의 생활에서 뗄 수 없게 되었다. 우리 나라와 일본에 홍차가 영국을 거쳐 역수입되어 소개된 것은 20세기 초였다.

홍차를 생각할 때 먼저 머리에 떠오르는 것은 마도로스 모자를 쓰고 찻잔을 들고 있는 콧수염 할아버지의 얼굴 상표다. 이 상표를 쓰고

있는 주로 노란색 포장의 립톤 티의 창업자(Sir Thomas Lipton)는 처음 런던에서 식료품상을 경영하였다고 한다. 런던에 립톤 체인점(Lipton chain store)이 있을 정도였다는데 나중에 차를 취급하면서 더욱 유명해졌다. 그는 차의 안정적 공급을 위해 스리랑카의 커피농장을 없애고 그곳에 차원(茶園)을 만들어 빅토리아 여왕이 마시는 황실 어용 차를 제조하였다. 그 때가 19세기 후반이었다.

또한 홍차제조회사로 영국의 포트넘 메이슨과 함께 유명한 잭슨사(社)가 있다. 잭슨사의 홍차 브랜드로 얼 그레이(Earl Grey)라는 것이 있다. 잭슨가는 1830년 세계 최초로 얼 그레이를 생산, 시판하였는데 오늘날은 홍차의 대명사로 알려져 있다. 얼 그레이에 얽힌 이야기가 있다. 1800년대 중국에 주재하던 영국의 한 외교관이 귀국하여 그레이(Grey)백작에게 중국 안휘성 키문(祁門) 등지에서 제조되던 홍차를 선물하였다고 한다. 그것이 그레이백작 마음에 들어 그레이백작은 잭슨사로 하여금 동일한 홍차를 제조토록 하였다. 그 후 홍차가 차 애호가들의 인기를 끌게되자 잭슨사는 얼 그레이 상표를 붙여 지금까지 유명해졌다고 한다. 얼 그레이를 마셔보면 옛 중국 홍차의 맛을 느낄 수 있다.

홍차 중에 "오렌지 페코"라는 말이 자주 보인다. 이러한 차는 전통적인 세일론(스리랑카) 차고 순한 맛이 있는 홍차라는 뜻이 있지만 본래는 찻잎의 어린순(새순)을 의미한다. 차나무에서 가장 어린순이 플라워리 오렌지 페코(flowery orange pekoe)라고 하고 그 다음 잎이 오렌지 페코(orange pekoe) 세 번째가 그냥 페코(pekoe)라고 부른다. 보통 고급 홍차는 이 세 가지로 이루어진다. 페코로 된 홍차는 찻잎 속의 탄닌이 완전 발효하여 떫은맛이 없어 달콤하다. 페코는 중국말로는 백호(白毫)라고 하여 찻잎의 어린순에 아직 흰솜털이 뽀송뽀송 나있는 모습을 가리킨다. 백호는 복건성 말로 백코라고 한 것을 영어로 그대로 페코라고 옮겨 쓴 것으로 보인다. pekoe souchon, 즉 백호소종(白毫小種)은 잎이 굵고 둥그나 페코보다 질이 떨어지는 것으로 백호아류라는 뜻이라고 보면 된다. 잎이 굵어 발효되어도 찻잎 속의 탄닌이 완전히 제거되지 아니하여 떫은맛이 많이 남아있다. 그래서 값은 싸다. 영국의 서민이 밀크티라 하여 홍차에 우유를 타 마시게 된 것은 사실 이 떫은맛을 중화시키기 위해서였다고 한다.

카페인이 없는 뽀우레이 (普洱茶)

발효과정상 홍차는 완전발효차이지만 푸얼차는 후발효라고 하여 짧게는 수년, 길게는 수십 년을 발효시킨 것이다. 본래 나무그늘 아래 작은 집을 지어놓고 그곳에서 발효를 시킨다고 한다. 중국 운남성 보이산(普洱山)의 이름을 따서 보이차라는 이름이 붙었다고 하지만 그 색깔로 인해 흑차(黑茶)라고 부르기도 한다. 그러나 이것을 그대로 영어로 black tea 라고 했다가는 홍차와 혼돈하기 쉬우므로 주의해야 한다.

푸얼차는 카페인이 없어 저녁에 마셔도 안심하고 잠자리에 들 수 있고 지방질을 분해하므로 기름기가 많은 홍콩 음식을 많이 먹어도 살찔 염려가 없다. 홍콩에서는 뽀우레이로 불리는 푸얼차는 찻잎에 수분을 충분히 가하고 온도를 적절히 하여 오랜 시간을 갖고 발효시킨다. 오래 발효되다 보니 찻잎의 카페인이 남아있지 않아 각성제 역할은 없다. 흑차에는 사람 몸에 좋다는 곰팡이가 많아 나무냄새가 나면서 한약 맛과 비슷하다. 흑차는 와인처럼 오랫동안 발효될수록 부드럽고 값이 나간다.

그러나 와인처럼 년도(vintage)가 정확히 표시되지 않고 중국식으로 오래되었다는 의미로 쓰는 한자가 사용된다. 프랑스 와인의 경우, 법률에 의해 제조 년도 표시가 엄격히 통제되는 것과는 다르다. 가장 오래된 뽀우레이 차의 순서로 쓰이는 말은 特級珍藏→珍藏→家藏→頂舊→舊→陳年 순서이다. 일반적으로 不知年, 遠年 등 표현으로 오래 되었다는 표시를 쓰기도 한다. 푸얼차는 차이차(茶洱茶)라고 하는, 큰 빈대떡처럼 생긴 것을 조금씩 뜯어내어 뜨거운 물에 녹여 마시는데 차병(茶餠)를 싸는 포장지의 인쇄 색깔로 등급이 정해진다.

오래된 순서로 紅印→靑印→黃印→綠印으로 되어 있다. 홍콩의 차장(茶莊)으로 유명한 영기(英記)에 근무하는 사람의 말에 의하면 홍은, 1949년 이전으로 50년이 된 것이고, 청은 40년물, 황은 30년물, 녹은 20년물로 치고 있다는 것이다. 지금 영기 같은 차장에도 홍인(紅印)은 보기 드물다고 한다.

오래된 푸얼차는 녹차(綠茶)처럼 시음할 수 없고 그냥 믿고 사야 되는데 운에 맡길 수밖에 없다. 어떤 사람은 오래된 푸얼차를 사서 잘못 보관했다가 나중에 벌레가 나왔다는 이야기도 있다. 마치 오래된 와인을 경매장에서 샀다가 막상 마시려고 하면 초(酢)가 되어버려 마시지도 못하고 버리는 경우와 비슷하다고 할까.

우롱차와 자스민차 그리고 아이스티

녹차는 발효가 안된 것이고 홍차는 발효를 끝낸 것이라면 발효가 되다가 그만둔, 절반 발효차가 있다. 이것은 어찌 보면 우연히 만들어졌는

지도 모른다. 녹차를 만들기 위해서는 찻잎을 따자마자 가열하여 산화효소를 죽여 발효가 되지 않도록 해야 하는데 어쩌다가 때를 놓쳐 발효가 일정기간 진행된 케이스가 아닌가 생각된다.

중국에서 녹차만 마시는 절강성과 대조적으로 복건성에는 반 발효차가 유명하다. 반 발효차를 시중에는 우롱차(烏龍茶)라고 부르는데 "우롱"이라는 말의 근거에 대해 잘 알려져 있지 않지만 어떤 사람은 반 발효차를 발명한 사람이 얼굴이 검어 "우동"이라는 별명을 얻었나고 하면서 우롱이 만든 차라는 뜻으로 우롱차라는 이름이 나왔다고 한다. 선뜻 믿기 어렵다.

지금은 우롱차 하면 대만이 특산지라고 생각하는 사람도 있지만 1949년 중국대륙의 공산화 이후 많은 복건성 사람이 대만으로 옮겨가 대만에 차밭을 가꾸고 우롱차를 만들어 더욱 발전시켰는데, 본래 우롱차는 복건성 특산이다. 특히 복건성의 무이산(武夷山)에서 나오는 우롱차를 암차(岩茶)라고 한다. 복건성 남부의 유명한 안시(安溪)의 우롱차는 남암차(南岩茶)라고도 하고 관음은 이 지방 우롱차의 일종이다.

중국식당에서 우리가 흔히 마시는 자스민(茉莉花)차는 화차(花茶)라고 부른다. 이것은 녹차에다 자스민 꽃을 넣어서 섞은 것이다. 찻잎 자체가 고급이 아니고 향도 별로 없는 경우에는 찻잎 속에 말린 자스민 꽃을 넣어서 자스민 꽃의 향을 띄운다. 이렇게 향을 강조하다 보니 향편(香片)이라고 부른다. 찻속에 자스민의 꽃향기가 배어 있다. 뽀우레이가 기름기가 많은 홍콩음식에 잘 맞는다면 자스민차는 사천요리, 베이징요리 등 매운 맛이 있는 요리에 잘 맞는다고 한다. 일본 사람이 즐겨 마시는 녹차는 생선 비린내를 없애주므로 일본 사시미나 초밥을 먹을 때는 녹차를 반드시 마셔야 입안이 개운하다.

홍콩에서는 얌차(飮茶), 베이징에서는 융차(用茶), 일본에서는 킷사(喫茶)라고 부르는 등 나라마다 지방마다 서로 다르니, 차를 마시는 예법도 결코 간단치 않은 것 같다. 중국과 일본의 차는 우리의 전통차와는 다르다. 우리 전통차인 인삼차, 유자차, 생강차 등은 사실 차가 아니다. 엄격하게 말하면 인삼탕, 유자탕, 생강탕이라고 불러야 한다. 그리고 차의 종류도 복잡하고 차 용구라든지 차를 서비스하는 방식 등 이루 말할 수 없을 정도로 복잡하다. 홍콩 정부는 차의 고향답게 옛날 해군 사령관 공관에 차 용구 전문박물관을 만들어두어 이것이 세계적으로 유명해졌다.

요즘에는 차를 마시는 사람보다 커피를 마시는 사람이 많다. 그러나 2차 세계대전 전에만 하더라도 동서양의 공통 음료로 차가 풍미하였다고 한다. 해가 지지 않는 대영제국의 위세로 커피보다 차가 단연 우세하였다. 양고기와 잘 맞는 커피는 과거 오스만 터기 지역에서만 주로 마셨다고 한다. 요즈음 식후에 커피 마시듯 하루 일과에 차 마시는 일이 중요하였다. 전쟁터의 군인에게 지급하는 개인보급품에도 차가 반드시 들어있었다고 한다. 이는 오랜 전통으로 유럽의 나폴레옹 전쟁시에도 장교들은 모두 차를 마셨다고 전해진다. 나폴레옹 황제의 차 당번 병이 당시 권력의 실세였다는 이야기는 유명하다. 그랬던 것이 세계 2차 대전 중에 차의 공급이 끊겼다. 차 산지가 전

차와 함께 먹는 딤섬

쟁의 와중에 휩쓸렸기 때문이다.

　미국은 공급이 안 되는 차 대신 인근 중남미에서도 생산되는 커피로 대체하였다. 커피가 우리 식생활에 유행하기 시작한 것은 순전히 차에 대한 대용품으로 시작된 것이라고도 볼 수 있다. 군인들에게도 차 대신 커피가 대체되었다. 서양에 차를 보급시킨 나라가 과거 영국이라면 지금의 미국은 차의 대체품으로 커피를 보급시켰다고 볼 수 있다.

　미국은 차와 관계없는 것처럼 보이지만 차 문화에 기여한 것이 있다. 그 중 하나는 미국에서 아이스티가 개발되었다는 것이다. 차는 항상 뜨거운 물로 마시는 것인데 20세기초 미국의 센트루이스에서 차 박람회가 있었다. 차 박람회가 열리고 있는 센트루이스는 때마침 여름이라 뜨거운 물로 티를 팔 수 없었다. 그래서 마실 차를 먼저 만들어 그것을 식혀서 얼음을 타서 마시게 하는 아이스티를 고안한 것이다. 또 하나는 차 마실 때 찻잎을 걸러주는 망이 필요한 엽차(葉茶, leaf tea)의 불편함을 미국식으로 정리한, 티백(tea bag)를 고안했다. 2차대전 후 미국에서 종이나 천으로 된 티백(tea bag)이 고안됨에 따라 티(tea)는 1회용 종이컵에라도 마실 수 있는 인스턴트 음료가 될 수 있었던 것이다.

중국편

1. 스쟈이샹강(食在香港)

　　어릴 때부터 들어온 이야기 속에 행복의 조건으로 미국의 집에 살면서 불란서 와인을 마시고 중국요리를 먹는다는 것 등이 있었던 것으로 기억된다. 물론 이것은 어느 정도 주관적이면서 시대의 변화에 따라 지금은 많이 달라지고 있다. 요즈음 세계도처에 미국식 집이 많아지듯이 행복의 조건도 모든 것이 일반화되었지만 중국요리는 여전히 세계요리 중에서 가장 발달된 요리의 하나가 아닌가 생각된다. 왜냐하면 중국 5000년의 긴 역사가 그 음식 속에 녹아 있기 때문이다. 그러나 마르코 폴로가 중국의 국수를 서양에 소개 스파게티를 만들게 한 이후 서양 사람들에게는 중국요리가 제대로 알려진 것은 최근의 일이고 그것도 미국을 통해서이다. 미국인들에게 가장 잘 알려진 중국음식이 "찹 쉐이"다. 밥을 중심으로 이것저것 섞어 만든 것이 찹 쉐이인데 19세기 중엽 미국의 골드 러쉬와 대륙횡단 철도부설에 필요한 노동자 송출에 따라 많은 중국사람들이 미국으로 건너갔다. 골드러쉬도 끝나고 철도부설도 끝나면서 그들이 미국에 주저앉으면서 자연스럽게 형성된 것이 차이나타운이고 그 차이나타운의 중국식당에서 가장 많이 팔린 것이 찹 쉐이였다고 한다. 찹 쉐이의 찹(雜)은 이것저것 섞어서 만든 음식의 뜻이고 그러한 찹 쉐이를 먹는 두 개의 막대기(젓가락)를 "찹 스틱"으로 불렀다고 한다.

우리 나라에는 아직도 중국하면 짜장면과 이상한 중국 이름의 청요리를 연상하듯이 중국과 중국음식을 곧잘 연결하여 생각하는 사람이 많다. 한 때 중국사람을 "짱 께이(掌櫃)"라고 불렀다고 한다. 그것은 짜장면 집에서 돈을 받는 카운터를 맡고 있는 사람이 중국사람이었기 때문인지 모른다. 이러한 분위기 속에서 누군가가 베이징으로 근무라도 나가게 되면 주위 사람의 부러움을 받게 되는데 그것은 "청요리 실컷 먹겠네"가 된다. 그런데 막상 베이징에 가보면 괜찮은 "청요리"는 모두 홍콩으로 가고 베이징의 중국식당은 지아창차이(家常菜)만 있다는 것이다. 1949년 신중국이 성립되자 호의호식하던 부르주아들은 모두 쫓겨가고 그들과 함께 고급스러운 음식이며 음식문화도 함께 떠났다는 것이다. 그래서 베이징의 식당에 남아있는 것은 인민의 식사인 지아창차이 뿐이라는 것이다. 그것도 인민공사 시절에는 베이징의 동네마다 밥 공장이 있어 집에서는 밥을 해먹지 않고 모두 공동식사를 하였기 때문에 그나마 지아창차이를 파는 식당도 없었다는 것이다. 그러다가 등소평의 개혁·개방으로 점차 베이징, 상하이 등 주요도시에 외국인이 드나들게 됨에 따라 호텔이 생겨나고 외국인들 구미에 맞는 레스토랑이 차츰 생겨나게 되었다.

주요도시의 호텔이란 것이 대부분 홍콩에 근거를 두고 있는 화교자본으로 세워진 것이고 그들이 체인 형태로 베이징·상하이 등에 호텔을 지으면서 그 호텔에 식당도 체인으로 가지고 갔다. 호텔 카운터의 지배인 뿐 아니라 식당의 주방장도 모두 세트로 홍콩에서 데리고 간 것이다. 호텔 식당의 중국음식 맛이 괜찮으면 이 식당의 요리사는 홍콩사람이라서 그렇다고 알곤 했다. 그럴 수밖에 없는 것이 요리는 그 자체가 갖는 부르주아적인 성격으로 신 중국 성립 당시 중국에서 유일한 자본주의 아성인 홍콩에서만이 지켜질 수밖에 없었던 것이다. 공산혁명 전 일류 요리사는 모두 홍콩으로 떠나 버렸기 때문이다. 수요가 공급을 창출하는 것이었는지도 모른다. 1970년대에 가서 개혁·개방의 중국 대륙에 가장 먼저 상륙한 것이 외국인용 호텔과 음식섬이었고 모두가 홍콩의 전문인력이 진출한 것이므로 이 분야에 있어서는 중국에 대한 홍콩화가 가장 빨랐다고 볼 수 있다.

　홍콩의 요리사들이 베이징에 와서 홍콩요리만 보급한 것이 아니라 옛날의 베이징 중심의 전통요리도 발굴해 냈다. 사실 베이징을 중심으로 한 중국의 북쪽 지방음식은 육류 중심으로 다양성이 떨어진다. 왜냐하면 북쪽은 겨울이 길고 바다가 멀어서 음식을 만드는 재료가 부족해서이다. 그런 점에서는 중국의 남쪽 광동성은 아열대 기후로 일년 내내 야채가 풍부하다. 그리고 바다뿐 아니라 호수며 강이 있어 어패류로 담수·해수 가릴 것이 없다. 또한 인근에 높은 산도 많아 산해진미가 이곳에서 나온다고 볼 수 있다. 또 하나는 광저우가 중국에 있어서 동남아와 서양으로 나가는 유일한 창구였다. 그래서 이 지역으로 진출한 화교들이 일찍부터 개발한 동남아의 풍부한 음식 재료로 중국요리를 다양화시키고 이것이 광저우로 다시 역수입되었다. 광저우에는 날라 다니는 것은 비행기 빼고, 네 발 달린 것은 책상 빼고 뭐든지 요리해 낼 수 있다는 말처럼 모든 것이 음식재료로 쓰일 수 있다는 것도 이러한 배경에서라고 본다. 식재 광저우(食在廣州)라는 말이 그때부터 내려왔던 것 같다. 중국에서 옛날부터 전해오는 말 가운데, 살아 있을 때는 소주(蘇州)와 항주(抗州)가 가장 좋고(호수와 운하가 어울려 경색(景色)이 뛰어난 지방), 죽을 때는 소주가 좋지만 음식은 뭐라 해도 광저우에 가서 먹어야 된다는 것이다. 그랬던 것이 중국이 공산화되면서 이른바 죽의 장막이 둘러치게 되자, 중국 전역의 요리사들이 그 요리를 알아주는 사람과 돈을 찾아 홍콩으로 몰려오게 되자 이제는, 홍콩이 먹거리 시장의 중심지역이 된 것이다. 그것은 지금도 변함이 없는 것 같다. 베이징에 살다가 홍콩으로 이사하게 되면 베이징에 남아 있는 많은 사람들의 부러움을 받는데 "이제 진짜 청요리 먹겠네."가 된다. 정말 홍콩에 와 보니 홍콩 전체가 하나의 거대한 "먹자골목"으로 이루어진 것처럼 구석구석 음식점의 연속이었다. 홍콩이 중국대륙의 축소판으로 각 지방의 음식이 골고루 내려와 있을 뿐 아니라 동양과 서양이 만나는 접점답게 음식의 경우에도 세계 각국 음식이 모두 모여 상설 음식 박람회장 같기도 하다. 이러한 음식의 천국 홍콩에서 1년이면 대충 1,000끼니를 먹어야 되고 그 끼니마다 맛있는 음식을 먹을 수 있다는 것도 대단한 행운이 아닐 수 없다. 나는 외람스럽지만 스쟈이샹강(食在香港)에서 중국음식을 중심으로 들은 풍월, 먹은 풍월을 나름대로 한 번 정리해 보고자 한다.

중국요리의 지방색 – 남쪽은 달고 북쪽은 짜다(南甛北咸)

중국요리(中國菜)하면 중국 4대 요리를 먼저 말한다. 베이징요리·사천요리·상하이요리·광동요리를 일컫는다. 중국은 양쯔강을 경계로 남과 북으로 나눌 수 있다. 양쯔강 이북의 기후와 그 이남의 기후가 크게 달라 그곳에 사는 사람의 생활환경도 다르므로 구분해서 설명하기가 좋다. 중국은 전통적으로 양쯔강 이남은 강남으로 표기하여 따뜻하여 살기는 좋지만 습도가 높아 많은 질병이 있다고 알려져 있다. 중국 문화의 중심지가 양쯔강 북쪽에 있었으므로 강북이라는 표현은 잘 쓰지 않는 것 같다. 강남은 비교적 늦게 개발되고 한족을 중심으로 하는 중국 사람의 이주가 늦었기 때문이다. 북방에 비해 강남의 남방은 중국의 관문으로 수천 년을 두고 개척되어서 살기 시작한 곳이다. 강남은 기후도 북방에 비해 따뜻한 아열대이므로 산물도 다양하다. 북방식의 소맥, 옥수수, 수수 등이 많아 그것을 재료로 한 밀가루 음식과 옥수수를 원료로 하는 술이 있다면 남방은 쌀이 많이 나오고 강과 호수가 많아 생선이 풍부하다. 그래서 신선한 야채와 생선을 중심으로 하는 요리와 쌀밥이 주식을 이루었다.

　북방은 음식재료를 긴 겨울 동안 오래 저장해야 하므로 맵고 짠 보존식품을 만들었는지 모른다. 남방은 음식을 자연 그대로 익혀서 먹다보니 신선한 단맛이 많이 남아 있게 되고 있는 그대로 먹어도 맛이 있기 때문에 소금이나 매운 양념을 넣을 필요가 없었을 것이다. 그래서인지 북쪽 음식은 짠것이 특징이고 남쪽 음식은 단 것이 특징이다.

　중국의 4대 요리 중 베이징요리와 사천요리는 비교적 짜고 맵다. 그러나 상하이요리와 광동요리는 짠맛이 덜하다. 그래서 더 달게 느껴졌을 것이다. 베이징에 살면서 느끼는 것은 우리 나라 음식이 중국의 북방음식과 유사하다는 느낌을 받는다. 중국 북방음식은 주로 그 지역을 살던 기마 민족의 영향으로 육류가 많고 밀가루 음식이 많다. 중국 북방은 초원이 많아 야생초식동물은 사냥하여 그것을 익혀서 소금 뿌려 먹었다고 전해진다. 한반도의 우리 민족도 우랄산맥의 근거지를 떠나 민족 이동을 통해 한반도에 살아온 기마 민족의 후손이기 때문에 육류가 일반화가 된 것 같고, 또한 긴 겨울 동안 신선한 야채가 부족하다. 그래서인지 우리 나라 사람들의 입맛에 베이징요리가 잘 맞는다.

"파불라" 사천요리

중국 내륙 중심의 사천성은 여타 지방과 떨어져 있어서 음식도 오랫동안 고립·발달되어 왔다. 사천요리는 맵거나 맵싸한 맛을 가지고 있다. 매운 것에 어지간히 익숙한 우리 나라 사람도 사천요리에는 손을 들 때가 많다. 사천성 사람들이 우리 나라 사람들을 음식에 초대해 놓고 반드시 묻는 말이 있다. "매운 음식이 두렵지 않지요?" 그러면 우리들은 "매운 음식이 두렵지 않습니다(我不怕辣)."라고 답한다. 왜냐하면 우리도 김치, 매운탕 등 매운 음식에 익숙해 있기 때문이다.

사천성 사람들은 한술 더 떠서 "우리들은 음식이 맵지 않을까 두렵습니다(我們怕不辣)."라고 농담을 건넨다. 그만큼 사천성 사람들은 매운 것을 좋아한다. 사천성 사람들이 매운 것을 좋아하게 된 이유가 몇 가지 있다고 전해진다. 그 중 하나는 사천성은 고립되고 가난하기 때문에 먹을 것이 없었다는 것이다. 먹을 것이 많으면 하나 하나 요리해서 먹을 수 있지만 먹을 것이 없으므로 일반적으로 먹을 수 없는 것도 부득이 먹어야 할 때가 많다. 그냥 먹을 수는 없고 맵게 해서 그 매운 맛과 함께 먹게 된다는 것이다. 그래서인지 사천성의 중경에 가보면 중경식 매운탕(fire hot pot)이 있는데 그 속에는 별별 것을 다 넣어서 익혀 먹는다. 펄펄 끓는 매운탕 속에는 약간 신선도가 떨어지는 생선도 있는가 하면 닭이나 소의 내장을 익혀 먹기도 하고 시래기 같은 값싼 야채도 익혀 먹는다. 현지인 이야기로는 한창 어려울 때는 그 매운 열탕 속에는 평소에 먹기가 거북한 것도 많았다고 한다.

또 하나 사천성 사람들이 매운 것을 좋아하는 것은 그 특유의 날씨 때문이라고 전해진다. 중국의 지형도를 보면 사천성은 거대한 분지로 되어있다. 옛날 어마어마하게 큰 운석이 떨어져 형성되었다는 설이 있을 정도로 어찌 보면 큰 주먹에 한 번 맞아 쑥 들어간 모양이다. 그 속에 1억 2천 인구가 모여 산다. 사면이 산으로 포위되어 있다보니 산에서 분지로 흘러 들어오는 강 또한 수도 없이 많다. 그래서 지역의 이름도 사천(四川)이지만 실제로는 다천(多川)이다. 그 강이 모여서 양쯔강을 이루고 삼협을 돌아 호남평야로 흘러 들어간다. 사천성은 분지이기 때문에 습도가 높다. 여름에는 후덥지근하고 겨울에도 안개가 많이 끼면서 축축하다.

마파두부(곰보할머니 두부요리라고도 한다.)

그래서 매운 것을 먹고 땀을 흘려야 류머티스도 막고 건강해 진다는 것이다. 곰보할머니 두부요리라고 일컬어지는 마파두부와 먹다 남은 고기를 거두어 다시 냄비에 넣어 맵게 조리해 내었다는 휘꾸어(火鍋) 등이 사천요리로서 우리 입맛에 잘 맞는다.

천채(川菜)라고 부르는 사천요리를 전문으로 하는 식당의 메뉴판을 보면 빨간 고추가 그려져 있다. 고추의 숫자에 따라 매운 정도를 표시한다. 한국에서 출장 온 사람에게는 천채가 안전하다. 서울에서 먹고 있는 맵고 짠 음식이 천채와 가깝기 때문이다. 홍콩에서 천채는 기본적으로 맵지 않으므로 고추 숫자가 좀 많은 편이 낫다.

"츠판러 메이요우"와 "스쟈오 판메이요우"

중국에 살면서 중국문화를 접하고 보면 우리와 유사한 것이 많은 것을 발견한다. 물론 우리 문화의 일부가 중국에서 건너온 것도 있어서 그렇다고 하면 간단하지만 문화의 영향이라기보다는 기후라든지 생활환경 유사성에서 나타나는 것이 상당한 것 같다. 우리도 자고 나면 어른들께 문안인사로 잘 주무셨는가 묻고는 하루 세끼 식사 전후에는 반드시 식사(진지)를 드셨는가를 집중적으로 묻는다. 이것은 중국도 마찬가지다. 식사시간 전후에는 반드시 "츠판러 메이요우"하고 인사한다. 홍콩에서는 "스쟈오 판메이요우"라고 말하기도 한다. 어쨌든 밥(飯)을 먹었느냐는 물음이다. 그만큼 하루 세끼 먹기도 어려웠다는 이야기가 된다. 지금은 농사기법도 개발되어 적은 투자로 많은 수확을 해내기도 하여 식량 사정이 좋아졌다. 그리고 보관기술이 발달되고 무역이 자유로워서 흉년이 든 해에도 밥 먹기는 어렵지는 않다. 그래서 요즈음 인사는 "식사하셨습니까"가 아니고 "식사를 어떻게 하셨습니까" 하고 묻기도 한다. 식사야 때가 되면 당연히 하는 것이지만 식사를 어떤 식으로 했느냐고 구체적으로 물어보게 될 정도로 풍부해졌다. 그러나 옛날에 중국에는 못 먹어서 굶주린 사람이 많았다.

　농사라는 것은 하늘에 의지하는 산업이다. 농사는 햇볕과 관계되므로 농작물이 햇볕을 많이 받지 못한 상태로, 농작물을 거두면 수확이 급격히 감소한다. 중국에는 한때 메뚜기 떼가 극성스러워서 사람이 먹을 곡식을 빼앗아 갔다고 한다. 또 하나는 전쟁이다. 전쟁으로 굶어죽는 자가 부지기수였다. 중국 역사는 끊임없는 내전의 역사였다. 왕조가 뒤집혀지는 큰 전쟁은 아니더라도 지역마다 반란 같은 소규모전쟁이 끊어지지 않았다. 전쟁도 사람이 하는 일이므로 농사를 지어야 하는 사람을 군인으로 데려가 버리니, 농토는 버려지고 상당기간 못 짓게 되니, 먹을 곡식이 없을 게 뻔하였다. 전쟁 와중에 타 없어지는 곡식은 말할 것도 없다. 그래서인지 중국 사람들은 밥알 한 알, 한 알을 생명처럼 위했다. 중국의 어느 지역에서는 부모가 자녀에게 밥알을 남기지 말라는 교육으로 밥그릇에 남기는 밥알만큼 나중에 얼굴에 곰보자국이 되어 돌아온다고 가르쳤다고 한다.

중국 5대 요리 : 조어대(釣魚臺)요리

　중국의 왕조시대에는 굶고 있는 일반백성(老百姓)이 있는가 하면 지배층은 하루 세끼 먹는 데만 신경을 쓴 것 같다. 1911년 중국이 혁명을 통하여 청조를 멸망시킬 당시 베이징의 자금성에는 삼백 명의 황실요리사가 있었다고 한다. 그 요리사들이 전국으로 흩어져서 당시 일류 식당의 주방장을 하면서 중국 요리를 발전시켜왔다. 문화란 가진 자가 여유를 부려 만들어 내는 것이라면 중국의 식문화도 황실 귀족 등 지배층을 위해 끊임없이 만들어 낸 것이 지금 우리가 말하는 중국요리의 중심이 되고 있는 것이 아닌가 생각된다. 당시에 일반백성은 쌀밥(米飯)에다 간단하고 짭짤한 반찬(咸菜) 1~2개로 한 끼 식사를 끝내고 있으므로 식문화와 거리가 멀다. 청조의 황실과 귀족은 압록강과 두만강 유역에 살던 기마 민족 만주족이다. 그들의 음식은 본래 한족의 다양한 음식과 다르다. 만주족의 음식은 간단하며 원시적(uncivilized) 음식으로 알려져 있다. 만주족은 몽고족과 마찬가지로 초원에 살았기 때문에 음식의 재료가 많지 않았다. 그리고 옮겨다니는 생활이라 음식에 대한 준비가 충분하지 않았는지 모른다. "훠꾸어(火鍋)"라고 하는 음식이 대표적인데, 우리 나라 신선로하고 맥이 통한다. 화덕에 뜨거운 물을 끓여서 그 속에 얇게 고기를 집어넣어 익혀 먹는다. 일본의 샤브샤브도 마찬가지다. 따라서 기마 민족의 음식이 몽고-만주-한반도-일본까지 전파되었음을 알 수 있다.

'훠꾸어(火鍋)'
(우리 나라 신선로와, 일본의 샤브샤브와 맥을 같이한다.)

모두 불을 직접 피우고 그 불을 쪼이면서 끓는 물 속에 고기를 담가 익혀 먹기 때문에 겨울철 차가운 대륙성 고기압인데도 뜨거운 고기를 먹으면서 몸 안을 데우고 화롯불로써 몸밖을 따뜻하게 하기 때문이다. 청조의 건륭 황제는 자금성내에서 수천 명의 신하들을 모아놓고 "훠꾸어" 파티를 하였다고 한다. 그러니 1인용 "훠꾸어(hot pot)" 수천 개가 준비되고 모두 불을 지펴야 했다고 기록되고 있다. 우리 나라 신선로처럼 가운데는 굴뚝처럼 불이 잘 지피게 되어 있고 뜨거운 육수가 그 주위에 담겨져 숯불에 뜨겁게 끓는다. 옆에는 주로 양고기를 얇게 썰어 놓았고 갖은 양념이 준비되어 입맛대로 육수에 익혀 먹었다고 한다. 우리 나라와 일본에서는 농경문화가 남긴 습관으로, 양고기보다 쇠고기가 일반화되어 신선로와 사브사브는 신선한 야채가 중심이 되었고 육류는 얇게 쓴 쇠고기이다.

　청의 황실에서는 만주고유의 음식에다가 한족의 음식을 가미하여 만한전석(滿漢全席)을 만들어 냈다고 한다. 청조의 건륭 황제는 자신이 변복 여행을 좋아하여 지방의 괜찮은 음식은 베이징으로 가지고 오게 하여 자금성내 황실에서 만들도록 하여 만한전석 요리의 가지 수가 늘어났다고 한다. 청조가 없어진 지금 신중국에는 과거 황실음식과 비슷한 역할을 하는 요리가 있다. 조어대(釣魚臺)요리다. 베이징의 서쪽에 중국의 국빈관 조어대가 있다. 각국의 정상들이 중국을 공식 방문하면 반드시 묵게 되는 영빈관이다. 우리 나라도 1992년 수교 이래 역대 대통령 내외께서 묵었던 곳이다. 그 곳에서 만들어져 정상 등 국빈들에게 제공되는 요리는 중국의 4대 요리 어느 곳에서도 속하지 않는다. 그 4대 요리의 좋을 것을 뽑아다가 새로이 만들어낸 특색 있는 요리다. 그래서 조어대 요리를 맛본 사람들은 중국에는 5대 요리가 있다고 말하고 있다. 4대 요리에다 조어대 국빈요리가 포함된 것이다. 베이징 시내의 살벌한 분위기와 달리 수림이 울창한 조어대 경내에서 음식을 담아내는 용기마저 중국적으로 특이한데 그 속에 담겨져 있는 음식을 맛보았다면 중국음식의 정수를 일단 맛보았다고 해도 과언이 아닐 것이다.

지대물박(地大物博)

　동양과 서양의 다른 점이 한 두 가지가 아니지만 사람을 만나는 모습에 있어서 동양은 서양보다 먹는 것이 중심이 되어 있는 것 같다. 이는 우리 나라도 마찬가지이지만 중국의 경우에도 손님이 오면 음식부터 내놓는다. 손님접대는 음식이 나와야 된다. 그래서 귀한 손님을 오래 붙들어 두기 위해서는 음식의 코스를 길게 잡는다. 손님은 먹는 것이 끝나면 떠나야 하는 것으로 생각한다. 음식이 끝나서 떠나겠다는 것을 말리기 위해서는 다음 식사를 권해야 한다. 점심에 초대한 사람이 점심식사가 끝나서 갈 준비를 하면 저녁은 어떠냐고 하면서 저녁까지 먹고 가길 권한다. 그 외에도 중국의 언어풍습에 먹는 것과 관련되는 것이 많다. 어떤 집단의 이익을 말할 때도 "밥그릇 싸움"이라고 말하고 직장근무를 "밥그릇 수"로 이해하려고 한다.

　먹는 것은 살아 있는 사람만이 해당되는 것이 아니고 죽은 사람도 해당된다. 죽은 사람에게 바치는 제사음식이 대단하다. 사람뿐 아니라 자연도 사람처럼 음식을 좋아한다고 생각한다. 산천에 제사 지낼 때도 음식을 충분히 마련하여 뿌린다. 서양의 종교는 예배·찬양이 중심이지만 중국의 종교 행사에는 먹고 마시는 것이 중요한 것도 이러한 배경에서이다. 사람이 나쁜 일을 하면 지옥을 간다는 데 지옥보다 더 지독한 곳이 있다. 그곳에는 먹지 못한 귀신(餓鬼)이 모여있는 곳이라고 한다. 먹고 못 먹는 것이 얼마나 중요한지 알게 한다.

어쨌든 사람이 먹기 위해 사는 것이 아닌가 하고 느끼게 만드는 것이 중국의 식 습관이다. 음식 먹는 것이 하루 일락(一樂) 중 하나가 되어버린 것 같기도 하다. 공자 님도 일찍이 "소인모식, 군자모도(小人謀食, 君子謀道)"라고 하면서 먹는 것에 너무 신경 쓰지 말라고 하였다. 이는 중국 사람들이 옛날부터 마시고 먹는 데 끝장을 내는 민족이기 때문에 이런 말로써 사람들을 교육시킨 게 아닌가 생각된다. "술이 못처럼 많고 고기가 숲 속의 나뭇가지처럼 걸려있다.(酒池肉林)"라는 말이 놀랍게도 지금부터 4천 년 전부터 이미 있었다. 상(商)나라의 마지막 국왕, 주왕이 얼마나 먹고 마시는 데 주력하다가 나라를 잃었으면 이러한 말이 나왔을까 하고 생각된다.

물론 이는 상을 정복한 주가 그 정복의 당위성을 설명하기 위해 상의 마지막 왕을 폄하하기 위해서 만든 말인지 모른다. 마치 우리 나라에서도 백제를 정복한 신라가 백제의 마지막 왕 의자왕을 3천 궁녀와 연결시켜 정복의 당위성을 강조한 것과 유사함을 느끼게 한다. 어쨌든 중국을 지대물박(地大物博)이라 하여 이렇게 먹고 마시는 것이 풍부한 것은 중국 땅이 넓고 그 곳에서 나오는 물산이 풍부해서가 아닐까. 중국요리는 재료가 풍부할 뿐 아니라 같은 재료라도 요리하는데 소요되는 시간, 요리방법, 요리용기에 따라 그 맛이 각각 틀리기 때문이다.

식약동원(食藥同源)

중국에 와 보면 식약동원, 또는 식보라고 하면서 음식과 약을 동일시

하는 이야기를 자주 듣는다. 그래서인지 어떤 때는 음식인지 약인지 구분이 안될 때가 많다. 탕요리는 주방에서 며칠씩 달여서 나온다. 마치 탕약이 며칠씩 달여서 먹는 것과 비슷하다.

　복건성의 유명한 탕요리로 불도장(佛跳牆)이라는 것이 있다. 문자그대로 채식만 하는 스님이 냄새만 맡고도 절간의 담을 뛰어 넘어가(jumping over the wall) 먹고 싶을 정도로 구수한 탕 요리이다. 전문가의 말에 의하면 지금의 불도장은 약식 또는 "미니" 불도장이 많다고 하면서 제대로 된 것은 산해진미(山海珍味) 수십 가지 재료를 넣어 최소한 3일 밤낮을 달여야 한다는 것이다. 이렇게 요리에 소요되는 시간이 각별하다. 그래서 제대로 중국음식을 먹기 위해서는 사전 예약이 필수적이다. 그 예약이 좌석의 예약뿐 아니라 채단(菜單) 자체를 예약해야 하기 때문이다. 며칠씩 준비해야 하는 요리를 하루만에 제대로 나올 리 없다. 또한 요리하는 칼의 종류에 따라 맛도 달라진다. 베이징카오야의 바삭바삭한 껍질은, 면도날 같은 칼이 아니면 제대로 썰어낼 수 없다고 한다. 중국에서는 "제3의 칼"이라고 부르는 주방용 칼의 중요함이 자주 강조된다.

　중국음식에서 고기라고 하면 거의 돼지고기를 말한다. 우리 나라 사람은 돼지고기보다 쇠고기를 선호하지만 중국은 돼지고기 요리가 많이 개발되어 온 것 같다. 이는 한족 중심의 농경사회의 중국이 북방 유목사회의 소수민족을 정복하거나 또는 오히려 일부 소수 민족에게 수 백년 정복당하면서 마음놓고 먹을 수 있는 육류는 돼지고기밖에 남지 않아서인지 모른다. 소는 농사에서 뗄 수 없는 관계이고 개도 사냥과 양치는 유목민에게는 가족 구성원과 같아서 식용하기가 쉽지 않아 만만한 것이 돼지였을 것이다. 돼지는 어디서나 아무거나 잘 먹고 무럭무럭 자라주기 때문에 돼지가 육류 공급원 제1호가되었다 볼 수 있다. 그러나 지대물박

(地大物博)의 중국에서 실생활과 관련이 없는 동물성 먹거리가 많다. 야생동물 보호단체에서 알면 기겁을 할 재료를 사용하기도 한다. 좋은 이름(嘉名)으로 포장하였지만 일반적으로 기특(奇特)식품으로 부르는 야생동물은 요리하기 전에 살아있는 실물을 손님에게 보여주는 곳도 있다. 거북이는 갑어(甲魚), 개구리는 전계(田鷄), 개고기는 향육(香肉), 뱀은 용(龍)으로 부르고 뱀과 고양이 고기를 섞어 만든 요리는 용과 호랑이의 싸움(龍虎鬪)라고 이름 짓고 있다. 하여튼 재료에 관계없이 뭐든지 맛있게 요리해서 사람의 혀끝을 즐겁게 해주는 중국의 요리사는 인류에 기여한 바가 크다. 누구는 중국의 3대 발명으로 화약, 종이와 함께 "띠엔신(点心)"을 집어넣는다. 띠엔신은 중국요리사가 만든 최대의 발명품이다. 이렇게 만들게 될 때까지 중국 요리사의 피나는 노력의 결정으로 보인다. 중국의 역대 왕조의 주방장은 장관급으로 대우한 것도 이와 무관하지 않을 것이다.

만한전석(滿漢全席)

중국음식을 조금 알게 되면 흔히 듣는 말이 있다. 만한전석이다. 누구는 이것이 중국 음식의 대표라고 하고 중국 요리(cuisine)의 최고 표현이라고 한다. 우리가 듣기만 해도 소름이 끼치는 살아 있는 원숭이 골을 젓가락으로 파먹는 별난 요리도 만한전석의 하나라고 한다.

그렇다고 해서 기이하고 특별한 것, 기특(奇特)한 것만 있는 것이 아니다. 흰쌀로 만든 미음죽도 있다. 이는 청나라의 강희황제의 어명으로 만한전석에 집어넣었다고 한다. 어느 해 겨울 강희 황제가 사냥을 나갔다가 화살에 맞은 사슴(梅花鹿)을 황급히 쫓아가다 일행과 떨어지면서 길을 잃었다. 숲 속에 인가는 없고 해는 지고 황제라도 별 수 없이 허기진 배를 안고 터벅터벅 숲 속을 헤맬 수밖에 없었다. 그 때 어느 곳에선가 반딧불 같은 불빛이 새어나와 무작정 그곳으로 갔더니 눈먼 노인이 있었는데, 이 노인이 길 잃은 나그네에게 끓여준 흰쌀 죽 한 그릇이 황제를 감동시켰기에 단순한 쌀죽이 만한전석의 하나가 되었다는 이야기이다.

만한전석에는 본래 200여 가지의 메뉴가 있었던 것으로 전해진다. 차츰 간소화되어 지금은 3분의 1정도로 줄어들었다고 하지만 만한전석을 모두 먹어보기란 쉽지 않다. 홍콩, 싱가포르 등지에는 만한전석을 먹어보기 위한 계모임도 있다고 한다. 우리 돈으로 수천만 원씩 불입하여야 하고 그 음식을 먹기 위하여 2~3주간 휴가를 얻어야 한다. 가진 게 없는 사람은 "시장이 반찬"이라 하루 세 끼 맛있게 먹기란 어려운 일이 아니지만 하루에도 세 번씩이나 진수성찬을 들어야 하는 사람들에게는 먹는 것 자체가 보통 일이 아닐 수 있다. 사람들에게는 자동제어장치가 있어, 소화를 시킬 만할 때까지는 음식이 잘 들어가다가 그 도를 넘으면 아무리 맛있는 음식을 보아도 맛이 달아나고 더 이상 먹고 싶은 생각이 상실된다. 그래서 만한전석을 다 먹기 위해서 음식에 걸 맞는 각종 차를 마셔 소화를 돕게 해야 하며 적당한 휴식을 주어야 인체의 자동제어에 걸리지 않고 음식의 맛을 느끼게 된다는 것이다. 먹어야 할 음식이 풍부하고 위는 더 이상 받아들이지 않을 경우가 가장 괴로운 때가 아닌가 한다.

한때 서양에서 대제국을 이루었던 로마도 음식이 풍부했던 것으로 유명하였다. 로마는 유럽뿐 아니라 식민지 아프리카, 소아시아 등에서 올라오는 음식재료로 현지인 노예가 직접 만든 갖가지 요리는 로마의 귀족들을 즐겁게 해 주었다. 그들은 비스듬히 누워서 입 속의 향연을 즐기고 인체의 자동제어를 받지 않기 위하여 먹은 음식을 토(吐)하는 방법을 사용했다. 쉽게 토하기 위해서는 명주실의 한 끝에 작은 물체를 묶어 삼켜 두고는 그 실의 한 쪽 끝을 이빨 사이에 끼워둔다. 그리고 실컷 먹고 나면 제어 장치에 빨간 불이 켜지고 그 경우에 실을 잡아 당겨 위 속의 음식을 토해내었다. 그러고 나면 위가 다시 가벼워지고 새로운 음식을 맛볼 수 있었다고 한다.

만한동치(滿漢同治)

만한전석(滿漢全席)은 청나라의 통치역사에서 기원되었다. 지금의 중국 요녕성 심양 부근을 중심으로 세력을 펴고 있던 후금은, 산해관(山海關)을 넘어 당시 명의 수도 베이징을 칠 능력도 없었고, 따라서 명을 정복하고 전 중국을 지배할 계획도 없었던 것으로 알려져 있었다. 그러나 명의 내분으로 이자성의 난이 일어나고, 그 후유증으로 산해관을 지키던 명장수가 뜻밖으로 청에 귀순하면서 난공불락의 산해관 성문을 활짝 열어주고 만 것이다. 생각지도 않은 행운이 청을 찾아 온 것이다. 청이 산해관을 넘어 베이징을 점령하고, 나중에는 난징에 쫓겨난 후, 남명의 잔존 세력을 제압하고 천하를 통일하게 된다. 백두산 산록의 일개 유목 민족인 여진족의 후예, 만주족의 베이징 입성과 천하통일은 그들에게는 전혀 준비되지 않은 새로운 도전이었다. 청의 엘리트들은 만주족과 유사한 유목민족인 몽고(元)가 중국 북쪽 몽고고원에서 내려와 지금의 베이징지역에 대도(大都)라 하여 수도를 열고, 중국경영 90년만에 단명으로 다시 한족 명에게 쫓겨난 것에 주목하였다. 청은 원나라가 몽고족 제일주의로 하고 피지배 민족인 한족을 열등민족으로 통치한 것을 단명의 원인으로 분석하였다. 따라서 대제국 중국을 지배하기 위해서는 절대다수 한족의 협조와 참여가 불가피하다고 보았다. 고위직에는 한족에게도 만주족과 마찬가지로 동일한 기회를 제공하였다. 청조 260년간은 거대한 중국을 만·한공동 경영을 했다고 해도 과언이 아니다.

언어와 문자에 있어서 만주족은 일찍이 한화(漢化)하여 소통에는 비교적 불편이 없었다. 그러나 음식에는 문제가 있었다. 그래서 궁정연회는 항상 만식석(滿式席)과 한식석(漢式席)이 구분되어 있었다고 한다. 만식에는 유목민족답게 육류 중심의 간단한 요리가 많은 반면 한식에는 야채와 생선을 위주로 하는 요리가 많았다고 한다. 그러다가 연회에 참석한 고관들끼리 서로 초대해가면서 서로의 음식을 맛보도록 하게 됨에 따라 만한식의 음식 특징이 조금씩 없어졌으며 건륭 황제부터는 강남 각 지방을 순방하면서 만식이 한식에 더욱 가까워졌다. 건륭 황제는 만식과 한식을 한데 모아서 만한전석(滿漢全席)으로 이름을 짓고 새로운 메뉴를 계속 개발해 나가도록 했다고 전해진다. 순수한 궁정요리에서 시작된 만한전석이 사천·광저우·복건 등 지방에도 보급된 것은 궁정의 만한전석에 익숙한 고관들이 지방총독으로 부임하여 그 지방에 유사한 만한전석의 요리를 만들어 내어 지방호족들에게 선을 보임으로써 알려지게 되었다고 한다. 청말 서태후 시대에는 지방호족까지 보급된 만한전석으로 경제가 피폐해지고 일반 백성의 원성이 높아지자 그 폐해를 막기 위해 국연(國宴) 이외의 만한전석 요리를 내는 것을 금지하기도 하였다. 그 후 신해혁명으로 청조가 해체되자 권력을 잡은 군벌 및 재벌들이 만한전석을 요리하는 방법(recipe)을 가지고 궁에서 나온 황실요리사를 고용, 만한전석 요리를 먹는 것을 신분격상으로 여기게 됨에 따라 권력층·부유층 중심으로 만한전석이 새로이 유행했다.

만한전석에는 몇 가지 원칙이 있었다고 하는데 그 중 하나가 4인이 한 조가 되는 라운드 테이블을 반드시 사용하였다고 하며 亮·安·定·收의 4원칙도 지켜졌다고 전한다. 음식을 들기 전에 애피타이저로 미리 건과(乾果), 수과(水果) 등 과일류를 준비하는 것을 亮이라 하고, 식사용구를 잘 정리해 두고 그것을 맞춰서 사용하는 것을 安, 그리고 지위 고하에 따른 좌석배치를 定, 음식 하나 하나가 끝나면 새로운 음식을 내기 위해 빈 접시를 오래두지 않고 재빨리 거두어들이는 것을 收라고 한다. 현재 중국의 고급 레스토랑에서 보이는 몇 가지 관습이 만한전석에서 시작된 것임을 알 수 있다.

베이징 – 중국의 채도(菜都)

중국에 있으면, 그 넓은 중국을 짧은 시간에 보기 위해서 꼭 가야한다면 어디어디를 가봐야 하느냐고 많이 물어온다. 그러면 나 나름대로 정답이 있다. '과거의 중국을 보고 싶다면 서안으로 가보시고 미래의 중국을 보고자 한다면 상하이를 빼 놓으면 안 됩니다. 그러나 현재의 중국은 단연 베이징입니다.' 그렇다. 베이징은 현재의 중국이다. 중국의 중추신경이 모두 모여 있는 곳이 바로 베이징이다. 중국의회인 인민대회당에 각 지방(省)의 고유 회의실이 모두 갖추어져 있듯이 베이징의 주요 거리에는 각 지방의 대표적 음식이 모두 선을 보이고 있다. 그래서 오히려 베이징요리를 베이징에서 찾기란 쉽지 않다. 그러나 옛날부터 베이징요리의 쌍벽으로 베이징카오야(北京烤鴨)와 쏸양로우(涮羊肉)를 친다. 그리고 베이징은 수 백년간 중국의 황궁이 있었던 곳이다. 베이징의 심장부 중남해 인근 북해의 방선반장(倣膳飯莊)은 과거 궁중요리가 어떠했는가를 알게 해준다. 그러니 베이징은 중국의 수도이면서 음식의 수도(菜都)이기도 하다. 수 백년간 정치의 중심이었기 때문에 각 지방 음식이 모두 모여 있다.

중국 역사를 보면 베이징이 본격적인 중국 대륙 전체의 정치중심이 된 것은 유명한 징기스칸의 몽골 족이 세운 원나라 수도가 되면서부터이다. 한족이 세운 나라의 수도가 된 것은 명나라 3대 영락황제부터이다(1402). 영락은 자신의 아버지 명태조 주원장이 지금의 난징을 수도(1368년)로 한 것을 주원장이 죽은 후 군사 쿠데타(政變)을 일으켜 큰 형님의 아들 건문제를 황제 자리에서 몰아내고 스스로 황제가 된 사람이다(1402). 그러나 당시 어린 황제가 정변의 혼란 속에서도 죽지 않고 탈출에 성공하였다고 한다. 영락은 언젠가 자신의 조카인 건문제가 반격해 올 수 있다는 불안과 조카로부터 국권을 찬탈한 데 대한 난징 보수세력의 반발을 두려워하여 황도(皇都) 난징을 버리고 자신의 세력 근거지였던 당시로는 북쪽 변방으로 옛 원나라 수도였던 폐허 대도(大都)로 천도하였다. 영락은 이곳에 새로이 황궁(紫禁城)을 짓고 북쪽 몽골고원으로부터 원의 잔존세력의 재침을 막기 위해 베이징 북쪽 팔달령 등에 만리장성을 보수하여 안전을 기한다.

이때부터 베이징이 사실상 중국의 정치 중심이 되기 시작하였고 그 후 산해관을 넘어온 청이 명을 정복하여 황궁과 모든 시설을 그대로 승계, 사용하게 됨에 따라 중국의 중심은 계속 베이징에 머물게 되었다. 특히 청은 소수민족으로 거대한 한족을 지배해야 하는 어려움 때문에 한족

가운데 지방의 호족에게 벼슬자리를 주고 중앙 즉 베이징에서 거주하여 지방의 반란을 막았다. 베이징 시내의 이환로(二環路)는 당시 베이징성곽이 있었던 곳으로 그 안쪽으로는 지배 족인 만주족이 살았고, 베이징에 있는, 우리 나라의 남대문 격인 정양문(正陽門) 바깥에는 한족이 집단 거주하였다. 그리고 각 지방에서 올라온 한족은 자기고향의 고유 음식까지 가져 왔다.

베이싱에서 유서 깊은 호텔이 있다. 베이싱 판디엔(北京飯店). 그 곳 1층에는 광동 요리로 유명한 탄쟈챠이루(譚家菜樓)가 있다. 청조에 광동인 譚宗浚이라는 사람이 베이징에서 벼슬을 하게 되자 담씨 집안은 요리사를 포함 일가가 모두 베이징으로 옮겨와 살았다. 처음에는 담씨 일가를 중심으로 만들어진 광동요리가 청조가 망하면서 탄자(譚家)의 요리사들이 베이징의 西單지역에서 개업하였다. 그들은 베이징식의 짠 음식 속에 신선한 생선과 야채를 듬뿍 사용하는 건강식 광동요리를 선보여 인기를 끌었다. 신중국 건립 후 당시 주은래 총리가 이 요리를 특히 좋아하여 베이징 판디엔 일각에 탄(譚)씨 집안의 음식(譚家菜)을 내도록 하였다고 한다.

어선방(御膳房)

베이징이 채도(菜都)라고 부르는 것은 지방음식을 모두 베이징에서 맛볼 수 있으나 지방에는 없는 음식이 있기 때문이다. 중국 황실요리인 어선(御膳)이 그것이다.

베이징의 중심지에는 남북으로 인공호수가 형성되어 있다. 남쪽으로 중남해, 북쪽으로 북해가 자금성을 배경으로 아름답게 펼쳐져 있다. 북해가 내려다보이는 곳에 고색 창연한 건물이 있다. 북해가 본래 황실의 후원(秘苑)이었으므로 이 건물도 본래는 황실 후원의 한 전각이었을 것이다. 지금은 방선반장이라는 간판이 붙어 있다. 이름 그대로 황제가 드시는 음식(御膳)을 모방하여 요리하여 파는 음식점이다. 1911년 청나라가 멸망하였지만 마지막 황제 부의가 떠날 때까지(1925) 자금성에는 황제와 그의 가족을 위해 음식을 만드는 황실 주방(御膳房)이 있었다. 지금은 방선반장에서 어선을 만들어 내어 일반인에게 맛을 보이고 있다. 방선반장의 내부장식은 자금성의 황실을 모방하였다. 황제보좌도 만들어 놓았으며, 음식을 날라다 주는 여자 종업원은, 모두 울긋불긋한 옷으로, 옛날 궁궐의 궁녀 복장을 하고 있다. 훤칠한 키에 미모의 여자 종업원들이 입고 있는 전통 중국 의상은 관광객의 인기를 끌고 있다. 그들은 외국 관광객을 위한 기념 사진의 모델이 되어 주기도 한다.

방선반장의 메뉴는 본래 궁중연회석인 만한전석 중 일부가 간편하게 요리된 것이 많다. 그러나 일반 음식점에서 주문되는 가정식 요리(家常菜)도 주문이 가능하다.

샤오워또우(小窩斗)

방선반장에 가면 꼭 맛보아야 하는 디저트가 있다. 그것은 옥수수 가루로 쪄서 엄지손가락만 하게 만든 "샤오워또우(小窩斗)"이다.

19세기 말은 중국으로서는 격동기였다. 서구열강 진출에 대한 반작용으로 중국내 수구세력의 하나인 의화단이 난을 일으켰다. 수구세력의 후

견인으로 자처한 서태후가 의화단을 비밀리에 지원하고 있었다. 서태후는 황제의 모친으로 황제를 대신하여 권력을 전횡하고 있었던 것이다. 당시 황제는 젊은 개혁파와 손을 잡고 모후 서태후를 쫓아내고 영국과 같은 입헌 군주국을 만들려는 원대한 궁정혁명을 꾸미고 있었다. 그러나 일이 잘못되어 혁명에 가담키로 한 개혁파 인사가 마지막 배신을 함에 따라 혁명의 음모는 발각되고 분노한 서태후는 황제를 궁궐 속에 구금시킨다. 서태후는 더욱 보수 일색으로 변해가고, 서태후의 비밀지원을 받고 있던 의화단원들은 무소불위(無所不爲)였다. 그러나 문제의 발단은 의화단원들이 서양의 선교사를 습격하고 급기야 베이징내 미국, 영국 등 서방 열강의 외교공관을 포위해 버린 것이다. 서방 열강들은 의화단의 난으로 불안해하고 있는 베이징내 자국민을 보호하기 위해 군대를 보내야 했다. 그렇지 않아도 중국에 대해서 내정간섭을 하고 싶었던 서방 열강들에게 군대까지 파견하여 내정간섭을 할 수 있는 좋은 핑계를 주게된 것이다.

일본도 포함된 미·영·불 등 서방의 8국 연합군은 천진에 상륙, 파죽지세로 베이징으로 진격한다. 의화단을 비밀리에 조종한 것이 탄로 난 서태후는 베이징의 자금성을 탈출할 궁리를 하다가 궁녀복으로 변장하여 자금성을 탈출, 피난대열에 끼여서 서쪽으로, 서쪽으로 달아났다.

피난민 속의 도망 길은 허기진 고생길이었다. 이 때 서태후를 즐겁게 해준 것은 옥수수 가루로 만든 하잘것없는 개떡이었다. 먹을 것이 없었던 서태후에게는 궁중의 어느 음식보다 맛있었다. 그 후 8국 연합군은 의화단의 난을 진압하고 서태후를 피난처 서안에서 환궁시켰다. 환궁한 서태후는 피난 시절에 너무 맛있게 먹었던 기억을 가지고 있는 그 옥수수떡을 다시 찾았다. 놀란 사람은 황실 주방장이었다. 서태후께서 세상에 맛없는 옥수수 개떡을 다시 찾으시니 야단인 셈이다.

그는 옛날 명태조 주원장과 당시 황실 주방장의 고사(故事)를 기억해 내었다. 주원장도 한때 중국을 통일하기까지는 일개 반란군 두목이어서 때로는 전장에서 허기진 배를 채우기 위해 닥치는 대로 무엇이든지 맛있게 먹었던 때가 있었다. 그러나 황제가 된 후에 전장에서 어렵사리 구해 먹던 음식을 곧 잘 찾았다고 한다. 그래서 당시 명태조의 황실 주방장은 황제가 찾는 음식을 진솔하게 있는 그대로 올렸다고 하는데, 황제는 이때 화를 내며 세상에 이렇게 맛없는 음식을 일찍이 먹어본 적이 없다고 소리치며, 주방장의 무성의로 요리를 잘 못했다고 오해까지 했다는 것이다. 그래서 하루아침에 주방장은 쫓겨나고 말았다고 하는데, 이러한 고사를 기억한 서태후의 주방장은 꾀를 냈다. 서민들에게 대용식으로 쓰이던 옥수수떡의 사이즈를 우선 1/5 정도로 줄였다. 그리고 옥수수가루를 더 부드럽게 하고 그 속에 사탕을 살짝 넣었다. 이것이 바로 오늘날의 小窩斗이다. 원조와 다르게 만든 황실용 샤오워또우는 서태후를 만족시켰다고 한다.

도루묵 : 선조대왕의 샤오워또우

이와 유사한 고사(古事)가 우리 나라에도 있다. 이른바 "도루묵"이란 고사다. 요즘은 생선가게에 잘 보이지 않아서인지 먹어본 지도 오래되었지만 옛날 60~70년대 서울에서 지방 유학생을 위한 전문 하숙집에는 하숙생을 위한 생선 반찬에 항상 "도루묵"이 빠지지 않았다. 생선의 모습을 보면 비늘은 은색으로 반짝이는데 이름은 묵어라하여 검은색(默)이고 맛도 없었다. 가격도 매우 쌌는지 하숙생 밥상에 단골로 올랐던 기억이 난다.

임진왜란 당시 선조 대왕이 왜군에 쫓겨 서울을 버리고 평안도로 몽진 가고 있었다. 난리 통에 제대로 된 수라가 나올 리 없었다. 야반 도주 식으로 저녁도 못 드시고 경복궁을 출발한 선조 대왕은 임진강을 건널 무렵, 경황 중에 하루 꼬박 먹지도 못하여 허기가 심해 탈진하게 되었다고 한다. 그 때 측근에서 모시고 있던 신하가 중국 사신이 선물로 가져온 상투 속에 비상용으로 깊이 감추어 둔 귀한 알사탕을 꺼내 찬물에 풀었다. 이 멀겋고 달착지근한 맹물을 마신 선조 대왕이 기운을 차릴 정도로 궁색한 몽진 길이었다. 그러한 시절에 묵어라는 이름의 생선이 진상되었다고 한다. 선조 대왕은 생선 맛 보신지 오래 되어서인지 그 묵어를 맛있게 드셨다. 하도 맛있고 또 그러한 생선을 먹을 수 있는 것이 고마워서인지 선조 대왕은 생선의 이름을 묻고 은빛 나는 생선에 어울리는 "은어"라는 이름을 하사하셨다. 그 후 전란이 끝난 후 환궁하신 선조 대왕이 그 생선을 다시 찾게 되고 우둔한 어선방은 그 생선을 있는 그대로 요리해 드렸으니 맛이 있을 리 없었다. 크게 화를 낸 선조 대왕은 '은어'라는 이름이 아깝다고 도로 '묵어'로 부르도록 하였고, 그 이후 그 생선이름은 "도루묵"이 되었다는 고사이다.

쏸양로우(涮羊肉)

베이징은 중국의 정치문화의 중심이 된 지가 오래된다. 그래서 과거의 지방에서 유행하던 것도 베이징에 데뷔하고 베이징에서 인정을 받으면 전국적으로 유명해진다.

경극(京劇)이라는 것이 있다. 문자 그대로 베이징 오페라다. 귀가 터질 것 같은 찢어대는 소리로 문외한에게는 시끄러워 참기 어려운 오페라의 일종이지만 경극으로 완성되기까지는 각 지방에서 올라온 지방극을 집대성한 결과이다. 마찬가지로 베이징사람의 입맛에 맞는 음식을 만든다는 것은 베이징에 사는 여러 종류의 사람들 사이에서 인기가 있어야 한다. 그만큼 나름대로 보편성이 있어야 한다는 말이다.

과거 베이징에 사는 사람들을 크게 두 종류로 나눌 수 있었다. 하나는 지배민족인 만주족과 피지배민족 또는 참여 지배족이었던 한족과 여타 소수민족으로 구분할 수 있다. 황제를 위시하여 지배민족의 음식이 보급되는 것은 황제와 그 귀족들이 즐겨먹는 음식을 먹지 않을 수 없는 불가피성도 있다.

추운 만주나 몽고벌판을 달리는 기마 민족들이 먹는 음식의 하나로 쏴양로우가 있다. "쏴(涮)"이란 뜻은 물 속에 이리저리 흔든다는 뜻이 있다. 문자 그대로 뜨거운 물에 얇게 쓴 양고기를 젓가락으로 집어넣어 이리저리 흔들면서 익힌다는 뜻이다. 우리의 신선로하고는 비슷하지만 완전히 같지는 않다. 우리의 신선로는 얇게 쓴 고기를 야채와 함께 뜨거운 물 속에 집어넣는다. 그리고 좀 익었다 싶으면 젓가락으로 건져 올려 먹는 것이다. 그러나 쏴양로우는 고기를 젓가락에서 떼지 않는다. 이렇게 함으로써 고기를 적당히 구미에 맞게 익힐 수 있기 때문이다. 일본의 사브사브도 얇게 쓴 고기를 젓가락으로 뜨거운 육수국물에 이리저리 흔들어 익혀 먹는다. 그 흔드는 모습이 "사브사브"라 하여 요리이름 사브사브가 나왔다고 한다.

이 음식은 본래 몽고족이 개발한 것으로 지역에 따라 징기스칸 요리라는 별명도 붙어 있다. 몽고족 사람들은 빠오라고 불려지는 텐트를 치고 가축을 포함한 온 가족이 그 텐트 속에 들어간다. 텐트 한 가운데는 굴뚝처럼 구멍이 뻥 뚫려 있다. 연기는 그곳으로 나가므로 텐트 속에는 연기가 차지 않는다. 공기가 잘 통하므로 불도 잘 지펴진다. 빠오 천장에서 내려온 쇠줄에 냄비를 걸어서 물을 끓인다. 몽고 초원에 신선한 야채가 귀하다. 귀한 야채와 함께 얇게 썰어낸 양고기를 익혀 먹는다. 그것이 이동성이 강한 기마 민족에게는 편리한 단백질 공급방법이다.

　이러한 요리방법이 기마 민족의 이동경로에 따라 우리 나라로 들어오고 일부는 일본열도로 건너갔다. 우리의 신선로나 일본의 샤브샤브가 중국의 쏸양로우와 비슷한 것이 이러한 배경에서다. 일본과 우리 나라는 양고기 대신에 쇠고기를 쓴다. 역시 환경이 양보다는 소가 더 공급이 쉬워서라고 볼 수 있다.

동라이슌(東來順)과 쏸양로우(涮羊肉)

　베이징의 겨울은 쏸양로우를 떼 놓고서는 이야기가 안 된다.

　중국을 통일한 만주족 청의 황실은 자금성의 고대광실에서도 만주벌판 빠오 속에서 즐겨 먹던 쏸양로우를 잊을 수 없었다. 황제는 가끔 자금성에서 신하들과 쏸양로우 대 연회를 베풀었다고 한다. 황제와 함께 수백 명의 신하들이 정장을 하고 1인분 쏸양로우 훠꾸어(火鍋)에 양고기를 익혀 먹는 모습이란 일대 장관이었다고 한다.

　과거 베이징의 王府井 거리에 동라이슌이라는 음식점이 있었다. 이곳이 쏸양로우의 본가였다.

동라이슌은 1903년에 개업하였다고 전한다. 청이 공식적으로는 1911년에 망했으니 청이 망하기 전부터 시작되었다고 볼 수 있다. 동라이슌의 쏸양로우가 유명한 것은, 그곳에서 사용하는 양고기는 내몽고의 꼬리 짧은 면양(綿羊)을 쓰기 때문이라고 한다. 쏸양로우에서 시작된 뜨거운 냄비, 즉 훠꾸어는 지금은 중국 어디로 가도 만날 수 있다. 그러나 지방마다 특색에 맞추어 훠꾸어에 익혀 먹는 음식재료가 조금씩 다르다.

쓰촨(四川)에는 고춧가루를 풀어서 붉고 맵게 만들고 그 붉은 매운탕 속에 별의 별 것을 다 익혀 먹는다. 쇠고기, 양고기뿐 아니고 각종 육류와 생선도 익혀 나온다. 매운탕이기 때문에 신선도가 떨어져도 상관없다. 매운 맛에는 싱싱하지 않는 고기 맛도 묻혀 버린다. 홍콩 등 광동 지방에는 신선한 야채와 해물이 듬뿍 들어간다.

베이징카오야

베이징요리(北京菜)의 또 하나 쌍벽은 베이징카오야이다. "베이징식 오리구이"가 맞는 번역이다. 영어로는 pecking duck 즉 "베이징오리"라고 하므로 오리 자체가 마치 베이징에서만 자라는 특수 오리라는 의미를 강조한다. 그것도 맞는 것 같다. 왜냐하면 베이징카오야는 요리 방법도 베이징식으로 특출하지만 그 재료인 오리도 베이징식으로 특별히 키우기 때문인지 모른다. 그러나 "페킹덕"을 요리하기 위하여 반드시 베이징에서 오리를 가지고 올 필요는 없다.

오래 전의 이야기이다. 뉴욕에서 공부할 때다. 내가 다니던 학교는 뉴욕의 맨하탄 섬의 북쪽에 있었고 유명한 "차이나타운"은 맨하탄 섬의 남쪽에 있었다. 학교 앞에는 월궁(月宮, Moon Palace)라는 중국 음식점이 있었지만, 주로 교수들이나 돈 많은 대학원생이 찾아오는 곳이었다. 우리는 급우들과 전철을 타고 차이나타운으로 내려갔다. 지금도 그렇지만 차이나타운에서는 중국 음식을 풍성하게

베이징카오야(北京烤鴨)

그리고 값싸게 먹을 수 있었다. 그곳에서 베이징카오야를 주문하여 먹으면 여러 사람이 큰 부담 없이 배불리 먹을 수 있었다. 그때 우리가 pecking duck! pecking duck! 하고 주문하면 누군가가 "뉴욕에 와서 페킹덕을 찾느냐?" 하면서 뉴욕의 오리는 모두 롱아일랜드 산(産)으로 정확히 말하면 "롱아일랜드 오리"이므로 "Long Island duck!"이라고 불러야 한다고 말하던 기억이 난다.

그 후 베이징에 살면서 알게 된 사실이지만 베이징에는 본래 오리가 없었다고 한다. 오리는 따뜻한 남방 지방에 흔히 볼 수 있는 가금류라는 것이다. 일년 내내 강이든 호수든 얼지 않는 곳에서 자라는 것이 오리다. 왜냐하면 오리의 먹이는 물장구 등 물에 사는 벌레이므로 강이 얼면 먹이를 찾을 수 없기 때문이다. 베이징은 겨울이면 모든 것이 꽁꽁 얼어 붙어버린다. 오리의 먹이도 얼어죽는다. 그러하니 오리가 살 수 있는 생활

여건이 못된다.

　오리가 베이징에 모습을 보이기 시작한 것은 6세기경 남북운하가 개통되고 그 운하를 통해 남쪽의 물산(物産)이 북쪽으로 운반되면서부터라고 한다. 당시 절강성 항저우에서 베이징까지 남북을 연결하는 운하에 배가 연락이 두절되었다고 하는데, 남선북마(南船北馬)라는 말이 있듯이 남쪽의 교통수단인 배가 운하를 따라 북쪽으로 올라오게 되었다. 뱃사람들은 오리를 배 안에서 키우면서 양식처럼 잡아먹고 며칠이고 북쪽으로 올라온다. 그들이 남쪽에서 가지고 온 오리 중 일부가 차츰 베이징 근처에 살게 된다. 처음에는 베이징의 추운 겨울을 나지 못했다고 한다. 그러나 겨울을 나는 놈이 차츰 생기게 되고 점차 환경에 적응 오리들이 베이징의 교외에 흔히 보이게 되었다는 것이다. 베이징사람들이 오리고기를 먹은 역사는 오래 되었지만 그 중에서 "베이징카오야"식으로 먹은 것은 100년 조금 더 된다고 한다. 그러므로 베이징 사람들의 인기를 끌어내고 지금은 세계적으로 중국요리의 대표로 되어 있는 pecking roast duck의 역사가 그렇게 오래 되지는 않았다.

치엔취떠(全聚德)와 카오야

　베이징에 베이징카오야(pecking roast duck)의 본가로 前門 거리의 치엔취떠라는 식당이 있다. 이 식당은 청 말(1866년)에 문을 열었으므로 그때부터 이 곳에서 지금의 베이징카오야가 시작되었다는 것이 정설이다.
　베이징에서 알려진 이야기로는 이 식당 문을 연 사람은 본래 德聚全이라는 구멍가게를 하였다고 한다. 그러다가 어느 날 사람들이 많이 먹는 오리요리에 대해 기발한 생각을 했다는 것이다. 오리를 통째로 구워서 껍질과 함께 먹고 그때까지 버리거나 동물사료로 쓴 오리의 내장도 요리로 활용하였다는 것이다. 그는 자신의 가게 상호를 뒤집어서 치엔취떠(全聚德)라고 이름을 짓고 새로운 방식의 오리요리를 개발한 것이 인기를 끌게 되었다는 이야기다.

 치엔취떠에서는 오리를 여러 부분으로 나누어 먹도록 한다. 현지에서는 "이야뚜어츠(一鴨多吃)"라고 한다. 우선 면도날 같은 길로 껍질을 길라서 먹는다. 그리고 살코기와 탕을 먹는다. 그리고 오리의 발가락, 내장 등 먹지 않는 것이 없다. 이 오리는 그냥 오리가 아니다. 운동을 시키지 않고 꼼짝 못하게 가두어 놓고 살이 찌도록 만드는 특수 양식 오리다. 세계 동물애호가들이 페킹덕을 먹어서는 안 된다고 주장한다. 오리를 키우는 방식이 잔인하다는 것이다. 치엔취떠에서는 자유롭게 다니는 오리를 꼼짝 못하게 잡아놓고 입안으로 먹이를 집어넣는다. 오리가 먹고 싶어하든 말든 상관 않는다. 목을 눌러 입을 "아" 벌리게 해 놓고 영양가를 계산해 특수하게 만들어 둔 사료 덩어리를 입안에 쏙 넣어 준다. 이러한 오리를 티엔야(塡鴨) 라고 부른다. 그 모습이 요즈음 이해보다 암기식 또는 주입식 공부를 하여 대학시험을 치르는 학생들과 비슷하다고 하여 중국에는 이러한 학생들을 "티엔야"라고 비꼬아 부른다. 그렇게 해서 살이 통통하게 찐 놈을 굽는 것이다.

 그 굽는 방법도 특이하다. 오리 여러 마리를 거꾸로 매달 수 있는 아궁이를 만들어 놓고 목질이 아주 단단한 나무로 불을 지핀다. 이 나무는 추운 겨울을 나는 베이징 근처에만 있는 것으로 화력이 대단하다는 것이다. 거꾸로 매달린 오리는 그 열로 껍질 속의 기름이 녹아 아래로 흐른다. 노릇노릇 구워지는 오리의 몸통에 카라멜을 바른다. 다크 브라운의 오리가 알맞게 구워져 나온다. 오리의 껍질 아래 지방은 이미 녹아 내린 후이다. 그것을 조리대에 실어 밀고 나와 손님 앞에서 예리한 칼로 껍질을 잘라 준다. 밀전병에 구운 오리 껍질 조각과 춘장에 찍은 양파, 오이를 넣고 싸서 먹는 맛이 일품이다. 고기와 탕은 이 맛에 비하면 아무 것도 아니다. 그리고 내장이며 오리 발가락 등은 따로 요리되어 나온다. 이것을 좋아하지 않는 사람도 있다. 그래서 일부 고급 호텔의 식당에서는 껍질만 제공하고 나머지는 손님이 찾지 않으면 내놓지 않는다. 페킹덕 요리라기보다 페킹덕 스킨 요리이다.

 베이징을 방문한 외국의 유명인사는 모두 이 치엔취떠에서 이 맛을 보고 갔다. 껍질이 바삭거리고 고기는 부드러우며 늘 먹어도 물리지 않는다는 베이징 카오야의 맛(皮脆肉嫩常常吃不退)을 보고 갔다. 키신저도, 닉슨도, 레이건도, 클린턴도 먹고 갔다. 그들은 이 바삭바삭한 껍질이 양파와 오이와 함께 씹히면서 밀가루 떡과 춘장이 함께 어우러지면서 우러나오는 독특한 맛을 모두 잊지 못한다고 기록하고 있다.

2. 차이나 맛 트레일

삼국지의 고향, 사천성(四川省)

　베이징을 떠나 거대한 중국 대륙에서 맛 트레일을 위해 가 볼만한 곳이 한 두 곳이 아니다. 우선 성경 다음으로 많이 읽혀진다는 삼국지의 고향 사천성부터 시작하자.

　사천성은 후한 말, 천하가 혼란스러울 때 한 황실의 혈통을 계승하고 있던 유비가 제갈공명의 도움을 받아 나라를 세운 곳이다. 사천성은 사방에 2000m 이상의 고산으로 둘려 쳐진 거대한 분지로 이루어져 마치 거대한 사발 같은 모양이다. 사천성 분지는 그 사발의 밑바닥이 되고 주변을 둘러싼 고산은 사발의 주변이 된다. 사방으로 둘러싸고 있는 고산에서 눈이 오나 비가 오나 물을 낮은 곳으로 흘러 보낸다. 그래서 사천성 분지는 수많은 강으로 갈라져 있다. 四川이라고 川(江)이 4개만 있는 것이 아니다. 강이 많고 수량이 풍부하여 농사가 잘 된다.

　그래서 물산도 풍부하다. 지금 사천성 인구가 1억 2천만이므로 그 분지가 1억 2천만 인구를 먹여 살리고 있다고 보아야 한다. 이러한 복지가 있다는 것이 세상에 제대로 알려지지 않았다.

당시 사천성의 복지(福地)를 알고 있던 사람이 제갈공명이다. 그는 사천성이 높은 산맥으로 둘러져 있어 방어에 능하고, 넓은 분지에 농사가 잘되어 부국강병의 땅이라고 생각하고 있었다. 소수의 군대가 지키기 용이하고 백성이 어질므로 반란도 없다. 이러한 길지(吉地)가 제대로 인정받지 못하고 있었다. 그것은 당시 정치의 중심지인 장안에서 사천성으로 가려고 하면 험하디 험한 해발 2000m 이상의 진령 산맥을 넘어야 했기 때문이다. 그래서 당시는 사천성 가는 길이 너무 험하여 절벽 길 따라 올라가는, 사천성 길은 하늘 나라로 가는 것보다 더 어렵다고(蜀道之難, 難于上青天) 했다.

그 때는 양쯔강 주변이 개발되지 않았을 때이므로 양쯔강을 통해 간다는 것은 생각하지 못했을 것이다. 진시황과 사후 천하를 다툰 항우와 유방, 한때 항우는 승리를 해, 제후의 우두머리인 패왕(霸王)이 되고 유방을 한수 상류 한중 지방으로 쫓아 보내 한왕으로 봉(封)한다. 자신의 라이벌인 유방을 한중으로 쫓아 버리고, 천하를 안정시킨 항우는 스스로 초(楚)왕이 되어 금의환향한다. 그 후 한왕 유방은 실력을 쌓아 한중을 탈출, 결국 항우의 초를 멸하고 천하를 통일한다. 후한 말, 그의 후손 유비는 위(魏)의 조조와 오(吳)의 손권에 밀려 다시 쫓기는 신세가 된다. 이번에는 제갈공명의 지혜로 사천성으로 들어간다. 한중에서 권토중래를 성공시킨 유방을 흉내낸 제갈공명은 유명한 출사표를 써놓고 진령 산맥을 넘어 중원의 위와의 수차례의 전쟁을 치렀지만 이기지 못하고 끝내 자신이 전장에서 병사한다. 사천성에 세운 한은 2대를 넘기지 못하고 망하게 된다. 사천성에 가면 유비와 제갈공명의 못다 이룬 한(恨)의 슬픈 이야기가 많다. 그 후 사천성은 몽고의 침입과 지배를 받는다.

원앙훠꾸어와 딴딴미엔

지금 사천지방의 훠꾸어는 이러한 몽고 침입에 따른 영향이라고 한다. 베이징의 "쏸양로우"와 사촌간이다. 쏸양로우와 다른 것은 사천지방의 독특한 매운 맛을 낸 매운탕 양로우라는 것이다. 너무 매워서 요즈음은 훠꾸어 안에다 매운탕과 맵지 않은 탕을 칸막이로 구분하여 끓인다. 막아 둔 모습이 음양 태극 모양이다. 금실 좋은 새, 원(鴛)과 앙(鴦)처럼 사이좋게 먹으라는 뜻의 원앙훠꾸어이다.

사천성의 훠꾸어를 먹으면 땀을 비오듯 쏟아 내야 한다. 그래서인지 중경(重慶)지방에 사는 사람들은 훠꾸어를 더 좋아한다. 중경은 양쯔강과 쟈링강이 만나는 곳이다. 그리고 두 강에서 피어오르는 안개가 항상 자욱하다. 안개 때문에 맑은 해를 보기가 어렵다. 어쩌다 안개가 걷혀 해가 나오면 그 해를 본적이 없는 강아지가 마구 짖는다고 한다.

사천성의 아가씨도 예쁘지만 중경의 아가씨는 피부가 곱고 더 예쁘다. 이것은 바로 안개와 관계가 있다고 한다. 요즈음처럼 파운데이션을 구할 수 없었던 옛날에는 안개가 여인의 피부를 항상 촉촉하게 젖어 있게 만들었다고 전해진다. 안개가 자주 끼고 습도가 높은 곳에서는 화끈하게 매운 훠꾸어를 먹고 땀을 쭉 빼는 것이 건강에 좋다고 한다.

중경 하면 딴딴미엔(擔擔麵)을 뗄 수가 없다. 중경은 강 가운데 바위 덩어리 같은 모양으로, 중경의 거리는 산 아래와 산 위로 거미줄처럼 연결되어 있다. 마을이 아래위로 형성되어 있기 때문이다. 특히 겨울철 긴

긴 밤에 군것질을 하고 싶어도 집을 나와 한참 내려가야 하는데, 내려갔다 다시 올라오려면 수많은 계단을 오르내려야 한다. 딴딴미엔은 이러한 수요에 의해 만들어 졌는지 모른다. 마치 옛날 우리도 겨울밤에 찹쌀떡 장수가 "찹쌀떡 사려~" 하고 외치면서 찹쌀떡을 어깨에 메고 다니면서 팔았던 시절이 있었던 것처럼. 중경에도 이처럼 어깨에 메고(擔) 면(麵)을 팔았다. 메고 다니므로 국물 있는 탕면이라기보다 자장면처럼 국물이 없는 면이다. 소스는 사천성 특유의 맵싸한 맛이다. 먹고 나면 입안이 오랫동안 얼얼하다. 마치 입 속에 마취 주사라도 놓은 것 같은 기분이다. 사천성 사람들은 어릴 때부터 이러한 딴딴미엔을 불러 먹었던 기억이 있을 것이다. 지금도 사천성 요리의 마지막 주식은 주로 딴딴미엔이 된다. 그들은 맵자하고 새콤한 맛을 오래 잊지 못하는 것 같다.

큰 구렁이와 벌레의 나라

지금의 사천성을 옛날에는 파촉(巴蜀)으로 불렀다. 사실은 巴(Ba)와 蜀(Shu)의 두 나라였다. 당시 중국의 중심(中原)이었던 관중(關中)지역을 진령 산맥이 가로막고 있어 사람들은 쉽게 넘어 갈 수가 없었다. 지금으로부터 2000년 전인 춘추전국시대에 각 제후국들은 부국 강병책으로 나라가 통합되고 개간지가 확대되었지만 파와 촉은 지리적 이유로 비교적 평온하게 살아왔다. 지금의 중경 부근의 소수민족은 파국을 세워 살았고 지금의 성도(成都)지방은 촉국을 세워 스스로 지배하고 있었다. 파는 강이 많으나 지형이 거칠었고 비가 많이 와 습도가 높다. 그렇지만 촉은 넓은 평야를 이루고 있어 농산물이 풍부하였다. 어쨌든 당시도 지금처럼 무덥고 습도가 높아 뱀이 우글거리고 벌레가 많았던 것 같다. 파라는 글자가 큰 구렁이라는 뜻이 있고, 촉도 벌레나 작은 동물과 관계가 있다.

전국시대 말기 제후국의 하나인 진이 천하를 통일한 데에는 여러 가지 요인이 있다. 마케도니아의 알렉산더 대왕이 그리스와 소아시아를 평정하고 인도 원정을 하면서 그리스 문화를 소개하였는데, 진이 그 길목에 있어 그리스 문화를 빨리 흡수할 수 있었다는 것, 서역의 빠른 말, 신병기를 전쟁에 활용할 수 있었다는 것 등이 그 요인 중 일부가 되지만 진의 혜문왕이 용맹한 사마장군을 시켜 진령 산맥을 넘어 촉을 점령, 그 넓은 평야를 군량미 보급 창으로 확보할 수 있었기 때문에 가능했다는 이야기가 더 설득력이 있다. 그만큼 성도분지(成都盆地)는 풍부한 곡창지대임이 분명하다.

한으로 내려오면서 인구도 늘어나고 성도평야에 뽕나무를 심어 중국 실크 생산의 중심지가 되었다. 지금도 성도의 고지명이 진꽌청(錦官城)으로 불려지고 있는 것은 이러한 실크(錦)의 집산지에 실크 전매관청이 있었다는 뜻이다. 현재 서역지방을 실크로드로 부르는 것도 주로 사천성의 실크가 서역을 통해 유럽으로 건너간 것을 말한다. 지금은 항주의 실크가 세계적으로 유명한데 이것은 중국(南宋)이 북방의 소수민족에게 밀려 양쯔강 남쪽(江蘇省)으로 쫓겨가 북방이 막히게 되자 부득이 아랍상인들을 통해 해상으로 서방세계에 보급되었다. 지금은 성도분지 쪽으로 가보면 뽕나무가 많이 보이지 않고 야산을 개간한 곳에 콩밭이 많다. 그래서인지 성도의 두부요리가 유명하다. 우리가 좋아하는 마파두부의 본고장도 성도이다.

매운 맛의 본고장 사천성의 실크가 실크로드를 따라 유럽에 건너가듯이 유럽의 산물도 사천성으로 넘어왔다고 한다. 당시 서역과 사천성과는 무역이 활발하였는데 당나라의 유명한 시인 이백(李白), 자는 태백(太白), 호는 청련거사(青蓮居士)도 이러한 무역상인의 아들이었다.

지금 중국을 여행하다보면 중국사람의 군것질 중 하나가 해바라기 씨다. 볶아낸 해바라기 씨를 먹고 새까맣게 그 껍질을 뱉어내고 있다. 지금은 달라졌지만 한때 열차 속, 극장 속, 사람이 모이는 곳은 어디가도 예외가 없었다. 해바라기는 본래 아메리카대륙의 중서부가 원산지이다. 콜럼버스에 의해 미 대륙의 해바라기는 유럽으로 건너갔다. 그리고 다시 유럽에서 실크로드를 통해 사천성으로 들어왔다. 그래서인지 사천성 사람들은 유독 해바라기 씨를 좋아한다.

우리 나라 사람도 즐겨먹는 매운 고추를 사천성 사람들도 좋아한다. 우리가 고춧가루를 넣은 음식을 좋아하는 것을 보고 중국 사람들은 사천성 고추가 양쯔강을 따라 내려가서 서해를 건너 한국으로 갔다고 믿는 사람도 있다. 그러나 현재 알려진 것은 우리 나라에 고추가 들어온 것은 16세기 말 임진왜란 때, 우리 나라에 온 왜군을 통해 들어왔다고 한다. 고추 역시 중남미가 원산지로 콜럼버스에 의해 스페인으로 건너갔다가 스페인의 식민지 필리핀을 통해 일본에 전해졌다. 그러나 우리에게 고추를 전해준 일본사람은 고추를 먹지 않는다. 김치를 보더라도 일본김치는 고춧가루를 쓰지 않는다. 다꾸앙 등 야채를 그냥 소금에 절여 먹는다.

우리 김치는 고춧가루가 없이는 김치를 생각할 수 없을 정도로 고춧가루로 붉게 물든 김치이다. 우리 나라에 4~5세기 미작(米作)이 들어와 쌀이 주식이 된 이후로 야채를 곁들이기 위한 김치(pickle)가 있었겠지만 천 수 백년간 우리 김치는 지금의 일본 김치처럼 야채 소금 절임이었다. 지금은 고추와 젓갈 등을 골고루 넣어 다양화된 우리 김치가 일본으로 수출되고 있다. 일본은 그들이 우리에게 전해준 고추를 역수입하고 있다고 볼 수 있다.

　일본 자료를 보면 일본에서는 고추를 먹는 데 쓴 것이 아니고 보온에 사용했다고 한다. 빨갛게 익은 고추를 말려서 몇 등분으로 하여 일본 사람들은 양말에 집어넣었다는 것이다. 고추의 매운 것이 발을 따뜻하게 하여 추운 겨울날을 지낼 수 있었다고 한다. 임진왜란 때, 우리 나라에 온 왜군들의 양말 속에 고추가 나왔다. 그것을 우리는 가루로 빻아서 음식에 넣어 먹기 시작했다는 것이다. 그러나 중국 측 자료를 보면 사천성에 고추가 유행한 것은 더 역사가 오래되었다는 것이다. 일부에서는 우리 나라에 고추가 들어온 시기는 임진왜란 당시이지만 왜군으로부터가 아니고 명나라 군대로부터라고 한다. 이여송(李如松)의 명군은 왜군의 침입을 받은 조선을 구하러 왔다. 그 명군 중에는 사천성 출신도 있었다고 한다. 명군은 이 사천성 출신들의 군인을 위해 요리사를 대동하여 왔는데 그 사천성 요리사가 주둔지 근처의 조선사람들에게 그 매운 고추요리를 전파했다는 것이다.

실패한 벤처 국가

　삼국지를 읽는 사람은 제갈공명에 반한다. 유비가 삼고초려를 통하여 초야에 묻혀 있는 공명(孔明)을 끌어내고 공명은 유비를 도와 사천지방에 한을 세운다. 역사에서 촉한(蜀漢)으로 불려지는 이 나라는 승상(丞相) 제갈공명이 싸움터에서 죽음에 따라 2대를 못 넘기고 망한다. 중국 역사에서 일반인이 오를 수 있는 최고의 직위가 승상이다. 우리역사에서 보면 영의정이고, 지금으로 치면 총리와 같은 一人之下萬人之上의 자리이다. 중국역사에서 승상하면 제갈공명을 꼽는 것도 그가 짧은 기간이었지만, 최고 승상이었기 때문인지 모른다. 그는 삼국지라는 역사서에 당대에서 가장 뛰어난 사람으로 기술된 인물이다. 어떤 학자는 그 이유로 진(晋)나라 사관(史官) 진수(陳壽)와의 특별한 인연 때문이라고 한다. 진수는 삼국을 통일한 위(魏)를 승계한 진시대 사람이지만 그 자신은 삼국 당시 촉인이었다. 진수의 아버지는 군인으로 제갈공명 수하에서 있었기 때문에 그의 아버지로부터 제갈공명의 이야기를 익히 듣고 있었던 것으로 보인다. 그는 후에 진의 사관으로 임용되어 위지(魏志), 오지(吳志), 촉지(蜀志) 등 3국의 역사를 쓰게 된다. 그가 기술한 삼국지 역사서에서 촉지가 가장 잘 기술된 것도 그만큼 자료가 풍부했기 때문인지도 모른다. 진수의 삼국지는 우리와 일본으로도 중요한 사서(史書)이다. 왜냐하면 중국 역사서에 우리 나라와 일본이 처음으로 제대로 등장하는 것이 바로 삼국지에서다. 삼국지 중 위지편을 보면 동이전(東夷傳)이 나온다. 그 동이전 속에 우리 나라와 일본의 풍속이 나온다. 진수의 눈으로 보면 한반도와 일본열도는 삼국 중 위의 소수 민족인 동이로 잘못 본 듯하다.

어쨌든 사천성은 삼국지를 쓴 진수의 고향이고 진수가 쓰고 싶었던 유비·제갈공명의 사당이 있는 곳이다. 본래 유비는 지금의 베이징 근처의 하북성 탁현 사람이었고, 제갈공명은 산동 출신으로 산동대한(山東大漢)답게 키가 컸다. 두 이방인이 의기투합하여 사천지방에서 벤처 식 창업개국을 하였다. 제갈공명은 벤처 아이디어를 내고 유비는 벤처 캐피탈을 낸 셈인데, 그의 캐피탈은 황족이라는 피와 덕이었다. 성공할 것 같은 이 벤처 국가는 아쉽게도 실패하고 만다. 그러나 그들의 이야기는 아쉬움과 함께 한, 중, 일 동양 3국 사람의 입에 지금까지 회자되고 있다.

제갈공명과 만두

우리들이 즐겨 먹는 만두라는 음식이 있다. 이 음식을 처음으로 만든 사람이 바로 제갈공명이다. 제갈공명은 문인이지만 전략가이므로 군사에도 뛰어났다. 그는 한고조 유방을 벤치 마킹하여 옛날 유방이 항우에 쫓겨가 칩거한 험준한 산악 한중에서 기의하여 천하를 통일하듯이, 제갈공명은 오지 촉에서 기의하여 위를 멸하고 천하를 통일하고자 하였다.

그는 북으로 진령산맥을 넘어 중원으로 나가기 전에 먼저 남쪽의 소수 민족을 평정해야 했다. 남만정벌 당시 소수 민족은 맹획(孟獲)과 고정원(高定元) 등을 중심으로 하는 남월족이 주류를 이루었다. 그들은 아열대 지역인 운남정글을 근거로 게릴라전을 펴고 있었다. 칠금칠종(七擒七縱)이라는 말이 보여주듯이 맹획을 일곱 번이나 잡았다가 일곱 번 모두 풀어주었다.

지금의 중국 정부가 55개 소수민족을 힘으로만 밀어붙이지 않고 그 민족의 언어를 쓰게 하고, 풍속을 장려하는 회유정책도 사실은 공명이 처음으로 시작하였다고 전한다. 공명이 남월군을 추격 중에 일어난 일이다. 지금의 운남성의 노수(盧水)라는 강을 건너려고 하는데, 바람이 불고 파도가 높아 도저히 배를 띄울 수가 없었다고 한다. 그 때 현지 점술사가 이 강에 거대한 용(獨神)이 살고 있는데 일년에 한 번씩 사람의 머리 49개를 제물로 바쳐야 노여움을 풀어 강물이 잔잔해지므로 배를 띄워 건너갈 수가 있다는 것이다. 그 많은 사람 머리를 어떻게 구할 것인가 제장들은 근심 어린 얼굴을 하고 있었다. 그 때 공명은 그 다운 하나의 꾀를 냈다. 부하들로 하여금 밀가루를 가지고 오도록 하여 그것을 사람 머리처럼 만들도록 하였다. 그것을 首 또는 頭(만수(蠻首) 또는 만두(蠻頭))라고 불렀다. 공명은 과거 위와의 적벽 대전에서 동남풍을 부르듯이 하늘에 특별 제사를 지내고 나서 만두 49개를 강물에 집어던지니, 과연 폭풍과 파도로 요란하였던 강물이 거짓말처럼 조용해졌다고 한다. 그 후 그러한 만두를 쪄서 식용하게 되었고, 글자도 식용이라는 의미로 사람(人)에서 먹는 모양(食)으로 변형하게 된 것이라고 한다.

우리 나라에서 만두와 혼용되는 것이 교자가 있다. 중국에서는 쟈오즈와 만터우(蠻頭)로 구분되는데 우리는 혼용해 쓰고 있다. 엄격하게 말

만두(제갈공명의 꾀로 사람 머리 모양으로 만들어진 만두)

하면 만두에는 속이 없다. 따라서 팥고물이 있는 우리의 찐빵이나 일본의 "만쥬"와도 다르다. 그러나 쟈오즈에는 속이 있다. 쟈오즈 만드는 것을 보면 우선 밀가루를 반죽하여 얇게 민 다음, 잘게 저민 고기나 야채 따위를 넣어 싸서는 그것을 수증기에 찐다. 야채며 고기가 다양하여 여러 가지 변화를 줄 수 있기 때문에 사람들에게 인기가 있다. 우리가 만두국이라고 하는 것은 사실은 교자국이고, 찐만두라고 하는 것은 중국식으로 보면 바로 쟈오즈이다. 쟈오즈는 본래 고대 숭국의 논의 이름이었다. 우리가 옛날 돈을 엽전이라고 부르듯이, 중국에서 쟈오즈는 돈의 대명사였다. 중국 사람은 돈을 좋아하므로, 음식도 돈처럼 만들어 먹고자 하였다고 한다. 그래서 쟈오즈라는 것이 나왔다. 반달형 쟈오즈 모습은 옛날 돈의 모양과 유사하다. 중국 사람은 설날에는 우리가 떡국 먹듯이 반드시 쟈오즈를 만들어 먹는데 만들 때 몇 개는 일부러 진짜 동전을 넣어 만든다. 나중에 집 안 식구 누군가가 쟈오즈를 먹을 때 동전을 깨무는 사람이 나오게 되는데 그에게는 그 해 돈복이 쏟아진다고 축하해 준다.

양쯔강의 물주머니 동정호(洞庭湖)

중국의 강 중에서 가장 긴(最長) 강의 이름은 그냥 "긴강(長江)"이다. 이 강이 중국 밖에서는 양쯔강이라고 부르는 6,300km의 강이다. 황하보다 1,000km 정도 더 길다. 언젠가 양쯔강에 떠있는 선상에서 양쯔강 얘기를 했더니 한참 듣고 있던 중국 사람은 양쯔강이 어느 강을 두고 하는 말이냐고 오히려 물어온 것을 보았다. 그만큼 그들은 장강(長江)이라고 해야 알아듣는다. 그렇지만 서양의 지도책을 보면 모두 양쯔강(Yangtze kiang)이라고 기술해 놓고 있다.

　중국 사람도 모르는 강 이름이 서양 사람에게 알려져 있는 셈이다. 양쯔강이라는 말을 서양에 처음 알린 사람은 일본사람이라고 한다. 사실 양쯔강은 길고 긴 장강의 한 지역의 강 이름이었다. 옛날 송시대, 장강 하류 지금의 양주와 진강 부근을 흐르는 장강을 그 지방에서는 양쯔강이라고 불렀다고 한다. 당시 중국에는 일본으로부터 많은 유학승이 중국 남방 진강 근처 사찰에서 불교에 대한 공부를 하고 있었다. 그들이 그곳에서 들은 강 이름은 양쯔강. 그 강은 서해 바다로 흘러가고 있었다. 중국을 다녀온 일본 유학스님은 그렇게 중국 제일 강, 양쯔강을 당시 일본에 와 있던 포르투갈 선교사에게 알려주었고 포르투갈 선교사가 서양에 퍼뜨린 것이라고 보고 있다. 따라서 같은 강을 두고 현지 사람이 부르는 이름과 바깥에서 불러주는 이름이 틀리게 된 것이다.

　이 장강의 수량이 풍부한 것은 히말라야 산맥과 티베트 고원을 수원으로 하고 있어서 그렇다. 티베트 고원으로부터 수많은 강줄기를 이루면서 사천분지로 흘러 들어온 강물은 다시 세 개의 협곡(三峽)을 지나 대평원으로 나온다. 북으로는 대별, 남으로는 남령, 동으로는 무이 산맥에 둘러싸여 있는 거대한 평원이다. 그곳은 비교적 지형이 낮아서 사천성에서 빠져나는 물이 잠기게 되면서 여기저기 호수를 이룬다. 그 중 가장 큰 것이 동정호이다. 이 바다 같은 호수를 끼고 그 북쪽으로는 무한을 중심으로 호북. 그리고 남쪽으로는 장사를 중심으로 호남성으로 불려지고 있다.

　이제 삼협댐 건설로 홍수의 걱정은 덜게 되었지만 이 크고 작은 수많은 호수가 과거 장강의 홍수예방 물주머니였다. 여름철 우기에는 우선 그 물주머니에 물을 가득 채우므로 하류에 물이 덜 내려가게 되어 홍수를 막아준다. 겨울철 건기에는 그 물을 이용, 자연을 기름지게 만들므로 산물이 풍부하다. 특히 장강과 한수가 만나는 무한은 먹거리도 풍부하여 식재무한(食在武漢)으로도 통한다. 무한은 옛날 무창, 한구, 한양의 3개의 도시가 합쳐져 만들어진 신도시이다.

무한(武漢)의 명물 부창어(武昌漁)와 황악투(黃鶴樓)

무한에 가면 꼭 맛보아야 할 것이 있다. 무창어이다. 잉어과에 속하는 이 민물생선은 호북 지방의 자랑이기도 하다. 무창어는 비늘이 청백색이고 머리가 작고 몸집이 커서 살코기가 두텁다. 몸 전체는 마름모꼴이다. 성장하면 40cm까지 자라고 무게도 3kg 정도 나간다. 또한 몸집에 지방이 적당히 섞여서 맛이 있다. 현지 사람들은 이 생선으로 여러 가지 요리를 만들어 내지만 묽은 국물에 통째로 익혀낸 것(淸蒸)이 무창어의 가장 대표적인 요리라고 한다. 무한은 모택동의 고향인 장사에서도 멀지 않아 젊은 시절의 모택동이 농민운동을 하면서 한 때 살기도 했던 곳이다. 이러한 연고로 무창어 요리는 모택동이 즐겨 찾았기 때문에 지금은 더욱 유명해졌는지 모른다. 무창어는 전국 호수나 강 어디에도 양식이 가능하여 반드시 무한이 아니라도 맛을 볼 수 있다.

무한에 가면 1670m의 장강대교가 양쯔강에 걸려있다. 그 다리 한 쪽에는 거대한 누각이 있는데 이름하여 황학루(黃鶴樓)라고 한다. 무한에 온 사람은 황학루에 한 번 쯤 올라가 보는데 큰 기둥에 글자가 큼직하게 쓰여있다.

"黃 鶴 一 去 不 復 返 白 雲 千 載 悠 悠"

　무한은 옛날부터 2개의 강이 만나고 수륙교통이 편리하고 수산물이 풍부하다 보니 주점이 많았는데 지금의 황학루 위치에도 주점이 있었다고 한다. 어느 해 가난한 서생이 이 주점 근처를 서성거리고 있었다. 주점 주인은 이 서생에게 먹을 것을 차려 주고 후대하였다는 것이다. 이 서생이 하루는 주점의 벽에다 한 마리의 커다란 학을 그려 넣었다. 그림 속의 학이 마치 살아있는 것처럼 보여 많은 사람들의 사랑을 받았다. 그런데 이상한 것은 주점에 온 손님이 술을 마시고 흥에 겨워 노래를 부르면 벽에 그려진 학이 내려와 덩실덩실 춤을 추었다는 것이다. 그러니 이러한 소문 때문에 주점이 날로 번창하였다고 한다. 얼마 후 서생이 갑자기 보이지 않더니 이어서 벽 속의 학도 자취를 감추었다. 마을에는 서생이 학을 타고 멀리 떠나갔다는 소문이 돌기 시작했다. 서생은 학을 타고 온 선인(仙人)이고 그는 주점주인의 후의에 보답하기 위해 자기가 타고 온 학을 벽 속에 넣어두고 있다가 주점주인의 은혜를 어느 정도 갚게 되자 갈 길을 재촉하여 떠났다는 것이다. 주점에 다시 손님이 끊어지자 주인은 그 자리에 황학루를 지어 학이 돌아오기를 학수고대하고 있었다는 것이다. 어느 시인은 "한 번 떠난 황학은 천 년이 되어도 돌아올 생각을 하지 않는데, 황학이 떠난 하늘가에 흰 구름만 슬슬 떠다니는구나."라고 노래했다.
　무한의 장강대교 한쪽에 높다랗게 누각은 솟아 있지만 한 번 날아간 선인과 학은 지금도 돌아오지 않고 있다.

소주(蘇州)의 조원(造園)과 오삼계(吳三桂)

　중국 속담에 죽어서는 유주(柳州), 살아서는 소항(蘇杭)이라는 말이 있다. 유주는 광서성으로 아열대성 나무가 풍부하다. 아열대성 나무는 목질이 단단하여 관목으로 적당하다고 한다. 지금도 그렇지만 옛날 중국에서는 사람이 죽어도 목관을 만들어 시체를 넣어 장사를 치르는 것이 쉬운 일은 아니었다. 돈이 조금 있는 사람에게나 가능했던 일이었다. 그래서 돈 없는 사람은 죽을 때는 유주에 가서 죽으면, 그곳은 관목이 지천이라 행려병사자에게도 관을 짜줄 수 있는 여유가 있었다는 얘기다. 살아서는 소항이라는 것은 소주와 항주가 그만큼 사람 살기에 좋다는 뜻이다. 사람 살기가 좋은 만큼 여러 가지 먹을거리도 많았는지 모른다. 항주가 먹거리로 유명하지만 소주는 먹거리보다 정원의 도시이다. 도시 전체가 운하로 연결되어 있어 중국의 베니스라는 별명이 붙어 있을 정도이다. 근처에 태호(太湖)라는 거대한 호수가 있어 물을 끌어쓰기가 좋았던 것 같다. 소주에는 말이나 마차가 다니는 거리가 있는 것이 아니고 배가 다니는 운하가 거미줄처럼 연결되어 있다. 그래서 주로 화물이 들어오는 문은 운하와 연결되어 있다.

　배로 물건이 운반되어 집안으로 들어가게 되어있는 식이다. 소주에는 이러한 아름다움 때문에 남송 이후에는 돈 많은 고관들이 좋은 정원을 만들어 놓고, 은퇴생활을 하기에 적합했다고 한다. 당시 수도가 항주였으므로 수도에서 크게 떨어져 있지 않고 운하로 편리하게 연결되는 소주에서 사는 것을 즐겨하였다. 그러한 풍습은 남송이 망하고 나서 중국 전체가 몽골의 원에 의해 지배되면서 풍류를 아는 한족은 이민족인 몽골족에게 굽실거리면서 원의 수도인 대도(大都), 지금의 베이징으로 벼슬을 나가지 않고 소주, 항주 등 문화가 있고, 따뜻해 살기 좋은 강남에 칩거했다. 따라서 벼슬에 나가지 않은 퇴직고관들은 아름다운 정원을 가꾸면서 여생을 보냈다고 한다.

그래서 소주에는 굴정원(拙政園), 유원(留園), 조원(造園) 등 이름 있는 정원이 많다. 이러한 정원은 당초 돈 많은 대작고관들이 지어 살던 곳이나 돈이 떨어진 후손들이 후에 팔게 되므로 주인이 수시로 바뀌게 된다. 명 말의 대장수(大將帥)로 오삼계(吳三桂)라는 사람이 있었다. 그는 일찍이 소주의 조원의 주인이었다. 조원도 남송 시대에 지은 건물이므로 수십 명의 주인을 거쳐 오삼계까지 흘러 왔을 것이다. 오삼계는 당대 최고의 미인이었다는 진원원(陳元元)과 함께 조원에서 살았다고 한다. 그후 吳는 수도 베이징 방위를 맡기 위해 베이징에서 멀지 않는 산해관을 지키는 장수가 되었다. 진원원도 소주의 조원을 떠나 베이징으로 왔다.

명 말 중국은 대 혼란에 빠졌다. 산해관 밖에서는 여진족을 통일한 누루하치의 아들인 황태극 등이 호시탐탐 중원을 노리고 있었다. 명 말 혼란 속에 이자성(李自成)이란 농민반란군이 수도 베이징을 점령하자 당시 명의 숭정 황제는 자금성 궁내의 경산에서 목을 매고 자살함으로써 명조 최후의 황제가 되고 만다. 이자성은 무혈로 자금성을 입성하고 사람을 보내 오삼계 등 변방의 장군을 회유한다. 황제는 이미 자진해 더 이상 충성의 대상이 사라졌으므로 오삼계는 부득이 이자성군에게 충성을 할 수밖에 없었다. 그러나 얼마 후, 오삼계는 베이징을 점령한 이자성의 부하들이 그의 애첩 진(陳)을 농락하였다는 소식을 듣게 된다. 오삼계는 이러한 사실을 이자성에게 직소하였음에도 이자성은 부하를 잘 다스리지 못하고 우물쭈물 하자 오(吳)는 크게 화를 낸다. 그는 이자성에 대한 보복으로 난공불락의 산해관 성문을 청군에게 활짝 열어주어 버린다. 동족인

이자성보다 이민족인 여진을 선택한 것이다. 두만강 근처에 살다가 세종조 김종서에게 쫓겨난 여진족이 이백여 년간 중국을 지배할 수 있었던 숨은 이유 중 하나는 진원원이란 여인이 그 속에 있었던 것이다.

건륭황제와 꾸오바(鍋巴)

산해관을 통해 물밀 듯이 하북 평야로 쏟아져 들어온 청군은 이자성을 쫓아내고 지금의 심양에서 베이징으로 청제국의 수도를 옮기고 명의 황궁 자금성을 만주황실로 삼는다. 그 조원에서 멀지 않는 곳에 松鶴樓라는 식당이 있다. 이 식당은 소주에서 얼마 남지 않은 식당 노점(老店) 중의 하나이다. 이 곳에서 빠뜨릴 수 없는 메뉴에 꾸오바(鍋巴)라는 것이 있다. 구수하게 기름에 볶은 누룽지에다 생선과 야채를 끓여 만든 탕을 붓는다. '솨'하는 소리가 군침이 나오게 한다. 소리와 음식의 조화이다. 와삭와삭한 누룽지가 스며든 탕과 함께 입안에서 녹는다. 이 인기 있는 꾸오바는 청조 건륭 황제와 관련이 있다고 전한다. 청조의 최성기(最盛期) 건륭 황제는 평복으로 몇 사람의 호위병만 거느리고 베이징에서 천리씩이나 떨어진 강남에 나들이를 자주 했다고 한다. 어느 날 밤 그는 소주를 거닐다가 밤늦게 유명하다는 송학루를 찾았다. 송학루는 시간이 늦어 음식주문을 받지 않았다. 그리고 남은 음식도 별로 없었다. 그러나 기품이 당당해 보이는 손님은 수하들과 함께 뭔가 요기를 원하고 있으니 주인은 음식 남은 것이라도 찾을 수밖에 없었다. 밥은 이미 동이 나고 솥 아래 누룽지만 조금 남아 있을 뿐이고 탕 용기에는 생선, 야채 국이 조금 남아 있었다. 주인은 누룽지를 긁어 다시 기름에 볶고, 탕을 이것저것 모아 다시 끓여서 그 누룽지 위에 쏟아 부었다. 난생 처음으로 이러한 요리 맛을 본 건륭은, 즉석에서 천하의 제일 가는 요리(天下第一菜)라고 좋아했다. 소주의 꾸오바가 지금도 유명한 이유는 이런 역사적 연고가 있기 때문인지도 모른다.

굴원(屈原)과 드래곤 보트 레이스

음력 5월이 되면 중국의 강이나 호수에 일제히 축제가 벌어진다. 용선(龍船, dragon boat)경기이다. 용처럼 된 배 모양에 스무 명의 사람이 노를 저으면서 빠르기를 다투는 경주이다. 강이나 호수가 없는 홍콩도 예외가 아니다. 그 대신 홍콩에는 바다가 있다. 용선은 큰 파도가 있는 바다는 위험하다. 그래서 홍콩 섬의 북동쪽 스탠리만이나 신계의 다이포만 등 파도가 적은 해수욕장 근처를 택하여 드래곤 보트 레이스가 시작된다. 홍콩사람보다 홍콩에 진출해 있는 다국적 외국기업이 더 열심이다. 수주일 전부터 회사 내에 노를 저을 사람들을 정해놓고, 업무가 끝난 시간이나 주말을 이용해 하루 몇 시간씩 합동 훈련을 하며 손발을 맞춘다. 경기 당일에는 정크를 전세 내, 전직원이 참가 응원도 하고 뒷풀이 파티를 한다. 다국적 직원을 거느린 다국적 회사의 단합에는 용선 경기가 으뜸인 것 같다.

음력 5월 5일. 홍콩의 단오절은 한여름이다. 뜨거운 햇살을 받고 노를 젓는 팔뚝은 남녀 할 것 없이 구리 빛으로 단단하다. 단오절이 되면 중국 전국에 벌어지는 용선 경기 중 호북성 멱라강(泪羅江)의 경기가 그 원조라고 알려져 있다.

지금부터 2300년 전 5월 5일 중국 역사에 길이 남은 애국 시인 굴원(屈原)이 멱라강에서 투신자살을 했다. 많은 사람들의 존경을 받아온 그가 깊은 물 속으로 몸을 던져 죽음을 맞자, 사람들이 그를 구하려고 재빨리 배를 저어 갔다. 그러나 때는 이미 늦었다. 시체도 찾을 수 없었다. 그 이후로 매년 5월 5일 즉 단오가 되면 굴원에게 제사를 지내고, 그를 구하고자 했던 뜻을 기려 용선 경기를 해왔다고 한다. 더 빨리 달려갔더라면 굴원을 살릴 수 있지 않았을까 하는 간절한 염원에서 이런 경기가 역사를 두고 발전되었을 것이다.

기원전 5세기에서 3세기 사이 250년간 중국에는 전국(戰國)시대가 있었다. 수많은 나라들이 서로 싸우는 때였다. 때로는 싸우고 때로는 병합을 하더니, 나중에는 전국 7웅이라고 해, 일곱 개의 나라로 정리되었다. 그 중 가장 강하였던 나라는 진과 초였다. 두 나라는 남북으로 맞붙어 있었다. 진이 말(馬)과 밀가루(麥)를 중심으로 하는 북쪽문화를 대표한다면 초는 배(船)와 쌀(米)을 중심으로 하는 남쪽 문화를 대표하고 있다. 중국이 수 천 년부터 지금까지 이어온 남북대결의 모습이었다. 초는 당초 양쯔강 중상류로 오늘날 무한과 동정호를 중심으로 건국된 나라였으나 후에 양쯔강 하류의 오(吳)와 월(越)이 서로 싸워 국력이 쇠약해진 틈을 타 양쯔강 이남 전체를 통일, 강대한 국가가 되었다. 자연스럽게 북쪽에서 세력을 펴고 있는 진과 남북대결구도를 이루게 되었다.

굴원은 호북성 제귀 사람이다. 그는 초의 귀족으로 진에 대해 주전론(主戰論)을 주장하였다. 진은 교활하므로 군사력을 갖추어 여타 6국과 연합하여 진에 대항해야 한다는 것이다. 그러나 당시 국왕(懷王)은 굴원의 주장을 따르지 않았다. 그는 후에 진의 유화정책에 넘어가 진의 수도 함양을 방문했다가 그곳에서 포로가 되어 죽음까지 맞게 된다. 그 후 그의 아들이 왕이 되었지만 부왕의 수모를 잊고 굴원의 항진 개혁정치를 외면했다.

굴원의 제삿밥 쫑쯔(粽子)

초의 조정내 친진(親秦)의 귀족들은 진과의 전쟁보다는 평화 추구에 열중하였다. 굴원이 보기에는 국운이 풍전등화와 같은 형세였다. 그는 어린 왕에게 진을 경계하고 부패한 친진 귀족을 멀리하는 정치쇄신을 요구하였지만 대세에 밀려 오히려 그 자신이 추방되고 만다. 굴원이 벼슬을 버리고 고향으로 돌아간지 얼마 후 자신의 예언대로 진은 초를 침입, 그의 조국은 순식간에 망하고 만다. 굴원은 조국의 수도가 진에게 유린된 것을 알고 이신순국(以身殉國)을 결심하고 고향 근처 먹라강으로 가 투신한다. 그가 죽기 전에 지은 "조국을 떠나면서"라는 의미의 애국시, "離騷"는 지금까지 애송되어 중국문학의 고전으로 되어 있고, 19세기 중엽에는 외국인 선교사에 의해 영역되기도 했다. 몇 번이나 죽더라도 한 번 옳다고 생각한 바를 굽히지 않는다는 애국애족의 기풍이 그 시 속에 살아있다.

홍콩에서 유명한 가지각색의 띠엔신(点心) 중에 쌀 문화인 우리 입맛에 잘 맞는 것이 있다. 쫑쯔(粽子)라는 것이다. 찹쌀로 지은 밥에 잘게 쓴 닭고기 등을 넣어, 간장으로 약간 맛을 내 먹기가 제법 좋다. 삼각뿔 모양으로 대나무 잎이나 갈대 잎으로 쌓여 있다. 그냥 익혀낸 뜨끈뜨끈한 쫑쯔는 둘러 쌓여 있는 잎을 하나씩 벗겨내야 먹을 수 있다. 향긋하고 씁스름한 자스민 차를 마시면서 쫑쯔를 먹으면 차 맛과 쫑쯔의 잘 익힌 찹

쌀 밥맛이 입안에서 잘 어울린다. 강물에 자살한 굴원을 구하고자 노를 저어 달려갔지만 시체마저 찾지 못한 초나라 사람들은 굴원의 죽음을 슬퍼하면서 음식을 마련하고 찹쌀로 밥을 지어 제를 지낸다. 그리고 그 밥과 음식 등을 섞어 강가에 늘려있는 갈대 잎으로 잘 싸서 강물에 던졌다. 물고기로 하여금 이 젯밥을 먹되 굴원의 시체는 먹지 말고 잘 지켜달라는 기도를 보냈다. 사람들은 2300년이 지난 지금도 멱라강 강물에 쫑쯔를 던져주면서 굴원의 시체가 지금도 강속 어딘가에 잘 지켜지고 있다고 믿고 있다.

상유천당(上有天堂) 하유소항(下有蘇杭)

중국에서 서호(西湖)하면 먼저 떠오르는 것은 항주의 서호이다. 영어로 "west lake"라고 표기하는 서호는 중국 지도에서 보면 30개 이상 된다고 한다. 그러나 역시 서호의 대표격은 항주의 서호이다. 하늘에는 천당 땅에는 소항(上有天堂 下有蘇杭)이라고 하는 소주와 항주는 중국문화를 이해하기 위해서 꼭 찾아가 봐야 하는 곳이다.

그 중 항주의 서호라는 지명은 중국의 춘추전국시대 제일 미녀 서시(西施)가 살던 호수라는 이름으로 서호라는 이름이 붙었다고 한다. 항주의 도시중심의 서쪽에 있다고 서호라고 하는지도 모른다. 어쨌든 서호는 근처에는 야트막한 산도 많고 훌륭한 우물도 많아서인지 수량도 풍부하고 옛날부터 시인들의 놀이터였다. 보통 서호십경(西湖十景)이라고 하면서 서호 부근의 아름다운 경치를 시와 그림으로 이야기 해놓고 있다. 그러나 막상 가보면 실망도 된다. 서호에는 2개의 유명한 둑이 있다. 둑의 이름이 그 둑을 만든 당시 지방관의 이름을 따서 지은 것이 특이하다. 서호 10경 중 제1경인 "단교잔설(斷橋殘雪)"의 "단교"가 걸려있는 둑이 백제(白堤), 즉 당나라의 문인이던 백거이(樂天)가 지방관으로 있을 때 수축한 둑이다. 그리고 북송시절 소동파(蘇東波)가 지방관을 할 때 수축한 둑이 소제(蘇堤)이다. 소제는 서호를 남북으로 갈라놓은 것으로 둑의 길이가 2.8km이다. 사천성 문인 집안 출신의 소동파는 항주에 두 번씩이나 근무하면서, 항주에 대해 특별한 애정을 가지고 서호 주변을 정리하였다. 서호 주변을 한 바퀴 일주하려고 하면 15km를 걸어야 한다. 수심은 깊고 낮은 데가 다양한데 평균 1.8m 정도 된다. 항주 서호는 중국 차 특히 녹차의 산지로도 유명하다.

항주는 일본 규수의 최남단보다 더 아래쪽인 북위 30°이다. 일 년 내내 영하로 떨어지지 않는 따뜻한 기후 탓도 있지만 인근의 호수 때문에 항상 수분이 충분하여 차나무 성장에 적합하다고 한다. 높지 않은 구릉형 야산에 초록의 융단처럼 차밭이 장관을 이룬다. 항주의 차도 유명하지만 그 차를 끓여 담을 물도 중요하다. 서호 주변의 샘물이 서호의 차맛을 더욱 풍부하게 한다. 서호의 차는 그 샘물로 끓여 마셔야 제대로 차맛을 볼 수 있기 때문이다. 서호의 수많은 샘물 중 천하삼천(天下三泉)으로 3개의 유명한 샘물은 옥천, 호포천, 용정이다. 옥천은 서호의 북쪽 악비묘(岳飛墓)를 지나면 나오는데 옛날 지하에서 솟아오르는 물방울이 마치 옥구슬이 쏟아져 나오는 것과 같다고 해서 옥천이라는 이름이 붙었다고 한다.

호포천은 깊은 산 속에 있어서 잘 알려져 있지 않다. 전설에 의하면 당나라 당시 근처 절간의 스님이 물맛이 나쁨을 한탄하였더니 꿈에 선인이 나타나 호랑이 2마리를 보내줄 테니 그 호랑이가 발견하는 샘물을 쓰라고 하였다 한다. 과연 다음날 스님이 깨어보니 호랑이가 2마리가 있어서 그 호랑이를 따라 갔더니 한 지점에서 호랑이가 뒷발로 흙을 긁어내므로 그 곳을 파보니 맑은 물이 콸콸 쏟아졌다고 전한다.

호포천은 호랑이가 달려가서 발견한 우물이라는 뜻이 있다. 호포천은 자동차 길에서 상당히 떨어져 있어서 차에 내려 도보로 한참 올라야 한다. 더운 날에는 땀을 쏙 빼고 우물에 도착하면 호랑이 상이 맞아준다. 쫄쫄 흐르는 샘물은 땀 흘려 목마른 입안을 신선하게 적셔준다.

소식(蘇軾)이 만든 동파육(東坡肉)

중국에서 훌륭한 지방관이 되기 위해서는 만물 박사가 되어야 했는지 모른다. 목민(牧民)하고 애민(愛民)하는 마음에서 백성들이 즐겨 먹을 수 있는 요리도 만들어 내야 한다. 소동파가 항주의 자사로 있을 때 창안한 요리가 동파육이다. 그는 북송시절 항주가 좋아 두 번씩이나 지방관을 했다. 중국 농촌에 흔한 돼지의 갈비 살을 소흥주(紹興酒) 속에 넣어 오랜 시간 끓인다. 소흥주의 특별한 향내가 식욕을 돋군다. 소흥주는 항주 인근의 소흥 특산의 미주(米酒)이다. 서양의 포도주처럼 오래 숙성해야 좋다고 알려져 있다.

소흥 지방에는 딸을 낳으면 소흥주를 담가 놓는데 그 딸이 시집을 갈 때에야 처음으로 비로소 술항아리를 연다고 한다. 마치 서양에서 자식이 낳는 해의 포도주를 와인 셀라에 보관해 두었다가 자식이 장성한 후 대학을 졸업한다든지 결혼식날 등에 기념으로 꺼내 쓴다는 얘기와 비슷하다. 서양에서는 지금도 가장 귀한 손님에게 하는 최고의 선물은 그 손님이 태어난 해에 만들어진 포도주를 꺼내 놓고 마시는 것이다. 소홍주가 고기육질 깊이 스며들어간 동파육은 항주 지방의 천하별미이다.

퓨전요리 원조

중국요리는 끊임없이 발전하고 있다. 요즈음 퓨전(fusion)이 유행하지만 중국요리는 옛날부터 퓨전의 특성을 가지고 있었다. 중국은 보통국가 크기의 나라 15개 정도로 나눌 수 있는 인구와 땅덩어리가 한 국가로 뭉쳐있다. 그것도 미국이나 구 소련처럼 United가 아니고 하나의 단일국가로 곧 바로 China로 표기되고 있다.

그러나 기후대는 아열대부터 한대까지 사막지대부터 고온다습의 열대 우림 지역까지 대부분의 기후대와 토지 조건을 갖추고 있다. 그래서 음식도 지방마다 다양하여 교통이 불편하였던 시절에는 말이 서로 틀리듯이, 음식도 서로 나누어 먹을 수 없었다고 한다. 그러다가 명·청의 강력한 중앙집권체제는 현재의 베이징어로 관화(官話)를 만들어 중앙에서 파견된 관리들을 중심으로 언어를 통일하였고, 음식도 황실 요리를 중심으로, 나중에는 베이징요리를 중심으로 차츰 퓨전음식이 나오기 시작하였다. 이는 황실요리는 전국에서 가장 뛰어난 요리사를 불러들여 황실 주방을 구성함에 따라 최고급 지방요리가 퓨전화되고, 베이징요리는 베이징이 북방에 치우쳐 있어 재료의 한계가 있지만 수백 년간 수도의 기능으로 중국 각 지역에서 올라온 요리사와 그들이 운반해 가지고 온 지방 재료를 이용하여 요리를 만들어 왔기 때문이다. 또한 재료가 가장 풍부한 대륙 남쪽의 광동성 사람들은 육해공 모든 재료를 음식 만드는 데 사용하였다. 그래서 날아다니는 것은 비행기만 빼고, 네 발 달린 것은 책걸상만 빼고는 모두 요리해 먹을 수 있다고 큰소리 치고 있는 것이다.

중국인의 이러한 노력은 중국을 떠나서도 계속되고 있다. 그 중 하나의 실례가 옌워(燕窩) 요리라고 생각된다. 사람이 먹을 수 있다고 감히 생각해 보지 않은 재료를 이용해 지금은 세계 최고의 요리로 만들어낸 사람이 바로 중국 사람이다.

금사연와(金絲燕窩)

명의 초기 환관이었던 정화(鄭和)가 수군을 이끌고 동남아를 평정하고 멀리 아라비아 반도까지 내려갔다. 그 이후 동남아의 해상 세력들은 중국의 수군(水軍) 위력에 눌리고 그 틈을 타서 중국 남쪽에 살던 중국 사람들이 항구를 중심으로 하는 동남아 전지역에 이민을 나가게 된다. 지금 동남아의 화교들이 이렇게 해서 현지인보다 더 나은 상황에서 현지 상권을 쥐게 된다. 지금부터 200여년 전 태국에 살던 화교가 신기한 것을 발견하였다. 태국의 여러 섬에 날아다니는 금사(金絲) 제비(燕)가 집을 짓는 것을 유심히 보게 되었다. 제비 암수가 날아다니는데 집을 지을 때는 수놈이 바위 위에 자신의 침을 뱉어내 줄줄이 둥지를 만들고 있는 것이다. 마치 누에가 실을 뽑는 형상이었다. 그 색깔이 눈부시게 희었다. 제비집이 눈부시게 깨끗하고 물에 넣으면 부풀어오른다는 것을 알게 되었다. 항상 음식재료에 관심을 갖고 있던 중국인은 이것이 중국 요리의 재료로서 식용할 수 있다고 생각했다. 그는 당시 태국 국왕에게 그 제비집 채취권리를 획득하고 근해 바위섬에 지천으로 널려있는 흰 제비집(白

燕)을 채취하여 요리한 것이, 그 유명한 제비집 요리이다.
　그 후 중국 화교들은 이 요리를 베이징의 대청 황제에게 진상하였더니 황제도 좋아하였다고 한다. 그 이후로 태국 화교들은 주기적으로 이 백연(白燕)을 황실에 진상하이 관연(官燕) 또는 공연(貢燕)이라는 이름이 붙었다고 한다. 이 제비집 요리는 특히 정력에 좋다는 소문이 있어 당시 첩을 많이 두고 있던 돈 많은 노인들 사이에 인기가 있었다고 한다. 처음에는 그렇게 많던 백연이 다 채취되자 금사제비는 자기 집을 잃고 다시 둥지를 만드는데 이번에는 침이 부족해, 자신의 날개 쪽 부드러운 털을 섞어서 둥지를 만들었다고 한다. 그리고 없는 침을 억지로 뱉어 내니 목구멍에 피까지 섞여 나왔다. 이것도 화교들은 채취하여 피를 씻어내고 털을 제거하고 요리 재료로 쓰는데 백연보다 값이 떨어지는 것은 당연하다. 이 제비집을 생긴 모습에 따라 모연(毛燕) 또는 혈연(血燕)이라고도 부른다. 태국의 푸케섬 근처에 주먹처럼 솟아오른 바위섬 주위를 둘러보면 제비집이 간간이 보이는데 백연은 보기 어렵고 해조류, 식물섬유들로 뭉쳐진 제비집이 보인다. 이는 침이 말라버린 제비가 지은 집이기 때문에 식용 가치가 없으므로 채취되지 않고 그대로 있는 것이다. 세계적인 자연보호론 자들은 제비집 요리가 금사 제비의 멸종을 가져온다고 하여 요리 자체를 금지하고 있어서 갈수록 제비집 요리를 맛보기가 어려울 전망이다. 그래서 진짜 백연 제비집은 구하기도 힘들고 따라서 값도 무척 비싸기 때문에 질 좋은 제비집 요리 한 접시는, 중국 막노동자인 쿠리의 평생 인건비와 맞먹는다.
　지금도 동남아 해상 바위섬의 금사제비 서식지에는 마치 군사 비밀기지처럼 철책을 둘러치고 무장 경비가 지키고 있다. 해적들이 몰래와 제비집을 채취해가기 때문이다. 이 바위섬은 홍콩의 유명한 식당이 섬 전체를 태국 또는 말레이시아 정부로부터 장기 임대하여 금사 제비집을 확보해 두고 있다고 한다. 홍콩의 식당들은 이 제비집을 이용 고급 수프(湯)를 만들거나 코코넛·아몬드 등과 함께 요리하여 후식으로 내놓기도 한다.

평등(平等)음식 : 죽

우리 속담에 "식은 죽 먹기"라는 표현이 있다. 식은 죽은 숟가락도 필요 없이 훌훌 마시면 되기에 어떤 일이 쉽다는 뜻으로 통용된다. 그래서 옛날에 찢어지게 가난한 사람은 죽 먹을 형편도 안되므로 집안의 숟가락을 팔아서 죽이라도 구해 먹었다는 이야기가 있다. 이렇게 죽이란 우리에게 천대를 받는 느낌이 없잖아 있으나, 중국에서 죽이란, 죽(粥)이라고 하는 어휘도 있고 죽이란 음식의 위치가 대단함을 느낀다.

죽이란 지방에 따라 약간의 차이는 있지만, 대부분 "쪼오우"라고 발음되는데, 옛날 중국 표준어는 "쭉"이었다. 옛 중국어가 비교적 잘 보존되고 있는 광동어에는 지금도 "죽"이라고 발음되고 있다. 우리가 옛날 죽을 그 이름과 함께 수입하여서인지 우리도 죽이라고 그대로 쓰고 있는 것이 아닌가 생각된다. 죽은 쌀이라는 '米'자가 들어 있다. 그래서 그런지 쌀이 들어가야 죽이 죽다운 맛이 난다. 요즈음은 죽을 고급화해 비싼 전복을 넣어 만든 전복 죽이 있고, 잣을 넣어서 잣죽 등이 나와 있지만, 쌀이 들어가지 않는 죽은 죽이라기보다 "갱(羹)"이라고 불러야 한다. 이것은 탕의 일종이지 엄격하게 말하면 죽은 아니다.

중국 요리의 정수만 모아 두었다는 만한전석(滿漢全席)에 "죽"이 한자리 차지하고 있다. 죽이 만한전석의 대단한 요리 메뉴(菜普)에 들어있지만 그렇다고 고급 요리라고 보기는 어렵다. 죽이 만한전석에 오른 것은 청의 건륭 황제부터라고 전한다. 사냥을 좋아하던 건륭이 젊은 시절, 길을 잃어 산 속을 헤매던 중 먹을 것이 떨어져 기진맥진하였으나 산 속 외딴 집의 도움을 받는다. 그 집은 아주 가난해 양식이 없는데도 한 젊은 이를 위해 쌀을 조금 넣고 물을 가득 부어 쑨 죽을 내놓는데 허기에 찬 건륭 황제에게 그것보다 더 좋은 음식이 없을 정도로 감동시켰다고 한다. 그 후 "죽"은 건륭 황제의 명령으로 만한전석에 한 자리를 차지했다고 전한다.

역설적이지만 사실 죽이란 가난한 사람보다는 황제라든지 귀족들처럼 부자들이 많이 찾는 메뉴다. 부자들은 항상 먹는 데 신경을 쓰다 보니까 소화기관이 피곤해서 죽을 지경이다. 옛날 로마 사람들은 적당히 음식을 토해 내, 위를 비운 다음 다시 먹는 방법을 고안했지만 중국 사람들은 일단 먹은 음식은 전적으로 위(胃)나 장(腸) 등 소화기관에 맡겼다고 한다. 그러므로 만성피로에 쌓인 소화기관을 어린애 다루듯이 조심해야 한다. 소화기관이 화가 나 있다든지 상태가 좋지 않으면 식욕이 사라져 아무리 좋은 음식도 거들떠보지 않게 된다. 홍콩의 화교가 잘 찾는 중국 일류 호텔의 아침식사는 죽으로부터 시작한다고 해도 과언이 아니다. 그들은 만성피로에 빠진 소화기관을 부드럽게 해주는 죽의 의미를 잘 알고 있다. 특히 아침에 일어나서 밤새 비어 있던 위를 보호해 주기 위해서는 죽 만한 것이 없다. 흰죽은 청장결위(淸腸潔胃)라고 해서, 장을 깨끗하게 해주고 위를 맑게 해준다고 믿고 있다. 또 흰죽은 피로한 소화기관을 쓰다듬어 주고, 안마해주고 쉬게 해주고, 보호해 주어서 소화기관에 대해서는 어머니 같은 존재(淸粥好像母親一樣)라고 주장한다. 어쨌든 죽은 평등 음식이다. 위로는 황제부터 아래로는 걸인까지 모두가 먹고 있으니 말이다.

죽과 시판

광동이나 상하이 등과 같은 중국 남부의 죽은, 북쪽 및 서남쪽인 베이징, 사천성에서는 "죽"이라고 부르지 않는다. "시판"이라고 한다. 희반(稀飯) 즉 밥알이 희소하다는 뜻이다. 사실 북쪽의 시판은 죽처럼 먹는다는 표현보다는 마신다는 표현이 어울린다. 마치 뜨물 속에 밥알이 한 알, 두 알씩 들어 있는 듯한데 우리 식으로 말하자면 미음과 흡사하다. 잘못 보면 우유를 마시는 것 같다. 중국 남방은 미작 문화이므로 쌀이 풍부하여 물이 적고 쌀알이 많다. 그러나 북방은 밀가루 문화이므로 쌀이 귀하다. 그래서 쌀은 적고 물이 많다. 젊은 시절의 건륭이 길을 잃고 얻어먹은 것은 사실 죽이 아니고 시판인 셈이다. 가난한 사람들이 주로 아침 식사로 대신하는 시판은 저녁에 먹다 남은 밥에다, 물을 가득 부어 그것을 끓여서 식구들이 한 그릇씩 마시게 한다.

시판은 반찬이 거의 필요가 없으나 죽은 필요하다. 그래서 죽 문화가 발달된 남방은 죽과 같이 먹을 반찬거리도 아울러 발달되어 있다. 땅콩을 껍질 채 소금과 함께 볶아 만든 화생미(花生米)가 있다. 죽 속에 화생미를 수북히 넣어서 먹기도 한다. 사천지방에서 재배되는 특이한 육질을 가진 식물을 절여 만든 짜차이가 있다. 우리도 즐겨먹는 중국식 밑반찬 짜차이는 일반 무와는 틀리다. 짜차이를 잘게 썰어서 죽 속에 넣어 먹는다. 죽과 같이 먹는 반찬은 대개 간장(醬)과 식초를 섞어 만든 보존 식품의 일종이다. 일본의 "다꾸앙"도 중국에 다녀온 "다꾸앙"이라는 스님이 만든 식초를 이용한 무 절임을 그렇게 부른 것이다.

미식가(味食家) 중국선비(儒學者)

중국음식은 퓨전 음식이다. 서양음식은 재료 하나 하나 별도로 요리하여 먹지만 중국음식은 두 가지 이상의 재료를 동시에 요리해 각자 재료의 특성이 있도록 서로 퓨전을 한다.

돼지고기와 죽순을 동시에 요리하면 죽순 향이 돼지고기에 고루 스며들어 돼지고기 맛이 향긋해진다. 죽순도 돼지고기의 고기 향이 배어 있어 새로운 맛을 내게 된다.

현재 중국음식 대부분은 찬 음식이 아니고 더운 음식이다. 그러나 한대에서는 지금과는 달리 찬 음식이 주를 이루고 더운 음식이 추가로 보태졌다. 우리가 지금 쓰는 가마솥은 중국의 육조(六朝) 시대부터 시작되었다고 전해진다. 육조 시대에도 북방의 식료가 부족해서 일일 두 끼니 밖에 먹지 않았다고 한다. 중국 요리가 화력을 이용하여 오늘날처럼 된 것은 송대에 들어와서다.

석탄이 발견되어 연료로 쓰이기 시작한 것이 그 당시였다고 하니 지금처럼 장시간 끓일 수 있는 화력이야말로 중국음식을 퓨전화하여 새로운 맛을 내게 하고 소화하기 쉬운 요리로 만들어낸 것이 아닌가 생각된다. 또한 중국의 유학은 서양처럼 금욕 사상이 없다. 사람의 쾌락과 욕망의 인간의 생명을 충실히 하는 것으로 믿고 있었기 때문에 인간의 기본 욕구의 식욕과 미각에 대해서 긍정적으로 생각했다. 그래서 미각이 원하는 바를 따라 열심히 쫓아갔다. 돈 있고 지위가 있는 지도 계층들의 사상이 이러하니 산과 바다에서 나오는 맛있는 진미(珍味)를 만들어 냈던 것이다. 유학자들은 모이면 공자, 맹자를 논하지만 출출한 시장기를 잊기 위해 먹는 데도 신경을 썼던 것 같다.

식재복건(食在福建)

중국의 동남쪽에 복건성이 있다. 복건성은 중원의 난리를 피해 많은 사람들이 숨어살던 곳이다. 그들이 숨어살면서 가지고 온 언어를 그대로 전수하여 사용하기 때문에 지금도 복건성의 방언은 옛 중국의 표준말이라고 한다. 복건성의 동남지역은 남중국해에 면하고 있고 서북지역은 높은 산이 많다. 따라서 바다에서 나오는 음식재료, 산에서 나오는 재료가 풍부하다. 문자 그대로 산해진미의 고향이다. 일반적으로 물산이 풍부하므로 흉년이 들어도 끼니 걱정을 하지 않는다. 바다에 나가면 생선이며 조개류가 흔하고 산으로 들어가면 각종 열매며 죽순 등이 흔하다. 기후가 온난하고 토질도 좋아 곡식이며 야채 등 밭작물도 풍부하다. 그래서 식재복건(食在福建)할 정도였고, 복건성의 음식이야말로 세상에서 으뜸이라고 한다. 반찬 중에도 불도장(佛跳墻)이라는 음식이 있다. 글자대로 해석하면 불(佛) 즉 불도(佛徒)가 담을 넘어 간다는 뜻이다. 스님이 담을 넘을 정도로 기막히게 맛이 있다는 요리이다.

불도장(佛跳牆)

복건성의 복주(福州) 인근에 사는 유학자들이 시회(詩會)를 가졌다. 보통 시회는 수일간 걸린다. 시회의 마지막 날 서로의 시를 품평하면서 뭔가 특별한 파티(宴)를 생각했다.

시회에 참석하는 사람들에게 뭔가 하나씩 음식 재료를 가지고 오게 하였다. 시회에 참석하는 선비들이 가지고

불도장(佛跳牆)

(복건성의 유명한 탕요리. 문자 그대로 채식만 하는 스님이 냄새만 맡고도 절간의 담을 뛰어 넘어가 먹고 싶을 정도로 구수한 탕 요리이다.)

온 물건은 다음과 같은 것이었다고 한다.

　　말린 전복
　　상어 지느러미
　　해삼
　　사슴의 아킬레스 腱
　　물고기 부레
　　조개 말린 것
　　훈제 돼지고기 (햄)
　　감귤의 껍질
　　자라

버섯
죽순
기타 한약재 다수

주최측은 큰 오지 그릇에 이러한 재료를 몽땅 넣고 삼일 밤낮으로 끓였다. 재료가 점점 익으면서 냄새가 인근 동네를 진동했다. 마침 인근의 절간에서 불사에 정진하던 스님들은 콧속으로 스며드는 그 냄새에 안절부절 하지 못했다.

스님들은 작당을 해 놓은 절간의 담을 넘어 그 냄새를 쫓아 시회를 하는 선비들 속으로 들어간다. 물론 요리의 우수성을 선전하기 위한 중국식 과장으로 붙여진 이름일 수도 있다. 어쨌든 이 요리가 후대에도 널리 알려져 왔고, 지금도 중국요리 중에 고급 요리로 자리잡고 있다.

건륭 황제와 거지 닭

중국의 역대 황제 중에 중국음식과 관련되는 황제는 청조의 건륭 황제가 으뜸일 것이다. 그는 풍류 황제로 황거(皇居)인 베이징을 떠나 풍류와 예술의 고장인 강남에 자주 행차를 했다. 황제의 행차가 쉽지 않고 많은 인력과 물자를 동원해야 하므로 때로는 심복 몇 명만 데리고 암행도 많이 했다고 한다. 따라서 현재의 중국 음식과 관련되는 일화가 그로부터 나온 것이 많다고 전한다. 중국 음식을 먹을 때 갖추어야 할 예의 중 하나가 옆에 앉아 있는 손님의 찻잔이 비워져 있을 때는 찻주전자로 차를 가득 채워 주어야 한다는 것이다. 또한 자기 앞에 음식이 돌아올 경우 옆 사람 특히 여성 손님에게 음식을 먼저 떠주는 것이 좋다. 그럴 경우 서비스를 받은 손님 측에서는 인지와 중지로 가볍게 테이블을 툭툭치는 것을 볼 수 있다. 이것의 유래도 건륭 황제의 암행시절과 관계된다. 건륭 황제가 강남을 암행할 시절 항상 주위에는 변복을 한 심복경호가 따라 다녔는데 그들은 수시로 황제에게 "코우토우" 예를 올릴 수가 없다. 황제자신도 변복을 하여 주위 사람들을 속이고 있기 때문에 황제 예우를 받을 수도 없다.

그래서 그들만의 약속으로 두 손가락으로 테이블을 톡톡 치게 되면 황제에 대한 예를 갖추는 것으로 이해하기로 윤허되었다고 한다. 그 이후 중국 강남에서는 이러한 풍습이 시작되었다는 것이다. 지금은 두 손가락을 톡톡 치면 "감사합니다"라는 뜻으로 이해되고 있다. 그래서 그러한 서비스를 받았을 경우 반드시 감사의 표시로 두 손가락으로 테이블을 가볍게 두드리면 좋다.

중국 음식에 부귀계(富貴鷄)라는 닭 요리가 있다. 이름을 "부귀"라고 역설적으로 붙였지만 일상에서는 "거지 닭"요리로 통한다. 그런데 그 맛이 담백하고, 요리방법이 특이하여 많은 사람의 관심을 끌고 있다. 옛날 중국 강남 지방의 소흥주로 유명한 소흥 근처에 걸인들이 인근 마을에서 닭서리를 해, 털을 뽑고 황토 진흙을 발라 어느 곳에 파묻어 두었다가 한 마리씩 꺼내 구워 먹었다고 한다. 황토를 발라 놓으면 쉽게 상하지 않으면서 주위의 눈도 피할 수 있었던 것으로 보인다. 어느 날 심복들과 함께 암행중인 건륭 황제는 밤이 너무 늦어 숙소를 찾지 못해 야외에 노숙을 하게 되었다고 한다. 잠자기 전에 한 곳에 모깃불을 놓았다. 모두들 불 주위에서 잠을 청하려고 하는데 어디선가 난데없이 고소한 닭고기 익는 냄새가 진동하였다. 그렇지 않아도 출출한 일행에게는 참을 수 없는 냄새였다. 한참만에 그 맛있는 냄새의 진원지를 찾았더니 뜻밖에 모깃불

아래에서 나오고 있었다. 황제의 심복들은 곧바로 그곳을 파 보았다. 황토 흙에 싸여 있는 닭이 모깃불에 익혀지고 있었다. 황제 일행은 질그릇처럼 구워진 황토를 깨내고 그 속의 닭고기를 뜯어 야식으로 맛있게 포식을 한 것은 말할 필요가 없다.

그 후 이 요리가 알려져 지금도 통닭에 황토 흙을 발라두었다가 구워내어 딱딱하게 구워진 황토를 깨고 김이 무럭무럭 나는 하얗게 익은 살을 먹는다. 중국 요리 집에서는 중국말로 서시라는 뜻의 샤오화즈(叫花子)의 닭이라는 의미의 쟈오화지(叫花鷄)라고 부르기도 하고, 거지가 먹던 닭을 부귀한 사람인 황제일행이 먹었으니 그 이후로 이름하여 부귀계(富貴鷄)라고 부른다. 또는 이 닭을 먹으면 부귀해진다는 소망의 뜻도 담겨 있다고 한다.

취하(醉蝦)의 지옥

중국요리 중에는 미식가의 입맛만을 생각해서인지 동물애호가가 볼 때는 잔인한 것이 많다. 원숭이 골 요리는 살아 있는 원숭이 골을 젓가락으로 파먹는다는 이야기를 들었지만 한 번도 본적이 없다. 그리고 "술 취한 새우(醉蝦)"라는 요리는 새우지만, 살아 있는 생물이라는 점에서 그 잔인성이 때로는 입맛을 가시게 한다. 경험 있는 사람들도 많겠지만 어른 손가락보다 큰, 살아 있는 새우를 내열 유리 그릇 속에 집어넣는다. 그리고 도수가 높은 술을 샤워하듯 내리붓는다. 그리고 나서 불을 부치면 불이 확 붙는다. 뜨거운 것을 직감한 새우가 필사적으로 튀어 오른다. 닫아놓은 유리그릇의 뚜껑이 열릴 지경이다. 새우가 조금씩 익어 갈색의 껍질이 검붉은 홍색으로 바뀐다. 문자 그대로 새우의 불 지옥인 것이다.

사람들은 그것을 눈으로 보고 즐기면서 먹는다. 살짝 익혀진 새우는 술의 향기가 배어 있다. 이 요리는 바다 생선 종류가 풍부한 광동 지방의 대표요리이다. 손님 앞에서 살아있는 새우를 직접 보여주고, 그 자리에서 요리를 해 손님에게 직접 건네준다.

생선 속의 암살자 칼

중국이 바다와 친숙하기 전에는 어류재료를 모두 강이나 호수에서 충당했다. 지금도 중국의 보수적 전통요리는 바다생선보다 민물생선을 주로 쓴다. 맨다린 피쉬라고 부르는 중국요리의 대표적인 생선인 계어(桂漁)는 호수에서 잡힌다. 중국에는 바다 같은 호수가 많다. 호수의 고기이므로 고기 속에 호수의 진흙냄새가 난다. 그래서 잡은 생선을 깨끗한 물에 며칠씩 두어서 생선의 몸 속에 배어있는 진흙냄새를 빼낸다.

중국요리에 탕추이위는 본래 진흙냄새를 제거하기 위한 방안으로 고안된 요리라고 전한다. 생선요리 중에 위창지엔(魚藏劍)이라는 요리가 있다. 생선 속에 칼이 감추어져 있다는 뜻이 식도락가에게는 섬뜩하면서 관심이 가는 요리이다. 이 요리는 얄팍한 생선 사시미(魚片)가 있고 그 사이사이에 오이로 짧은 칼 모양을 내놓았다.

이 요리의 유래는 춘추 전국 시대로 거슬러 올라간다. 춘추시대 지금의 무석태호(無錫太湖) 중심의 오(吳)나라 왕이 마침 태호(太湖)에 뱃놀이하고 있을 때 그를 암살하기 위해 만든 요리라고 한다. 오와 원수지간이던 월(越)의 암살자가 삼엄한 경비를 뚫기 위해 오왕(吳王)에게 진상되는 생선 사시미 속에 면도칼 같은 칼날을 숨겨 넣어 그 칼로서 오왕을 살해하고자 하였다는 것이다. 지금은 칼 모양의 오이를 쓰면서 암살자의 요리 위창지엔(魚藏劍)을 내놓는다.

숟가락으로 떠먹는 미소시루

어느 나라 음식이고 사람이 먹도록 요리되어 있다. 사람의 입맛에 잘 맞고, 누구든지 소화하기 쉽도록 처리되어 있다. 일부 지역의 음식을 제외하고 음식은 보편성이 있다. 어느 나라 사람이고 다른 나라 사람이 요리한 음식을 먹더라도 비슷한 맛을 느끼고 비슷한 즐거움을 갖게 된다. 그러나 음식을 먹는 방법에 있어서 지역에 따라 차이가 있다. 따라서 서로 기본매너는 아는 것이 음식의 맛을 더욱 높이고 즐거움이 배가된다고 여겨진다.

일본 음식을 주문해 먹을 때 "미소시루"라는 된장국이 나온다. 그릇도 대부분 칠기로 나무껍질로 만든 듯이 가볍다. 가벼운 용기는 음식을 먹기 전에 두 손으로 들기 쉽도록 하기 위해서이다. 미소시루는 두 손으로 또는 한 쪽 손으로 젓가락을 쥐고, 마시기 좋게 조절하면서 입에 가져다 조금씩 마시게 되어 있다. 그래서 우리의 된장찌개와는 달리 짜지도 맵지도 않다. 그냥 마시기에도 싫지 않은 담백한 맛이다. 그런데 우리가 일본의 미소시루를 숟가락으로 떠먹는다고 할 때 식사를 초대한 일본사람은 당황해 한다. 숟가락이 가서는 안될 곳을 갔기 때문인지 또는 그 숟가락으로 된장국 그릇을 쏟아지게 할까봐 걱정이 되어서 그런지 잘 모르겠다. 마찬가지로 중국 음식을 먹을 때 보면 보통 자기 앞에 몇 가지 식사 도구가 놓여 있다. 서양식 음식의 경우 좌우에 칼과 스푼이 크기 순서 대로 또는 코스 순서로 쓰임새 있게 나열되어 있는 것을 목격하게 된다. 보통 제일 바깥 측에 놓여진 식사 도구 순서로 양손에 각기 다른 포크와 나이프를 붙잡으면 된다. 그런 후 음식이 나오는 순서대로 사용하기만 하면 된다. 포크와 나이프를 쓰고 다 먹은 후에 그 음식의 접시 위에, 오른쪽에 가지런히 놓아두기만 하면 웨이터가 그대로 들고 나간다.

식탁의 文(젓가락) 武(나이프) 대결

중국 음식을 먹을 때는 자기 앞에 놓여 있는 도구는 코스가 끝날 때까지 계속 써야 된다. 서양 음식을 먹을 때 도구가 서로 달라 한 번 쓰고 퇴장하지만 중국 음식은 계속 써야하므로 젓가락이 식탁보를 더럽히지 않고 쓰일 수 있도록 스탠드가 준비되어 있다. 일단 한 코스를 먹고 나서도 젓가락을 스탠드에 얌전히 두었다가 다른 코스가 나오면 다시 먹어야 한다. 중국 음식뿐 아니라 여러 동양 음식에는 나이프가 없다. 대신 젓가락이 있다. 대부분 아시아인의 음식습관은 중국의 영향을 받아서인지 중국과 비슷하다. 중국에도 고대에는 젓가락이 없었고 칼과 숟가락으로 음식을 먹었다고 한다. 중국의 공자가 살던 춘추전국시대에 와서 칼이 사라지고 젓가락이 칼을 대신했다고 한다. 공자는 문(文)을 숭상하였기 때문에 무(武)의 상징인 칼이 식탁에 나오는 것을 참지 못했다는 이야기가 있다. 그래서 두 개의 스틱으로 젓가락을 발명함으로서 모든 것이 해결되었다.

어쨌든 중국음식 먹을 때의 젓가락은 서양음식의 칼과 포크를 대신한다. 서양음식에는 메인 디시가 생선이냐 육류냐에 따라 칼과 포크가 다르지만 중국음식은 같은 것으로 다 처리한다. 그러나 중국음식을 먹을 경우 숟가락이 두 가지가 있다.

입술이 닿아서는 안 되는 스푼

하나는 사기로 된 조그만 것이고, 또 하나는 금속으로 된 둥그렇고 자루가 긴 큰 숟가락이다. 이 자루가 긴 큰 숟가락은 입에 가져가서는 안 된다. 중국 음식은 일반적으로 "十人一盤菜"라고 하여 한 접시 요리를 보통 열 명이 나누어 먹는다. 열 명의 식욕이 다 틀리듯 덜 먹는 사람이 있는가 하면 더 먹는 사람이 있어 상호 균형을 맞춰야 한다. 그래서 열 명이 되어야 여러 종류의 중국 음식을 맛볼 수 있다는 이야기도 있다. 이 경우 음식마다 서비스 스푼을 둘 수가 없다. 그래서 둥글게 푹 파져 있어 음식을 운반하는 데 편리한 개인용 서비스 숟가락을 각자 준비해 두는 것이다. 그 숟가락으로 자기 앞 접시에 먹고 싶은 만큼 조금씩 떠놓고는 젓가락으로 음식을 먹는다.

물론 최고급 식당에는 웨이터들이 음식을 코스대로 한 번씩 소개하고 각자 조금씩 떠주기 때문에 주는 대로만 먹는다면 개인용 서비스 숟가락이 필요 없을지 모른다. 그러나 떠주는 음식은 비교적 조금씩 떠주고 남은 음식은 테이블에 놓아두기 때문에 더 먹고 싶을 경우 자기 숟가락을 사용하면 된다. 작은 사기로 된 숟가락은 탕을 먹을 때 사용한다. 일본음식은 아예 숟가락이 없는 경우가 많아 탕의 경우 두 손으로 들고서 마시게 되어 있으나 중국의 경우에는 묽든 진하든 반드시 숟가락을 사용하게 되어 있다.

일본음식은 젓가락 하나로 모든 음식을 처리한다. 심지어 밥을 먹을 때도 우리처럼 숟가락을 사용하는 것이 아니고 젓가락으로 먹는다. 밥알 하나 하나를 젓가락으로 찍어낼 정도로 젓가락 끝이 뾰족하다. 그 뾰족한 젓가락으로 뼈에 붙어 있는 생선의 살을 모두 발라내 먹는다.

젓가락 징크스

젓가락 문화는 젓가락이 모든 것이다. 아시아의 일부 다른 문화권 사람들은 자기 젓가락을 항상 지참하고 다니는 사람도 있다.

청결제일주의를 내세우는 일부 일본인도 그렇다. 요즈음은 나무 젓가락, 대나무 젓가락 등 일회용이 많아서 그럴 필요는 없어졌지만 일회용 도구가 자신의 것보다 나을 리 없다.

음식을 먹고 나서 젓가락을 두는 것도 당초 스탠드에 가지런히 놓아 두면 되지만 자장면 등을 먹고 나서 빈 사발에 젓가락을 아무렇게나 두는 경우가 있다. 이 경우 젓가락을 한쪽에 나란히 두면 괜찮지만 좌우로 하나씩 벌려 놓으면 중국인 주인이 화를 낸다. 왜냐하면 사람이 죽고 나서 선향(線香)을 피울 때 향을 꽂아 놓는 모양과 비슷해 사람 죽기를 기다리는 모습이라고 생각하기 때문이다.

또한 생선살을 젓가락으로 먹을 경우 한 쪽을 다 먹은 후에 생선을 뒤집어서 반대쪽을 먹게 되는데 지역에 따라서는 이것을 굉장히 싫어한다. 홍콩의 애버딘에서는 생선을 뒤집어 먹으면 반드시 고기잡이배가 뒤집어 진다고 믿고 있다. 그래서인지 그들은 생선의 다른 쪽을 뒤집어서 먹는다는 것을 엄두도 내지 못하고 있다. 중국어에서 생선(漁)의 발음이 여(餘)의 발음과 유사해 중국 사람들이 생선을 좋아하지만 간혹 이러한 금기사항도 유념해야 한다.

홍콩 : 중국음식의 메카

이 지구상에서 중국음식을 가장 잘 만들어내는 곳이 홍콩이다. 말하자면 중국 음식의 메카이다. 홍콩이 중국 음식의 메카가 된 것은 2차 세계대전 후 중국이 공산화하면서 중국 전국의 우수한 요리사(chef)가 홍콩으로 몰려들어 홍콩의 풍부한 음식재료를 이용해 마음껏 중국음식을 만들어냈기 때문인지 모른다. 따라서 홍콩 인은 좁은 아파트의 코딱지 만한 부엌에서 만든 음식보다 대형식당의 음식을 값싸게 먹기를 좋아한다. 그래도 옛날에는 자소녀(自梳女)라고 하여 대륙출신의 가정부가 나름대로 요리를 도왔지만 지금은 빈매(賓妹)라고 불리는 필리핀 가정부에게 중국요리를 주문하기란 쉽지 않을 것 같다.

일반적으로 중국은 "十家三酒店"이라고 하여 음식점이 많은데 홍콩의 거리는 "十家七酒店"이 아닌가 생각된다.

홍콩의 빅토리아 피크 쪽을 바라보면 피크트램의 터미널 건물이 보인다. 멀리서 보면 그 모양이 홍콩의 중국음식점 어디에서도 볼 수 있는 "웍"이란 주방 기기와 유사하여 역시 중국음식의 메카다운 디자인이라고 생각된다. 고온에서 재빠르게 요리하여야 하는 중국음식에서는 "웍"이 빠질 수 없는 주방기기이기 때문이다.

지옥보다 더 무서운 아귀(餓鬼)세상

서양종교를 보면 예배를 열심히 드리지만 제단에는 음식이 잘 보이지 않는다. 중국의 경우 불교든 도교든 제단에 가득한 음식은 살아있는 사람들을 위한 잔칫상 이상이다. 귀신도 잘 먹어야 된다는 것이다.

하여튼 중국은 먹는 것 빼놓고는 할 말이 많지 않을 것 같다. 우리도 그렇지만 아침 저녁 인사가 '밥 먹었느냐'가 중심이 된다. 그래서 손님접대도 음식을 통하여 접대한다. 행사장에 가면 음식들을 가득 차려놓고 기다린다. 찾아온 사람을 오래 붙들기 위해서는 식사를 계속해서 가져오게 한다. 귀한 손님인 경우 음식의 코스를 길게 잡고, 반갑지 않은 손님은 코스가 짧다. 중국 문화는 입의 문화, 맛의 문화라고도 한다. 인도에서 들어온 불교가 중국을 거치면서 사람이 죽어서 가는 여섯 종류의 사후 세계 중에서 가장 가기 싫어하는 세계가 지옥이라면, 그보다도 더 나쁜 곳이 있는데 그곳이 바로 먹지 못한 귀신(餓鬼)이 우글거리는 세계라는 것이다. 지옥은 적어도 먹는 것은 해결해 준다고 믿었으니, 아귀보다 낫다는 것이다.

그만큼 먹는 것이 중요하다. 그래서 중국어에서는 먹는 것의 표현으로 직장동료를 '한솥밥 먹는 처지'라든가 '밥그릇 싸움' '철밥통'이라든지 자신이 학교 선생님이라면 '선생 밥 몇 년 먹었다'는 표현이 많다. '놀래다', '손해를 본다'는 표현에도 '놀라움을 먹다', '잃음을 먹는다'는 식이다. 그리고 음식의 중심은 밥(飯)과 술(酒)로 되어 있다. 밥을 먹기 위한 반찬은 하식(下飯)으로 쓰고 술을 먹기 위한 안주는 하주(下酒)로 쓰면서 음식과 술을 동일시한다. 코스마다 새로운 음식이 나올 때는 "신차이라이(新菜來)"하면서 건배를 하여 음식과 술의 균형을 맞추어 들도록 한다.

일본편

1. 지팡구 트레일

인천 첵랍콕

　인천신공항에 들어선다. 당분간 다시 찾기 어려운 공항이다. 홍콩의 첵랍콕 공항을 연상시킨다. 1998년 홍콩의 첵랍콕 공항 개항 때 일이 기억난다. 개항과 동시에 화물과 승객이 체류되어 꼼짝달싹도 못하는 대혼란이 일어났었다. 붉은 담수어가 살았다는 아름다운 섬, 첵랍콕이 숨어서 은근히 복수를 했던가, 아니면 마지막 몸부림이었던가. 2001년 첵랍콕 공항과 여러모로 많이 닮은 인천국제공항이 개항될 때 인천 첵랍콕이 되지 않을까 하여 많은 걱정들을 했다. 그러나 예상을 엎고 순항을 시작한 인천신공항이 자랑스러웠다.
　인천 앞 바다 서해안에 거대하게 떠 있는 인천공항이 발 아래로 차츰 멀어진다. 좌석 앞의 네비게이토 지도에는 기수가 동쪽으로 향하고 있다. 서울에서 홍콩으로 가는 경우 한반도의 서쪽으로 꺾어 서해안을 따라 쭉 내려가는 항로였는데 이번에는 반대로 향한다.

그런데 나는 일본으로 가고 있다. 일본이 어딘가. 일본의 옛 이름도 많다. 먼저 부상국(扶桑國)이라는 이름을 눈여겨보자. 중국 사람들이 동쪽의 봉래산 어디에 있다고 전설처럼 믿고 있는 부상, 요즘 왜곡교과서를 지은 출판사가 바로 후쇼사(扶桑社)이다. 다음 왜국(倭國), 옛날 왜인(倭人) 또는 왜구(倭寇)가 살던 곳이 아닌가. 중국 사람들은 동서남북 이민족이 출몰해 골치가 아팠다는 데 그 중 가장 시끄러운 종족이 북쪽의 흉노, 가장 조용하면서 점잖은 종족이 남쪽의 왜구라고 했다. 이때 구((寇)는 소수민족의 다른 명칭으로 만(蠻)·이(夷)·노(奴) 등과 같은 의미로 쓰인다. 왜(倭)라는 것이 당초 중국의 고문 해석에는 "조용하다"는 뜻이 담겨져 있었다고 한다. 그래서인지 여러 민족이 모이는 국제회의에서 일본 사람이 가장 조용하며 "무쿠치(無口)"로 유명하다.

또 왜에 얽힌 이설(異說)이 있다. 우리는 왜라고 발음하지만 중국 음은 월(越)과 비슷하다. 중국식 발음은 "위에"이다. 중국의 춘추전국시대를 지나면서 지금의 상하이, 항주 근처의 강국 월이 역사에서 사라졌다. 월과는 경원지간(犬猿之間)에 있던 오(吳)는, 한말의 삼국분할시 손권(孫權)을 맞이해 다시 부활했지만 월은 그후 역사에서 보이지 않는다. 어디로 갔을까.

일본으로 갔다고 한다. 모두 배를 타고 일본에 건너갔다는 것인지. 그래서 일본을 "위에(越)"라고 하고 표기는 같은 발음으로 뜻은 다른 왜(倭)라고 했다는 이야기도 있다. 일본은 일본이다. 그런데 일본이라는 뜻은 뭔가.

히노모토(日の本)

일본 사람은 자신들을 히노모토, 즉 다시 말해 태양이 떠오르는 곳이라고 한다. 태양(日)의 근본(本)이다. 이것은 어디서 나온 이름인가. 중국 사람들이 붙인 이름을 일본 사람들이 국호로 정한 것이라는 설이 유력하다. 옛 중국 사람들은 우리 나라와 일본지역을 한데 묶어 동이(東夷)라고 불렀다고 한다. 동쪽의 이민족이라는 뜻이나. 신수가 시였나는 역사서 삼국지가 있다. 이 책은 후에 나관중이라는 작가가 소설 삼국지 식으로 설화, 전설 등을 섞어 정사(正史)에는 쓰지 못하는 이야기를 넣어 재미있게 재구성한 삼국지연의를 쓸 때 기본이 된 역사서이다. 삼국지, 즉 한지(漢志)(촉한(蜀漢)), 위지(魏志), 오지(吳志)로, 짧지만 당시 삼국의 역사를 기술하였다. 동이는 삼국중 위국 소속이어서인지 위지에 나온다. 우리도 잘 아는 위지동이전(魏志東夷傳)이다. 중국의 중원에서 바라보자면 해는, 항상 동쪽 지방에서 뜬다. 우리 나라의 예전왕조 이름은 조선이었다. 글자 뜻으로 풀어보면 외국인이 잘 쓰는 morning calm, 또는 morning fresh라고 할 수 있다. 중국에서 보면 아침이 먼저 찾아오는 나라가 조선이고, 그보다 더 동쪽 일본은 문자 그대로 해가 뜨는 곳이라고 해석했는지 모르겠다.

마르코폴로의 지팡구

13세기 이태리의 베니스상인 마르코 폴로는 중국에 와서 살고 있었다. 이태리에서 실크로드를 따라 중국으로 왔다. 당시 중국은 몽골의 나라 원이었다. "만물의 으뜸"이라는 의미로 너무 이름부터 크게 지어서 100년도 못되어 망했는지 모른다. 황제 쿠빌라이칸은 마르코폴로를 통해 서양의 이야기 듣기를 좋아했다. 여행을 좋아하는 그는 황제의 특명으로 중국 내지를 여행한다. 황제를 위한 일종의 내정(內政) 시찰이다. 마르코폴로가 남송의 수도였던 항주 지역에서 원의 직위를 하사 받아 중국 남부 지방에서 재직하였다. 그가 그 곳에서 일본에 대해서 들었던 이야기가 동방견문록에 기록되어 있다. 일본, 즉 "지팡구"는 동해에 떠있는 큰 섬인데 항주에서 2,400km 정도 가면 닿을 수 있다는 것이다. 주민의 피부색은 희고 문화가 있으며, 물질이 풍부하고 누구에게도 지배받지 않고 산다. 특히 황금이 많다는 것이다. 황금의 매장이 많은데다가 임금이 황금의 외부 유출을 금지하고 있어서 더더욱 그렇다는 것이다. 또한 너무 멀리 있어서 외부와의 거래도 없으니 황금은 그대로 지천으로 쌓여 있다. 임금이 사는 궁전의 지붕, 마루가 모두 황금으로 되어 있고 심지어 궁전 속의 길도 납작하게 눌린 황금 타일로 만들어져 있다.

　"지팡구"라는 말은 어디서 왔을까？ 당시 중국 사람들이 일본을 일본국이라고 부르고 발음을 "리뻔꾸"라고 했던 것 같다. "리뻔꾸"는 마르코폴로가 이태리말로 Japonku라고 표기하여(J의 발음은 Y) 야폰이라고 했는데, 영국이 세계 무대에 나서면서 야폰(Japon)을 영어식으로 재폰, 재팬으로 읽고 "리뻔(日本)꾸(國)"가 "지팡구"로 바뀐 것으로 추정된다. 지금의 중국 발음으로 일본을 "리뻔"으로 부르고 있어, 7~8세기 전의 발음과 유사하다. 녹음기가 없는 시절의 발음은 순간으로 사라지고 문자만 남아 있어 당시 발음을 정확히 알기는 어렵다.

몽고침입과 카미카제(神風)

마르코폴로의 건의를 받아들여서인지, 황금이 필요해서인지 쿠비라이칸은 황금의 섬 지팡구 점령을 생각한다.

몽고가 지휘하고 몽고의 지배하에 있던 구송(舊宋) 해군과 고려해군의 연합함대가 결성된다. 연합군이 대한해협을 건너 구주의 하카타에 도착하였지만 때마침 태풍으로 제대로 싸우지도 못하고 물러간다. 중과부적의 일본으로서는 태풍이 그야말로 하늘이 내려준 방패바람, 카미카제(神風)였다.

2차 대전에 카미카제 특공대가 나온 것도 몽고침입을 막아준 카미카제를 기원한 것이라고 생각된다. 매년 일본의 NHK는 역사인물을 선정, 매주 일요일 50분 정도 1년간 대하드라마로 방영한다. 금년(2001년)은 카마쿠라 막부시대 실권자 호조토키무네가 방영되고 있다.

드라마를 보면 당시 카마쿠라 막부의 호조토키무네가 몽고침입을 국운을 걸고 막는 장면이 나온다.

드라마에는 마르코폴로도 등장한다. 몽고침입은 황금이 가지고 온 재앙일까. 13세기 후반 일본으로 대재앙을 가져온 황금은 일본에게 축복도 가지고 온다. 세계 대항해 시대가 온 것이다.

콜롬부스의 지팡구

대항해 시대는 문명의 중심지인 중국대륙과 바다로 끊어져 있어 아시아의 최변방인 시마쿠니, 절해 고도 일본을 갑자기 세계의 중심에 놓이게 한다. 대항해 시대의 지리상 발견으로 태평양 항로가 발견된다. 태평양은 대항해 시대의 사통팔달의 십자로다. 아시아의 1급 오지였던 일본 섬이 갑자기 십자로 앞에 놓이게 된다. 마치 충청도 골짜기가 경부고속도로의 개통으로 서울 가는 길이 갑자기 빨라진 것과 유사하다. 콜럼부스는 누구인가. 이태리 반도의 동쪽에 베니스가 있다면 서쪽에는 제노바가 있다. 베니스 출신의 마르코폴로가 중국을 다녀와서 쓴 여행기 "동방견문록"을 150년 후 제노바 모직물 업자의 아들 소년 콜럼부스가 읽었고, 읽고 난 뒤 손에서 쉽게 떼지 못한다. 그는 어른이 되면 반드시 황금의 섬 지팡구를 찾아가기로 결심한다.

드디어 그에게 기회가 온다. 1492년 8월, 스페인 여왕을 설득하여 황금의 섬을 찾아 나선다. 마르코폴로가 육로로 동쪽을 향해 갔다면 자신은 지구가 둥글기 때문에 해로로 서쪽으로 가면 지팡구로 갈 수 있다고 믿었다. 콜롬부스의 산타마리아호는 지팡구를 향해 돛을 올렸는데 출항 2개월이 지나서 겨우 도착한 곳은 지팡구가 아니었다. 황금은 보이지 않을 뿐 아니라 흰 피부의 지팡구 사람이 아니고 인도인 같은 검은 피부의 사람들이었다. 콜롬부스는 지팡구에 아직 도착한 것이 아니고 인도의 어디에 도착한 것이라고 생각했다.

산타마리아호가 지팡구 가는 도중 인도나 키타이의 어디쯤이라고 생각했는지 모른다. 그는 인도 사람에게는 관심이 없었다. 인도에 황금이 있다는 말은 들어보지 못했기 때문이다. 처음 도착한 인도 땅, 산살 바도로를 뒤로하고 계속 황금의 섬 지팡구를 찾아 나섰다. 콜롬부스는 그후에도 수차 대서양 횡단 항해를 했지만 결국 지팡구 찾는 데는 실패하고 지팡구 가는 길을 남북으로 가로막고 있는 거대한 대륙 아메리카를 발견하게 된 것이다. 그리고 지팡구의 황금 대신 담배, 토마토를 찾아냈다.

비행기는 동해안으로 가로 지르더니 다시 남쪽으로 내려갔다. 금방 육지가 보였다. 이렇게 간단히 갈 수 있는 지팡구를 콜롬부스는 가보지 못했다. 수 차례 항해에도 결국 평생소원을 이루지 못했다. 우리 나라 태백산맥 같은 일본의 북 알프스산맥이 보이는가 싶더니 거대한 분지로 들어섰다. 기내방송이 나왔다. 비행기는 나고야 지역에 들어선 것이다.

나고야(那古野)

나고야 벌판, 지금은 名古屋라는 번듯한 이름의 인구 250만의 대도시이다. 이름 그대로 전통 있는 명가(名家)라는 뜻이다 영어로 번역하면 노

블하우스(noble house)라고나 할까. 대도시 이름보다 무슨 베이커리 이름 같기도 하고 식당이나 선술집 이름 같기도 하다. 지금도 메이지야(明治屋), 이자카야(居酒屋) 등 야(屋)가 들어가는 이름이 많다. 도시 이름에 야를 넣지 않을 수 없는 속사정은 1,000년 전부터 써오던 지명 나고야(那古野), "저 쓸쓸한 벌판" 쯤으로 번역될 수밖에 없었던, 좀 비문명적인 지명 때문이었다.

1,000년 전의 헤이안시대라면 일본에서 경도의 천황과 귀족이 문화를 만들어 내던 시대이다. 그 때쯤이면 스즈카 산맥과 요로우 산맥으로 경도와 나라, 즉 경기(京畿)를 자연적으로 보호해 주는 산맥 넘어 동북으로 갈 생각을 못했다. 어쩌다가 건각(健脚)의 고승들이 좋은 절터 찾느라고 동북으로 다녀왔다가 알려준 이야기가 귀족들 사이에 입에서 입으로 전해질 따름이었다. 동북으로 요로우를 넘으면 아주 오래된 거대한 들판이 있는데 북으로 높은 산이 둘러싸여서인지 강이 몇 개나 되고 토지가 비옥하다. 이 곳의 북쪽은 높고 남쪽은 낮은(北高南低)은 만으로 되어 있다. 知多반도가 그나마 그 만을 갈라놓았다. 큰 것이 이세(伊勢)만, 작은 것이 미카와(三河)만이다. 강은 이세만으로 삼천(三川)이고, 미카와만도 이름 그대로 삼천이다. 이 들판에 도합 육천(六川)이 흘러 내려온다. 중국의 사천성보다 이천이 더 많다. 특히 콩의 생산이 좋아서인지 현지 인들의 미소(味噌, 된장)는 빨갛고 오래 가서 일본에서는 가장 자랑거리이다. 이 곳 음식은 미소로 시작해서 미소로 끝난다고 한다. 우리 나라 된장찌개 같은 "미소 니코미"는 쌀쌀한 겨울이면 인기가 있다. 이로리라고 불리는 일본식 부엌에 둘러앉아 "오카와리" 하고 외치면 공기 밥을 날라다주고, 그 바람에 앉은 자리에서 밥 몇 그릇을 먹어 치운다는 애기도 있다. 어쨌든 오랜 기간 나고야로 알려진 지명이라 이름을 근사

하게 하고 싶은 후대 사람들이 발음을 그대로 두고 좋은 의미의 한자(同音美語)만 바꿀 수밖에 없어 기껏 생각해 낸 것이 나고야 발음의 "名古屋"인 것 같다.

또 하나의 첵랍콕

우리는 드디어 "명 고옥 국제공항"에 도착한 것이다. 항공기 창으로 내다본 공항은 적지만 기능적으로 보였다. 활주로가 몇 개 있는지 한 곳은 일본 자위대의 수송기 등이 보인다. 공항이 작아서 비행기가 터미널 가까이 다가간다. 난생 처음 나고야 공항에 들어선다. 터미널 건물은 지은 지 그렇게 오래된 것 같지 않았다. 건물이 이제 제대로 기능을 하는 것 같은데 홍콩의 첵랍콕 같은 신공항을 만들고 있다. 이세만과 미카와만을 가르고 있는 치타반도 서쪽의 바다를 메워 2005년 3월 완공목표로

나고야 港 : 일본 제일의 무역항

공사 중에 있다.

　250만 나고야의 도시 개념을 떠나서 명실공히 2,000만 규모의 일본 중부지역을 대표하는 공항이라는 뜻으로 이름도 "중부국제공항(中部國際空港)"이다. 2005년이면 나고야에서 세계만국박람회가 개최된다. 몇 년 전 88올림픽을 서울에 빼앗긴 후유증을 극복하기 위해 세계만국박람회(world exposition) 개최할 것을 염두에 두었다가 몇 년 전 캐나다의 캘거리를 누르고 2005년 세계 만국 박람회를 유치했다는 이야기가 전해진다. 아이치현의 이름으로 "아이치(愛知)만박"이라는 사랑스런 이름을 준비했다. 2005년 6월부터 3개월간 전세계 130여 개국이 참가하고, 내방객만으로 1,500만이 찾아올 것으로 보고 지금도 한창 준비에 열심이라는 것이다. 내년도에 결정될 2010년 세계 만국박람회에 우리 나라 여수가 결정되었다면 아이치 만국박람회 다음에 여수 만국박람회로 연결될 수 있었다. 그러나 중국 상하이로 결정되어 매 5년마다 열리는 만국박람회가 아시아의 대국끼리 돌아가면서 개최한다는 이야기를 듣게 되었다. 2000년도에는 독일 하노버였다.

　나고야공항에 들어서니 공항관계 직원들이 모두 그린 배지를 양복 깃에 달고 있다. 그것이 2005년 아이치 만국박람회를 알리는 배지라는 것이다. 그린은 자연친화를 의미한다고 했다. 그러나 2005년이면 신공항에 아이치만박 개최도 좋겠지만 이 잘 만들어진 공항이 버려질 것을 생각하니 마음이 우울하다. 홍콩에서 정든 카이탁 공항이 고스트타운처럼 된 것이 연상되었다.

블랙 크리스마스

홍콩에서 우리는 브레머힐에서 살았다. 그곳은 무척 낡은 아파트였지만 이름은 근사해 브레머힐 맨션이었다. 그런데 22층 아파트에서는 짙푸른 바다를 볼 수 있었고, 뒤쪽은 브레머힐이 손에 잡힐 듯했는데 그 경관은 절묘했다.

앞쪽으로 내려다보이는 쪽빛 바다는 바로 카이탁 공항이 있는 쿠롱 앞 바다였다. 당시 카이탁은 세계에서 가장 바쁜 공항이었다. 하나의 활주로를 이용, 1.5분 간격마다 비행기가 내리고 뜨고 한다. 그 모습이 아파트에서 내려다보자면 손바닥 들여다보듯 훤했다. 현재 구축되는 홍콩 뉴커머 들은 카이탁 공항을 잘 모를 것이다. 그 곳은 홍콩의 장래와 함께 원대한 계획으로 사용될 것이라고 한다. 아홉 마리의 용 모양으로 아홉 봉우리가 병풍처럼 둘러싸인 쿠룽연산(九龍連山), 이 작은 산맥이 중국 선전과 작은 강 하나로 연결된 신계(新界)를 구분 지어 주고 있다. 홍콩은 당초 영국 여왕의 왕관에 박혀 있는 다이아몬드 같은 홍콩 섬과 그것을 지켜주는 구룡반도였다. 구룡의 연산이 홍콩 섬과 반도를 중국 대륙으로부터 막아주고 있는 형세였다. 그러나 1941년 12월, 일본의 폭격기가 구룡연산을 넘어 당시 카이탁 공항에 있던 영국 공군기지를 기습했던 것이다. 하와이 진주만 기습과 거의 동시에 이루어진 사건이었다. 당시 카이탁 활주로의 영국 항공기는 제대로 이륙을 시도해 해 본 적도 없이 파괴되었다. 그리고 두 주일 남짓 후 크리스마스 저녁 페닌슐라 호텔에서 촛불을 앞에 두고 일본과 영국의 장군들이 마주 앉았다. 영국여왕의 왕관에 백년간 박혀 있던 다이아몬드가 일본 천황의 보석상자로 들어가는 순간이었다. 그때부터 홍콩은 3년 8개월의 일본치하로 들어간다. 홍콩의 블랙크리스마스, 지금의 홍콩 중심지의 눈부신 크리스마스 장식과 들뜬 홍콩 사람들은 60여년 전의 블랙크리스마스를 잘 알지 못할 것이다.

일본의 적(敵)은 지진

일본열도는 우리 나라와 어떤 관계일까. 지도를 가만히 보고 있으면 일본열도가 L자를 뒤집어 놓은 듯이 한반도를 감싸고 있는 모습이다. 어찌 보면 아시아 대륙에서 빠져 나온 한반도를 안고 있는 모습처럼 보인다. 큰 덩치가 작은 덩치를 몸으로 막고 있는 형국이다. 사실 일본열도가 한반도를 감싸 자연 재해를 막고 있기 때문에 한반도는 살기 좋은 "금수강산 삼천리"가 되었는지 모른다. 아시아에서 자연 재해가 가장 많은 나라가 일본이 아닌가 생각된다. 자연 재해 중 가장 심각한 것이 지진이다. 일본열도를 지진열도라고 할 정도로 지진 다발지역이다.

일본 사람들의 생사관(生死觀)이 분명한 것도 지진과 관련된다고 한다. 과학이 발달한 지금과는 달리 옛날에는 언제, 어디서 지진이 발생할지 아무도 짐작할 수 없었다. 한 집에 살고 있는 사람 중에도 지진이 발생하면, 안방에 자던 사람은 살고, 옆방에 자던 사람은 땅속으로 생매장되기가 일쑤였다. 최근 역사에서도 1920년대 관동대지진이며 1990년대 오오사카 고베 대지진 등으로 수천 명이 죽고 다쳤고, 규모가 작은 지진은 헤아릴 수도 없다. 일본 국민의 실질적인 적(敵)은 러시아도 아니고 중국도 아니고 바로 지진이다. 지진으로부터 안전을 선언하는 길만이 일본의 번영을 가능케 한다. 지진을 막지 못하면 일본의 번영은 사상누각과 다름없다.

그런데 과학자들의 연구에 의하면 일본은 결코 지진으로부터 안전하지 못하다. 일본열도의 태평양 지역 대형지진 발생가능성은 향후 50년간 90%까지 달한다는 보고가 있다. 지금의 동경에서 나고야, 오사카까지 일본의 인구집중 주요도시가 지진피해를 본다는 것이다. 최현대식 고가입체도로로 연결된 대도시가, 지진이 한번 휩쓸고 지나가면 아이들 장난감처럼 무너져 내린다고 상상해 보자. 그 속에 깔려 벌레처럼 죽을 사람들은 얼마나 될까. 과학자들에 의하면 바다 속에 플레이트라고 하는 대형 땅덩어리가 있다고 한다. 그것이 하나가 아니고 몇 개가 서로 맞물려 있는데 압력에 의해 서로가 조금씩 틀어지면서 감겨 있다가 무시로 용수철처럼 원위치로 풀려 나온다고 하는데, 그것이 지진으로 나타난다는 것이다. 지금 일본의 태평양 연안의 서로 틀린 땅덩어리, 플레이트가 물려있

일본의 대표적 온천마을(일본인은 온천을 좋아한다)

는 것이 곧 한계점에 달하여 되돌아 튀어나오게 되는데 그것이 지금부터 향후 50년 사이에 언제든지 발생될 수 있다는 것이다. 그렇게 될 경우 일본 인구집중 지대에 떨어질 피해를 일본인들은 생각하기도 끔찍하다는 것이다. 그렇다고 가만히 앉아서 당할 일본이 아니다. 예산을 대거 투입, 기존 도로며 건물의 내진 리노베이션을 하고 새로 짓는 건축물은 어떠한 지진에도 안전하게 대비한다. 어쨌든 이러한 지진 플레이트를 일본열도가 막고 있어 한반도 쪽에는 그렇게 위험한 플레이트가 없어 우리는 지진 걱정을 덜었다.

카미카제(神風) 태풍

그 다음으로 태풍이다. 일본에는 봄부터 태풍이 일지만 특정한 이름이 없다. 국제기상기구(IMO) 에서 여자이름으로 정해 발표하기 때문에 태풍의 고유 이름이 없는 것은 아니지만, 일본에서 발생한 태풍만큼은 너무 많아서 일일이 이름 붙이기가 복잡해서인지 아예 1호부터 시작한다. 연말까지 몇 개나 오나 보자, 하고 잔뜩 벼르고 있는 모습이다. 가끔 태풍이 찾아오는 나라처럼, 예쁜 여자이름이나 붙여 "여자는 역시 무서워" 하며 한가하게 얘기할 정도로 로맨틱한 것만이 아니다. "태풍은 사업"이라고 불리며, 지방자치 단체 행정의 주요 업무 대상이 되기 때문에 결코 로맨틱한 대상으로 여길 수 없을 지경이다. 태풍은 항상 오키나와며 필리핀 등 아열대저기압으로 시작되어 일본열도와 우리 나라로 올라온다. 열대저기압 태풍이란 뭔가에 부딪히면 바람은 사라지고 비만 남아한껏 뿌리고 없어진다고 한다. 폭우도 무섭지만 가장 무서운 것은 바람이다. 필리핀 근해에서 형성된 대부분의 태풍이 일본열도에 부딪히면 역시 바람은 없어지고 비만 잔뜩 뿌리다가 만다. 가끔 태풍의 진로가 제주도 쪽으로 직진, 북상하이 올 경우 우리도 피할 수 없는 경우가 있지만 한반도까지 도착하는 태풍은 드물다. 일본열도는 그냥 평평한 섬나라가 아니다.

우리 나라의 어느 산보다 높은 3,000m 이상의 높은 산들이 수없이 솟아있다. 그래서 "알프스"라는 이름마저 붙여져 있다. 그것도 몇 곳으로 나누어 북알프스, 남알프스 등으로 불리고 있다. 열대저기압이 이러한 높은 산에 부딪히면 깨질 수밖에 없다. 정말 일본열도는 한반도를 에워싸고 있는 천연방파제, 아니 더 정확히 표현하면 방풍제라고나 할까. 그 태풍 때문에 일본열도는 그저 바다에 쌓여 있는 섬이 아니고, 거친 바다에 쌓여 있는 섬인 셈이다. 그래서 조선술, 항해술이 발달되지 않았던 시절, 일본 사람들은 밖으로 나오기도 어려웠고, 바깥 사람이 일본열도에 들어가기도 어려웠다. 그래서 중국 사람들도 역대로 일본 점령은 생각하지도 않았는데, 유라시아 대륙을 통해 세계 최대의 나라 몽고제국을 건설한 징기스칸의 손자 쿠빌라이칸이 할아버지를 닮아 일본열도 침공을 명령한다. 당시 몽고 속국인 고려와 남송 해군의 지원을 받은 몽고대군이 노도처럼 일본구주(日本九州)의 하카타로 몰려 왔지만 역시 태풍으로 실패한다. 일본은 제 2차 세계대전 패전 이후 미군의 점령을 받기까지, 그 어떤 외국군대도 발을 붙이지 못했는데, 그것도 이런 자연재해를 역이용했기 때문일 것이다.

그래서 태풍마저도 카미카제(神風)라고 미화(美化)하면서 자연재해를 역으로 이용해 국민단결로 이끌어냈다. 일본은 신으로부터 선택을 받아 신풍(神風)에 의해 보호받는 나라라고 역설한 것이다.

한반도가 젖줄이냐 비수(匕首)냐

이러한 자연 재해가 찾아오는 곳이 일본열도에서도 태평양 쪽이다. 그래서 일본열도는 우리의 동해안 쪽을 향해 누워 있는 모습으로 그 많은 자연재해를 등으로 막고 한반도를 가슴으로 안고 있다. 또한 한반도를 통해 대륙의 문화를 받아들인다. 대륙의 문화가 한반도라는 파이프를 통해 흘러나와 일본열도를 적시는 모습이다. 지진이 많고 태풍이 많이 오는 태평양보다는 문화를 받아들이는 쪽을 향해 누워 있는 것이 자연스럽게 보인다. 그랬던 것이 7세기 중반 우호국이던 백제가 망하고, 3국으로 나뉘었던 한반도가 당과 신라에 의해 통일되면서 일본이 크게 위협을 느낀다. 생활 근거지를 한반도에서 가급적 먼 곳으로 옮겨갔다. 자연 재해가 많은 태평양측 동으로 옮아간다. 당과 연합한 신라가 자연재해보다 더 무서웠던 것이다.

구주의 다이자이후에서 세토내해를 지나 나니와, 그리고 나라까지, 다시 나라에서 더욱 내륙 쪽인 경도로 옮겨갔다. 400여 년 전 천하를 통일한 이에야스(德川家康)는 자신이 개척한, 에도가 있는 관동평야로 정치의 중심을 옮겼다. 다시 더 동쪽으로 진출한 것이다. 그리고 서양에서는 지리상의 발견으로 태평양 항로가 열리게 되고, 19세기 중반 미국의 쿠로후네(黑船)의 도래가 태평양 시대의 도래로 이어지게 되었다. 지금까지 한반도를 젖꼭지로 한 문화의 전수는 더 이상 불필요하게 되었다. 문명은 태평양으로부터 유래되어, 한반도는 더 이상 젖꼭지가 아니고 일본의 심장을 겨누고 있는 비수로 비쳐지기 시작했다. 그 비수를 중국(淸)이나 러시아에 넘기지 않으려고 두 나라와 전쟁을 한다. 일본은 결국 중국과 러시아와의 전쟁을 승리로 끌어내고 비수를 손아귀에 넣게 된다. 태평양 시대에 가장 각광받는 곳이 태평양 연안 항구이다. 항구는 문물을 받아들이는 관문이다.

일본열도 지도를 자세히 보면, 태평양연안에는 천혜의 항구가 두 개 있다. 하나는 동경 만이고, 또 하나는 이세(伊勢)만이다. 그 중 이세만이 육지로 완전히 둘러싸여 있는 천혜의 항구 모습이다. 그 이세만 가장 안쪽에 강 세 개가 있는데, 그 중 큰 강 두 개가 기소강, 나가라강이다. 이 강들은 해발 3,000m 내의 북 알프스 산맥에서 흘러내리면서 나고야 평야를 적신다. 3각주의 기름진 벌판을 배경으로 배산(背山)(알프스), 임수(臨水)(이세만)를 하고 있는 항구도시가 바로 나고야다.

인구 250만이지만 나고야를 싸고 있는 3개의 현, 즉 아이치현, 기후현, 미에현을 합치면 인구 1,000만 명의 광역 나고야시가 된다. 이 천혜의 항구에 공장이 들어서고 군수물자를 만들어 내어 일본은 만주사변을 일으키고 중국침략을 할 수 있게 된다. 2차 세계대전 말기 미국을 놀라게 한 유명한 첨예전투기 제로기를 만든 곳도 바로 이곳이다. 이곳에 많은 동포들이 조선에서 강제징집, 동원된 것이 당연하다. 전쟁 중 군사시설이 즐비한 나고야는 미군의 폭격으로 완전 잿더미가 되었다.

한국어 배우기가 쉽다는 내용을 알리는 강연 안내문

그래서 전후 나고야는

100m 도로를 만들면서 시원시원하게 길이 뚫린 현대도시로 새로 태어날 수 있었다. 전쟁 직후 폐허의 나고야에 우리 동포가 수십만 명이 살고 있었다고 한다. 조국의 해방과 함께 대부분의 사람들은 해방직후 귀국선을 타게 되었으나 그래도 4~5만이 남아서 열심히 살고있다. 한때 우리 동포들의 밀집지역은 나고야역 주변이었다고 한다. 왜냐하면 언제든지 기차를 타고 시모노세키에서 출항하는 귀국선을 탈 수 있었기 때문이라는 것이다.

"모노즈쿠리" 나고야

2차 대전 당시 미군의 공습으로 나고야시는 아무 것도 남지 않은 허허벌판이 되었다. 1,500년 전으로 돌아간 셈이다. 나고야의 지명이 상징하듯 "저 쓸쓸한 벌판"으로 되돌아간 것이다. 그 아름다웠다는 나고야성도 다 타버리고, 명치, 대정을 거쳐 지어진 자랑스러웠던 서양식 벽돌건물도 모두 "야케노하라(잿더미)"로 되었다. 그러나 나고야 시민들은 그 잿더미 속에서 새로운 제조업 "모노즈 쿠리(물건 만들기)"를 이루어냈다. 일본제조업의 대명사처럼 되어 있는 세계적인 브랜드가 모두 나고야 지역에 몰려 있다. 토요타 자동차, 노리타케 양식기, 린나이 가스기구, 브라더 미싱 등 이루 열거하기 어려울 정도이다.

이러한 모노즈 쿠리 전통이란 쉽게 없어지지 않는 모양이다. 나고야가 언제부터 일본 제조업의 중심이 되었을까. 400년 전 이에야스가 천하를 통일하고 나고야에 풍신수길(豊臣秀吉)의 오오사카성을 능가하는 아름다운 성을 쌓으면서 시작되었다고 한다. 16세기는 일본에서 전국 시대로 통하는 세기이다. 정말 "백년전쟁"이라는 말이 어울리게 일본 전 국토는 전쟁의 와중에 있었다. 중국의 전국시대(戰國時代)와 같은 양상의 전국 시대가 일본에도 온 것이다. 지리적으로 대륙이나 반도로부터 바다에 의해 떨어져 있어 외부세계에 거의 알려지지 않은 일본은 외침의 대상이 되지 않았다. 외침이 없다 보니 무인(武人)의 역할은 일본열도의 개척이었다.

미국의 서부 개척에 군대가 앞장선 것처럼 일본도 동북부 개척에 항상 무사가 앞장섰다. 미국이 인디언을 먼저 정복한 후 settler가 자리잡듯 일본도 "에조(蝦夷)"라는 원주민을 정복해야 했다. 지금의 일본 중부지방 이북에 살고 있던 "에조"라는 오랑캐(夷)를 더 북쪽, 지금의 동북 지역, 또는 북해도의 산악 지대로 쫓아 올리는 것이었다. 이것을 담당하는 것이 주로 무사들의 일이고, 귀족은 꽃이나 감상하고, 시만 짓고 있으면 되었다. 일본은 중국처럼 대장군이 천자(天子)가 된 예가 없어서인지 군사관계는 무사들이 맡았고, 그들은 문화를 잘 모르는 것으로 무시되기도 했다. 무사들이 변방을 지켜주는 야경꾼 역할을 담당했다.

일본이 전국 시대를 거치기 전까지는 무사들의 실력이 대단하지 않았다고 한다. 외적의 침입이 없어 선진 무기를 접할 수 없었다. 바다 자체가 훌륭한 자연적인 장벽 역할을 했다. 중국은 만리장성을 쌓아서 변방을 막았지만, 일본은 바다 자체가 만리장성이던 셈이다. 따라서 싸움은 동북 지방에 사는 미련한 원주민, "에조"가 상대였다. 그렇지만 무사들은 동북 개척을 대단한 것으로 생각했다. 천황은 무사들 중에 가장 우수한 사람에게 "에조" 정복의 이름을 붙여 정이대장군(征夷大將軍)의 직함을 준다. 일본말로 "세이다이쇼군"이다. 줄여서 쇼군이라고 부른다. 영국의 논픽션 작가 James Clavell이 지어서 유명한 "Shogun"이 바로 이것으로 일반적인 장군의 의미인 general하고는 틀리다. 요즘으로 말하면 군 총사령관이다.

카마쿠라 막부(幕府)

대개 10세기는 일본이 한반도로부터의 관심에서 어느 정도 벗어나게 되는 시기이다. 통일 신라 이후 후삼국이 오십 년간 스스로 재통일에 바빴고, 고려가 재통일에 성공했지만 국가의 기틀을 잡기에 분주해 일본에 대해서 관심이 없었던 때다. 또한 고려는 국가기틀을 잡기가 바쁘게 북쪽으로부터 이민족의 끊임없는 침공을 받았다. 당시 중국은 당에 이어 전국을 통일한 송도 북쪽의 소수민족을 이기지 못하고 남쪽 항주로 쫓겨나는 신세였다.

당시 북쪽의 소수민족으로는 거란족과 여진족이 있었다. 송이 달아난 지역에 각각 "요(遼)"와 "금(金)"을 세운다. 두 나라가 모두 고려와 국경을 접하고 있기 때문에 고려도 북쪽의 강국과 싸우지 않을 수 없었다. 결국 또 다른 소수민족 몽골이 나타나 여타 소수민족을 평정하고 남송마저 정복, 중국전체를 통일한다. 고려도 100년간 몽골의 지배하에 들어가게 된다. 어쨌든 고려조를 통틀어 일본과의 관계는 미미했다. 일본은 몽골의 침입을 받을 때까지 대륙과 한반도의 위협을 크게 느끼지 않고 동북부 개척에 몰두하였다. 천황의 명령으로 무사의 무리를 이끌고 "세이다이쇼군"은 동북쪽으로 진출해 갔다. 12세기 그들이 "에조"와 맞대고 있었던 곳은 지금의 도쿄 지역인 관동평야 입구 "카마쿠라"였다. 카마쿠라에 막부를 개설한 사람은 다이쇼군 미나모토요리토모였다.

그는 이른바 源平戰을 통해 당시 실력자인 平씨의 우두머리 타이라노 키요모리(平淸盛) 세력을 제압, 권력을 잡고 일본최초의 무인정권 카마쿠라 幕府를 개설하였다. 천황도 다이쇼군의 눈치보기에 바빴다. 힘의 중심인 카마쿠라와 정치와 문화의 중심인 경도를 연결하는 것은 동해도라고 일컬어지는 일본 동해안의 고도(古道)이다. 카마쿠라의 다이쇼군은 천황이 있는 경도에 관심을 가지지 않을 수 없었다. 경도의 치안을 책임신다는 명복으로 경도를 동서로 나누어 각각 심복을 책임자로 두었다. 동서로 나눈 것도 서로 감시하는 기능을 주기 위해서다. 그들의 업무연락은 빈번했다. 나고야가 그 연락로 동해도의 중심에 있었다.

전국(戰國)시대

막부라는 것도 문자 그대로 막사(幕舍), 또는 진영에서 전쟁을 수행하는 군인들이 있는 곳이다. 카마쿠라 막부(幕府)가 계속 통제력이 있다면 큰 문제가 없겠으나 권력이 지나치면 쇠퇴하는 법이다. 카마쿠라 막부도 150년을 넘기지 못하고 아시카가라는 새로운 무장이 나타나 최전선 카마쿠라를 버리고 아예 정치의 중심, 경도의 무로마치에 막부를 옮겨 신정(新政)을 편다.

그러나 130년만에 자체내분으로 지방통제력을 잃고 일본은 그후 100년간 전국(戰國)시대로 진입한다. 지방호족들이 무력을 키워 서로 싸우고 그 속에 천황가(天皇家)도 어울리게 되고 나라는 극도로 혼잡하게 된다. 세이다이쇼군에 의해, 또는 천황의 공가(公家)에 의해 지명 받은 지방의 행정관들이 중앙(幕府)의 힘이 쇠퇴하자 임기가 되어도 떠나지 않고 지방의 세력으로 힘을 키워나간다. 그리고 그 속에는 지역의 배경과 관리능력으로 힘을 키운 호족이 등장하기 시작한다. 천황가도 서로의 세력다툼으로 지방의 힘있는 호족과 손을 잡고 마음에 들지 않는 쇼군을 제거하려고 하였다.

이에 중앙의 권력이 쇠퇴함을 틈타 지방의 호족들이 "천황의 부름"을 받았다는 핑계로 "上京討幕"을 도모하고 있었다. 상경하여 무로마치의 토막이 성공하면 천황을 업고, 새로운 정이대장군(征夷大將軍)이 되었고, 새로운 막부를 세울 수 있기 때문이었다. 그러나 상경 자체가 용이하지 않았다. 주로 힘있는 집단은 "미야코(京)"에서 멀리 떨어져 있다. 자신의 세력을 키우기 좋기 때문인지 모른다. 미야코와 가까운 호족은 막부의 감시 때문에 큰 세력을 키우기 어려우나 지리적으로 미야코에 접근하는 길목에 위치하고 있으므로 견제세력으로 더할 나위 없었다. 16세기 중반쯤 드디어 이마가와라는 대호족이 지금의 시즈오카 근처에서 세력을 키워 上京討幕에 나섰다. 당시로서는 무적 대군단 25,000명 군대를 이끌고 파도처럼 미야코를 향하고 있었다. 나고야는 상경의 길목이다. 이 길목, 나고야에서 버티고 있는 세력이 오다 노부나가였다.

오다 노부나가 천하(天下)

오다 노부나가는 5,000명의 소수병력으로 현지의 지리를 살려 25,000명의 대 세력 이마가와군에 대항, 기적적으로 승리한다. 이것이 일본역사에서 오다 노부나가가 천하를 통일할 수 있는 발판이 된 "오케하자마" 전투였다. 당초 오다 노부나가의 세력이 미미해 이마가와는 대수롭지 않게 생각했던 것이다. 환영은 않아도 최소한 눈치 보는 중립으로 공격해 온다는 것은 당시 상황으로 생각하기 어려웠던 것이다.

오다는 당시 이십대 후반으로 활기에 차 있었고, 상대의 허를 찌르기 좋아하는 게릴라전에 소질 있는 특별한 무인이었다. 이마가와를 꺾은 오다에게 상경의 기회가 바로 온 것이 아니다. 주변의 호족을 하나씩 제거하여 오다 같은 탁월한 무인(武人)도 上京討幕에 20년의 세월이 필요했다. 이마가와가 죽사 기틀 펴시 못하고 있던 지금의 후지산 근처 야마나시 지역의 호족, 타케타 집안이 세력을 키워 나간다. 오다는 게릴라 전법을 인사정책에도 응용하였다. 신분철폐에 차별을 두지 않는 인사정책으로 지금 나고야시의 한 시골 평민 출신의 도요토미 히데요시(豊臣秀吉)를 발탁, 전공을 세우게 한다.

오다는 한때 이마가와의 지원세력이었던 토쿠가와 이에야스를 끌어넣어 타케타를 치게 하는 등 거의 천하통일을 눈앞에 두고 있었다. 그는 이미 상경하여 室町 막부를 해체시켰다. 그의 숙소 미야코의 혼노지(本能寺)가 새로운 권력의 중심이 되었다. 방심은 금물인지 오다는 그의 심복 아케치(明智)에게 암살 당한다. "부루투스, 너 마저" 이것은 로마의 시저에게만 있었던 것이 아니다. 동서고금 어디서나 벌어지는 처참한 권력싸움의 한 토막이다. 오나 노부나가가 믿고 있었던 친위대 아케치군이 그의 숙소(本能寺)에 쳐들어 온 것이다. 40대 후반, 그는 아깝게 죽어갔다. 주군을 배신, 살해한 아케치가 천하를 손쉽게 잡을 뻔하였다.

오다의 그 많은 가신들은 아케치가 자신들의 기득권에 간섭하지 않는다면 순순히 넘어가려고 했는지 모른다. 그런데 분연히 일어난 의리의 사나이가 있었다. 도요토미 히데요시였다. 그는 자신의 주둔지 히로시마를 이탈하여 아케치를 치고 주군의 원수를 갚겠다고 군대를 끌고 本能寺

후지산과 일본의 전통가옥

로 돌아왔다. 아케치와의 천하를 다투는 전쟁이 지금의 오오사카와 쿄토 사이의 텐노잔(天王山) 근처에서 있었다. 텐노잔 전투는 천하를 가르는 승패였다. 지금도 일본사람에게 "텐노잔" 하면 갑자기 긴장하는 이유가 여기에 있다.

결과는 사필귀정인지 의리의 사나이, 도요토미의 승리. 도요토미는 의리와 승부근성으로 명실공히 천하를 통일하고 천황을 손안에 쥔다. 자신은 쇼군보다 더 높은 太閤이라는 벼슬을 갖는다. 천하를 통일한 도요토미가 한 일은 자멸의 길이기도 한 조선침략이었다. 통일 후 세력을 키우고 있는 지방호족의 관심을 밖으로 돌리고 군의 에너지를 밖으로 쏟아내게 하려는 다목적으로 보는 입장도 있다. 어쨌든 무모한 전쟁을 통해 평화를 사랑하는 우리 나라 조선을 쑥대밭으로 만들었다. 그때 호족 중에 유일하게 조선침략 전쟁에 군대를 보내지 않은 호족이 바로 이에야스이다.

德川의 천하

사실 도요토미 히데요시가 가장 두려워한 호족은 뼈대있는 집안인 德川였다. 그는 히데요시가 태어난 나고야에서 멀지 않은 오카자키(岡崎)의 영주의 왕자님이었다. 신분으로 봐서는 일개 평민출신의 히데요시와 비교할 수 없었다.

앞서 오다 노부나가가 소수의 군대로 이마가와를 오케하자마 전투에서 격퇴하던 때, 도요토미 히데요시는 신분이 미천해 오다의 보병으로 참전했다. 덕천은 금천의 소년(18세)선발대장으로 전쟁에 참전했다. 이마가와의 패배로 덕천은 고향으로 도망가서 선조의 무덤 앞에서 자결까지 하려다가 마음을 바꾼 적도 있다. 그후로 오다의 동맹군이 되지만 덕천은 기품이 있었고 뭐든지 참아내는 저력의 소유자였다. 그래서 히데요시는 항상 불안했다. 그래서 생각해 낸 것이 덕천이 비옥한 고향을 등지게 하고 개간이 되지 않은 지금의 동경, 관동지역에 좌천을 시켰다. 당시 관동평야는 개척되지 않아 습지와 잡목이 우거진 벌판이었다고 한다. 그리고 인근의 원주민, "에조"가 수시 출몰하여 치안상으로도 어려운 곳이다. 히데요시는 이러한 험지를 덕천에게 준 것이다. 고향 땅을 등지게 하여 개간의 미명하에 군을 못쓰게 하려는 목적이었다. 이는 마치 중국의 패왕 항우가 그의 라이벌 유방에게 험지 한(漢)지방을 선사해 그곳에서 말라죽기를 바란 것과 진배없었다.

덕천은 군사들에게 칼을 버리고 낫과 괭이를 잡도록 하였다. 습지를 메우고 잡목을 자르게 했다. 돌밭에서 쌀을 찾아내는 작업이었다. 히데요시가 조선침략 전쟁에 출병할 군대를 할당하는데 덕천에게는 싸움터에 나갈 군대가 없었다. 모두가 농군이었기 때문이다. 조선침략 7년 전쟁의 대 실패로 대부분의 호족이 군을 상실했고 히데요시는 결국 화병으로 죽게 되지만 덕천은 농군으로 감춰진 군대를 재건하여 천하를 재통일할 수 있었다. 17세기가 되면 덕천에 의한 250년간의 안정된 통일 일본이 계속된다. 히데요시가 임종시 어린 아들과 젊은 부인 요도를 가장 많이 부탁한 사람이 다른 사람이 아니고 바로 덕천이었다. 히데요시의 강요로 덕천의 손녀딸(千姬)이 정략결혼으로 히데요시의 어린 며느리가 되어 있었다.

그런데도 히데요시가 죽자 덕천은 세키가하라(關ヶ原)전쟁을 거쳐 히데요시의 심복을 차례로 제거하고 최후 히데요리 모자의 거성(居城), 오오사카성을 함락시키고 만다. 히데요리 모자는 자결함에 따라 豊臣家로부터 천하를 다시 통일한다. 덕천은 타이코우(太閤)이라는 거창한 타이틀보다 무인답게 征夷대장군으로 돌아가 그가 힘들여 개척한 에도에 막부를 설치한다. 일본역사상으로는 3번째이자 마지막 막부인 셈이다. 지금의 동경이 정치 중심이 되기 시작한 것이다. 덕천이 동경 이외 자신의 세력기반으로 가장 중요시한 곳이 바로 이곳 나고야였다.

나고야는 천혜의 수량이 풍부한 기름진 평야에 위치하고 바다가 바로 옆에 있어 수로 또한 편리한 곳이다. 천황이 있는 미야코와 머지 않아 여타 호족이 천황을 끼고 도는 움직

나고야 인근의 이누야마 城(국보)

임을 쉽게 파악할 수 있었다. 그리고 자신의 고향 오카자키를 지킬 수 있는 곳이기도 하다. 그는 나고야성을 히데요시의 오오사카성 이상으로 화려하게 짓도록 하였다. 자신의 아들 중 똑똑한 요시나오(義直)를 성주로 봉한다. 70만석의 부유하고 화려한 성, 나고야 성이 완성된다. 조선시대 조선통신사(副使)로 이곳에서 하룻밤 묵고 간 강홍중(姜弘重)은 그의 일기에 나고야를 기록하고 있다. "밤의 나고야 거리가 대낮처럼 밝았고 성(城)이 아름답고 성하(城下)에 수만여 호가 살고 있으며 토지가 비옥하다". 성의 목재는 인근 해발 3,000m의 산악에서 베어다 나가라가와(長良川), 키소가와(木曾川)을 통해 운반하였다. 전국의 "모노즈쿠리" 장인들이 모두 동원되었다. 천수각에 올리는 돌고래(사치)는 황금으로 만들었다. 당시 18K 금화 18,000개를 녹여서 만들었다고 한다. 나고야의 "모노즈쿠리" 기술의 태동은 그때부터 시작되었다.

도요타(豊田)가(家)

　외국에서 일제(made in Japan)하면 가장 먼저 찾는 것이 두 개 있다고 한다. "소니"와 "도요타"이다. "소니"를 창업한 모리타(盛田)가, 도요타를 창업한 도요타가 모두가 바로 일본의 중부지역 출신이다. 나고야를 중심으로 하는 일본 중부지역의 자랑은 도요타자동차 회사이다.
　일본 경제가 지난 10년간을 "잃어버린 10년"(lost decade)이라고 어려워하지만 중부지역만큼은 도요타자동차의 수출에 힘입어 불경기를 모르고 살아왔다고 한다. 자동차산업은 연관 산업을 유발시켜 아이치현 등 일본 중부지역은 직·간접으로 도요타 자동차와 관련되어 있다. 일부 저널리스트들은 일본의 새로운 도노사마(殿樣 : 大名)는 도요타이며, 아이치현은 도노사마 도요타의 죠카마치(城下町 : 도노사마의 직할령)라고 해도 틀린 말은 아니라고 하고 있다. 그 정도로 일본 경제를 받쳐주고 있는 것은 도요타이다. 최근 IT 산업의 거품 붕괴로 IT 수출이 부진한 가운데 자동차만이 일본 수출의 효자 노릇을 하고 있다.
　2001년도에 일본 전체에서 중부지역의 관문인 나고야 항이 물동량의 무게뿐 아니라 금액 면에서도 일본 최고의 항구라는 명예를 얻었다. 지금까지 자동차, 선박 등 반·출입되는 물동량의 무게 면에서는 나고야 항이 단연 톱이었으나 금액 면에서는 IT 전문 수출항이던 도쿄 항이 수위를 차지해 왔다. 그러나 도쿄 항이 IT 산업의 침체로 수출이 여의치 않은 가운데 나고야 항을 통한 자동차 수출은 꾸준히 이루어지고 있기 때문에 나고야 항에 뒤지고 만 것이다. 한때 "made in Japan" 하면 전기제품이었는데 전기제품도 한국, 홍콩, 타이완 등 후발 국가에 밀려 적자 기업화되어 있는데다가 무섭게 뻗어 가는 중국의 전기제품에 압도될 날도 머지않아 앞으로의 전망도 밝지 않다.

나쇼날, 히타치, 마츠시타 등 주요 전기메이커의 2001년도 전체 전기 관련 기업의 적자액을 합하면 1조엔(10조원)이 넘는다고 한다. 이러한 전기산업 1조엔의 적자를 1조엔의 흑자로 메우고 있는 기업이 바로 도요타이다. 2002년 3월말 결산시 도요타 그룹의 연결 재무 재표상의 흑자는 사상 처음으로 1조엔을 실현하고 있다.

도요타사기치(豊田佐吉)

세계 유명자동차의 이름은 사람 이름에서 나왔다. 포드자동차, 메르세데츠벤츠 등이 그렇다. 그래서 일본의 자동차도 닛산(日産)을 제외하고는 창립자의 이름을 대부분 쓰고 있다. 혼다, 스즈키 등이 그렇고 도요타도 예외가 아니다. 오늘날 자동차로 세계적인 명성을 갖게 된 도요타자동차는 도요타사키치에로 거슬러 올라간다. 도요타사키치는 1867년에 태어났는데, 당시 일본은 명치유신의 한 해 전으로 아직도 德川家가 권력을 잡고 있던 때이다.

사기치(佐吉)의 어린 시절은 당시 에도(지금의 동경)의 쇼군 저택에 10대의 어린 명치천황이 낯선 에도 생활을 시작하고 있던 때에 해당한다. 당시 아직도 막부파(쇼군 지지파)들은 자신들이 관군(官軍)이라고 주장하면서 사츠마(薩摩) 쵸슈(長州)의 반정부 藩士들의 반군(叛軍)을 몰아내기 위하여 일본 동북지방에서 세력을 유지하고 있던 때이다. 250년 쌓아온 덕천막부의 세력이 하루 아침에 시들기에는 뿌리가 깊었다. 그래서 천황군은 "관군"을 마지막까지 소탕하기 위해서는 전진기지로 "에도"를 임시 수도로 하여 천황을 그곳에 모셔놓을 필요가 있었다. 아직도 에도 북쪽의 인심은 막부편이었기 때문이다. 어린 천황은 討幕혁명군, 당시는 尊王攘夷軍에 의해 임시수도가 된 "에도"에 살게된 것이다.

천황이 자신의 왕궁을 떠나서 자기 신하이던 쇼군의 저택에 거처를 옮긴 것이다. 혁명 천황군의에도 무혈입성 교섭이 성공하고 1867년 마지막 쇼군은 이른바 타이세이호우칸(大政奉還)이라는 이름으로 에도를 내주고 이에야스가 말년에 살던 후지산 아래 駿府(지금의 시즈오카)로 거주지를 옮긴다. 그때 쇼군과 함께 에도를 떠난 쇼군의 막부에 근무하던 학자·관리들이 자그마치 14,000명이나 되었다고 한다. 그들이 에도를 떠나 시즈오카 쪽으로 몰려와 살게 되자 조용했던 시즈오카, 그리고 인근 아이치현이 갑자기 문화의 중심지가 되었다. 농사만 짓던 사람들이 개화며 서양문명이 뭔지 하면서 그들의 화젯거리가 바다 건너 유럽에까지 확대되어 있었다.

1853년 미국의 페리 제독이 쿠로후네(黑船)를 끌고 와서 일본천하를 한번 놀라게 한 것이 결국 250년의 덕천막부의 군막(軍幕)을 걷고 말았다. 이로 인해 시즈오카, 아이치로 낙향한 막부의 관리들은 서양을 진작 몰랐던 250년 막부의 쇄국정책을 후회하고 있었던 것 같다. 이러한 시대 배경 속에 사기치는 어머니가 옛날처럼 베틀에 앉아 어렵게 베 짜는 것을 보고 새로운 시대상을 반영하는 방직기를 만들어낸 것이다. 동양적 효도에서 시작한 새로운 발명품 방직기는 일본 중부지역의 모노즈쿠리(제조업)의 선구가 된 셈이었다. 그는 그후 "綿業立國論"을 제창, 면포(綿布)의 수출을 강조하였고 지금도 일본 10대 발명가의 한 사람으로 존경받고 있다.

도요타 키이치로(豊田喜一郎)

사기치는 그후 방직기에 동력을 이용하여 동력직기를 다시 만들어 내었다. 그가 27세인 1894년, 장남 키이치로(喜一郎)가 탄생한다. 키이치로는 발명왕인 아버지 사기치의 피를 이어받아 공부를 곧잘 했다고 한다. 나고야지역의 제일 명문인 明倫中學을 졸업하였다. 그러나 그의 자서전에 보면 나고야 제 8고 입학에 실패하고 일년을 재수한 후 멀리 동북지방의 仙臺 제 2고등학교를 거쳐 동경대학 공과대학에 들어간 것으로 되어있다.

키이치로는 대학 졸업과 함께 아버지 회사인 도요타 방직에 입사하여 자신의 엔지니어로서의 실력을 발휘한다. 사기치, 키이치로 부자 기술자가 경영하는 "도요타 방직"에서 만들어 내는 방직 기기는 일본 중부지역을 중심으로 하는 방직공장에 납품되었다. 사실 지금까지 방직공장은 "세계의 공장"으로 불리고 있던 산업혁명을 성공시킨 영국의 독점산업이었다.

영국이 세계 1차 세계대전에 참전하여 승리는 하였지만 전사자들이 많아 근로자가 턱없이 부족하고 공장시설이 많이 파괴되어 더 이상 세계의 공장노릇을 할 수 없었다. 특히 중국시장 공급 독점의 영국산 면포의 공급이 뚝 끊어지자 1차 세계대전의 전승국이면서 공장시설을 그대로 가지고 있던 일본이 급격히 영국을 대신하여 중국시장에 파고든다. 도요타사가 만든 방직기계는 불티처럼 팔려 나갔다.

특히 일본기업이 중국시장 진출을 위해 상하이지역에 세운 방직공장의 기계납품은 도요타 방직에서 맡았고, 당시 상하이의 조계지에서 가장 훌륭한 저택중 하나가 "도요타 하우스"라고 불리어진 佐吉邸였다고 한다. 지금도 佐吉邸가 상하이에 남아있어 최근 도요타자동차의 중국 진출에 상징성을 부여하고 있다고 한다. 도요타 집안의 "모노즈쿠리" 정신은 여기서 끝나지 않았다.

1차 세계대전 전후복구로 자동직기 사업은 번창하였지만 그때 미국에서 도입되었던 자동차를 보고 장래는 "자동직기"가 아니라 "자동차"라고 생각한 사람이 바로 키이치로였다. 그는 동북대(센다이) 출신의 센다이 시절 동창생들과도 상의, 장래 "모노즈쿠리"의 총아가 될 자동차 생산에 열중하였다. 공장 일부에 각종 자동차를 분해, 해체

나고야 시내 쌍둥이 건물

하고 엔진 제조에 전력을 쏟았다. 당시 돈 많은 기업들은 돈이 많이 드는 자동차 산업을 외면하고 있었다. 키이치로가 44세가 되는 해인 1938년, 그는 도요타자동차 회사를 세우고 당시 아이치현 코로모(擧母)에다 공장을 건설하였다.

이 도시가 나중에 도요타자동차의 이름을 따서 도요타 시가 되고 지

금도 도요타 시는 도요타자동차 관련회사로 만들어진 하나의 거대한 도요타 콤플렉스라는 인상을 준다. 도시의 거대한 스타디움도 도요타사가 지은 도요타 스타디움이다. 1999. 10. 4 도요타 시에서 개최된 하나의 축제가 시의 축제가 되었다고 하는데, 그날이 도요타의 1억대 째의 자동차가 생산되는 날이었다고 한다. 도요타는 喜一郎의 사망 후 그의 아들 章一郎씨가 이어받아 사장, 회장을 역임하였다. 章一郎씨는 2005년 아이치현에서 개최되는 세계박람회 개최 회장직을 맡고 있어 奧田 전문경영인에게 회장직을 물려주고 지금은 명예회장으로 있다. 그의 40대 장남 章男씨는 미국에서 공부하고 미국의 GM과 도요타 합작회사에 근무한 경험이 있는 국제통으로 지금은 중국 진출 본부장(아시아 본부장)으로 대부분의 시간을 중국에 체류하고 있다고 한다.

"사쿠라"가 피었다

일본의 4월은 신학기가 시작되고 신입사원이 결정되는 달이다. 말하자면 자연과 함께 인생의 봄도 시작된다. 북반구에서 봄의 시작은 꽃이 터지는 시절부터이다. 봄의 꽃이라면 나라마다 틀리지만 일본에서는 뭐라고 해도 "사쿠라"다. 사쿠라가 없는 봄은 상상하기 힘들다. 일본에서 자생하는 사쿠라는 오랫동안 일본인의 마음속에 꽃의 대명사로 자리잡고 있다. 따라서 입학과 취직의 계절인 4월에 "사쿠라가 피었다"는 간단한 한 구절이 신입생과 신입사원의 합격소식을 알리는 전문으로 널리 애용되어 왔다.

사쿠라라 하면 문자 그대로 꽃을 본다는 "하나미(花見)"가 연상된다.

사쿠라 꽃놀이인 "하나미"가 언제부터 시작됐는지 일본에서도 기록이 정확하지 않은 것으로 보이나 1,000년 전 헤이안시대 귀족들이 사쿠라를 보고 즐기는 모습이 그림으로 남아있는 것으로 보아 그때부터 시작된 것이 아닌가 생각한다. 그 이후 전란에 휩쓸려 "하나미"에 대한 기록이 잘 나타나지 않고 있다고 한다.

에도 시대에 와서는 토쿠가와 이에야스의 통치이념인 忠誠이 강조되며 선대의 "오다 노부나가", "도요토미 히데요시" 시대에 자유로웠던 그리스도교 신앙이 탄압되고 불교와 유교가 급속히 파급된다. 유교는 3강 5륜의 철학으로 충효사상을 숭상하다 보니, 봄날 활짝 피었다가 빨리 져버리는 화려하기만 한 사쿠라보다 이른봄에 피는 매화를 더욱 귀중하게 여기기 시작했다. 날씨가 추운데도 꽃을 피워내는 매화를 에도 시대의 지배계급이었던 사무라이들이 좋아하여 사무라이들의 관사, 또는 성에는 반드시 매전(梅田)이 있어 매화를 집단으로 심어 관상하였다.

사쿠라가 피어있는 거리 풍경

사무라이와 우메보시(梅干)

　당시 쇼군가(家)인 德川家는 매화를 크게 장려하여 御三家(3대 집안)로 알려진 미토(水戶), 키이(紀伊), 오와리(尾張)의 德川家에서는 대대적으로 매화를 심었다. 매화는 송죽처럼 절개의 상징이며 한겨울 꽃으로서 신비함과 그 향기로 사람을 즐겁게 해주고 또한 엄동의 쓰라림을 굳건히 이겨내는 꽃이다. 말하자면 괴로움과 유혹을 참아내며 주군(主君)을 위한 충성심이 투철한 사무라이의 마음에 드는 꽃이었다. 더구나 매화는 매실을 제공하니 일석이조의 효과도 있었다.

　지금도 매실을 소금에 절인 매실장아찌인 "우메보시"는 일본 식품의 대명사가 되어있다. "우메보시"의 유명한 산지는 와카야마(和歌山) 지역인데 과거 이 곳이 紀伊德川家의 영지였다. 또한 이른봄, 동경에서 머지 않은 미토(水戶)의 梅園은 우메(梅)를 좋아하는 일본 사람들의 관광명소가 되고있다. 그랬던 것이 에도 말기에 오면서 200년 이상 평화시절에 젖어 충(忠)의 사무라이 정신도 희석되어 매화보다 화려한 사쿠라에 대한 관심이 많아지기 시작했다고 한다. 따라서 사쿠라 "하나미(花見)"가 서민들 속에도 본격적으로 보급된 것이 1800년대에 들어와서 였다고 한다. 헤이안시대 "하나미"는 귀족사회의 풍류로 자리매김 해오다가, 시대 교통과 상업의 발달로 서민생활이 윤택해짐에 따라 꽃놀이인 "하나미"가 대유행이었다고 한다.

제국(帝國)군인과 사쿠라

그런데 이러한 낭만적이고 상춘(賞春)의 대상이던 사쿠라가 명치(明治) 초기에 일본의 국화(國花)처럼 되어 사쿠라의 피고 지는 것까지 일본인의 국민기질과 비교되기 시작하였다고 한다. 19세기 중반(1853년) 미국의 페리 제독이 이끄는 흑선(黑船)의 도래는 250년간 평화의 노곤한 잠에 취해있는 에도의 德川 쇼군에게 있어 잠자리에 찬물을 끼얹은 것 같은 충격이었다. 충격이 너무 커서 제정신을 잃은 에도 막부가 대명(大名)(지방의 제후)들을 소집하는 등 불안해하는 모습을 보이자 평소에도 막부에 불만을 가진 사츠마(薩摩 : 카고시마 현) 및 쵸슈(長州 : 나가사키 현)측에서 어린 명치천황을 내세워 혁명을 일으킨다.

이 혁명이 성공하여 명치유신이 되었다. 명치정부는 당시 식민지 쟁탈에 혈안이 된 서구열강들에 의해 월남(佛)이나 미얀마(英)처럼 아시아의 식민지가 되어 나라가 망하는 것을 막기 위해 이토 히로부미(伊藤博文) 등 젊은이들을 서양에 유학 보내어 부국강병을 배워오도록 하였다. 당시 아시아에서 서구 열강의 선진문화를 급속히 수입, 식민지 국가의 대열을 벗어난 나라가 태국과 일본이었다. 일본은 서구문화를 배우는 것도 빨라 서구열강의 제국주의 정책까지도 배워 오히려 식민지 쟁탈전에 나서게 된다.

일본은 제국군인으로 하여금 청과 겨루고 러시아와도 싸우게 했다. 임전하여 겁을 먹지 않고 잘 싸우는 일본 제국군인에게 보여준 것이 바로 사쿠라였다. 사쿠라는 금방 무리 지어 활짝 피었다가 금방 져버리는 화끈한 꽃이었다. 명치 정부는 사쿠라의 피고 지는 모습을 제국군인의 기상에 맞추었다. 군인은 사쿠라처럼 활짝 피었다가 빨리 져버리듯이 죽음을 두려워하지 말라는 정신교육이었는지도 모른다. 필 때도, 질 때도,

"아름다운" 사쿠라처럼 되라고 한 것이다. 어쨌든 사쿠라는 전국에 보급되고 식민지 국가에도 사쿠라를 심게 하였다. 그뿐 아니라 일본과의 우호의 상징으로도 사쿠라가 사용되었다.

지금 일본 이외 사쿠라가 무리 지어 아름답게 피고 지는 곳은 미국의 수도 워싱턴이다. 워싱턴에는 "포토맥"이라는 이름의 강이 흐른다. 그 강변에 수령 90년이 되는 사쿠라가 봄철이면 장관을 이루는데 그것은 1910 닌내 도쿄 시와 워싱턴 시와의 우호관계를 싶이하기 위하여 낭시 도쿄 시의 오자키 시장이 워싱턴 시에 기증, 식목한 것이다. 사쿠라로 상징되던 일본 군국주의도 1945년 8월 15일 세계 제2차 대전의 종전으로 끝났다. 사쿠라의 상징성도 없어졌다.

수 백년이 된 일본의 사쿠라

2. 생명의 비자

인도(人道)주의의 일본 외교관

 나고야를 중심으로 하는 기후현, 아이치현 분지는 한쪽에 바다만 없다면 3,000m의 고산에 둘러 쌓여 있는 중국의 사천성 분지와 비슷한 지형이다. 북쪽으로는 막혀있고 남쪽에는 이세만이라는 바다를 끼고 있는 더할 나위 없는 지역이다. 그래서 옛날부터 임산물과 수산물이 풍부하여 일본에서는 산해진미(山海珍味)를 고루 맛볼 수 있는 곳으로 알려져 있다.
 또한 고산에서 흘러내리는 강이 세 개나 되므로 민물생선도 무시 못한다. 풍수지리설 대로 배산임수(背山臨水)가 곳곳에 있어서 인물도 많이 나오는 곳이다. 스기하라치우네(杉原千畝)(1900~1986)도 기후현 야오쯔(八百津)町가 낳은 인물의 한 사람으로서 60여 년 전 인도주의 외교관으로 세계적으로 알려진 사람이다.
 한때 스필버그는 "쉰들러 리스트"라는 영화를 만들어 세계적으로 센

이노치노비자(생명의 비자) 스기하라(杉原) 영사 흉상 앞에서

세이션을 일으켰다. 유대인인 스필버그 감독이 독일인 공장주인 쉰들러 사장이 폴란드에서 아우슈비츠 수용소에 가게 된 유대인을 빼돌려 목숨을 구해준 이야기를 영화로 만들어 나치 치하의 추악한 독일인 중에도 인도주의자 쉰들러가 있었다는 것을 널리 알린 것으로 유명하다. 이 영화가 나온 후 일본은 일본에도 쉰들러 리스트에 비교할 만한 "스기하라(杉原) 리스트"가 있었다고 자랑하였다. 일본에서는 "이노치노비자(생명의 비자)"로 더욱 유명한 스기하라 영사가 그 주인공이다.

반 유대인 정책

나치독일이 1939년 폴란드를 침공하면서 폴란드에 흩어져 살던 유대인은 갑자기 신변의 위협을 느끼게 된다. 총통 히틀러가 이끌고 있는 나치 독일의 반유대인 정책이 점령지 폴란드에도 미칠 것이 뻔하기 때문이었다. 히틀러의 나치당은 1차대전 패전과 배상금 지불 등으로 경제는 엉망이 되고 자신감을 잃고 있던 독일인에게 경제적 어려움을 극복하고 새로운 희망을 불어넣기 위해 독일인의 우월성과 게르만 피의 순수성을 강조, 대중의 인기를 얻고 있었다. 그러다 보니 희생 제물로 유대인이 찍히게 된 것 같다.

유대인의 고향 이스라엘이 로마제국에 의해 점령되고 "마사다"의 최후 독립전쟁(AD66)이 실패하여 유대인은 뿔뿔이 흩어져 2,000년간 국가 없는 민족(stateless nation)으로 유럽 여기저기서 살아왔다. 국가 없는 민족의 설움을 극복하기 위해 유대교라는 종교로 단합하고 근검절약과 자녀교육의 강화로 "굴러온 돌"이지만 현지 주민 못지 않은 성공을 이루고 있었다. 그것이 현지 주민으로서는 불만이었다.

독일의 경제상황이 좋을 때는 몰라도 어려워지고 있을 때는 달랐다. 독일인은 어려운데 유대인만 잘 살고 있다고 본 것이다. 히틀러 나치당은 이러한 독일국민의 기분을 잘 알고 반 유대인 정책을 쓴 것인지도 모른다. 나치당이 집권을 하게 됨에 따라 독일의 유대인은 미국으로, 또한 제 3국으로 피신해야 살아남을 수 있었다. 독일의 폴란드 점령으로 폴란드의 유대인들은 인근 발틱 3국의 하나였던 리투아니아로 피신하였다. 아직 그곳은 나치 독일의 영향을 받지 않고 있었다. 1940년 7월 리투아니아에 일본의 영사관이 있었다. 스기하라 영사 1인의 영사관이다.

스기하라 영사는 1900. 1. 1 설날에 태어나서 1924년 할빈 영사관에 근무함으로써 일본 외교관 생활을 시작하였다. 그는 그 후 핀란드 헬싱키 근무를 거쳐 1939년 리투아니아의 수도 카와나스에 일본영사관이 개설되자 현지직원 몇 명과 부인과 자녀를 데리고 근무하고 있었다. 영사관이라고 해도 2층 독립주택 건물에 아래층은 사무실이고 2층은 거주공간이다.

리투아니아에 들어온 유대인에게는 이 나라도 안전하다는 보장이 없었다. 소련의 영향력이 강한 이 나라는 소련의 눈치를 보아야 했다. 소련은 독일의 움직임을 가볍게 볼 수 없었다. 나치 독일의 게슈타포의 손길이 리투아니아까지 뻗치는 것은 시간문제로 보였다.

리투아니아로 쫓겨온 유대인들은 일본영사관에 통과비자 신청을 하였다. 당시 독일의 눈치를 보고있는 유럽의 많은 나라가 유대인에게 통과비자를 주지 않았다. 유대인들은 멀리 극동의 일본은 유럽의 이러한 인종적 문제에 무관심할 것으로 생각, 통과비자가 나올 것으로 믿었는지 모른다. 스기하라 영사가 접수한 비자는 이러한 유대인들이 일본을 통과하여 제 3국으로 가는 데 필요한 것이었다.

어찌 보면 나치의 압제에서 벗어나는 출국허가와 같은 것이다. 스기하라 영사는 일단 본국정부(외무성)에 청훈하였다. 일찍이 이렇게 많은 사람들이 통과비자를 요청한 예는 없었기 때문이다. 스기하라 영사의 청훈에 대해 동경의 일본 외무성으로부터 회신이 왔다. 스기하라 영사는 영사관 로비에서 마침 비자신청을 한 사람들과 이야기를 나누고 있던 중이었다.

암호전문은 급히 풀렸다. 답은 간단했다. "No"였다. 스기하라 영사는 이해가 되지 않았다. 일본에서 살겠다는 것도 아니고 후쿠이현의 "츠루가" 항에서 하루 이틀 밤 묵었다가 남미, 또는 제 3국으로 가는 배를 타고 떠나는 것이 전부인데 "No"할 필요까지는 없다고 생각했다.

그러나 당시 주축국의 하나인 일본으로서도 동맹국인 독일의 반 유대인 정책이 싫어 떠나는 유대인의 출국을 도와준다는 것은 독일정부의 불만을 살 수가 있었다. 이러한 내용을 잘 알리 없는 스기하라 영사는 처음에는 이해를 하지 못했다. 그러나 차츰 군국주의 일본이 독일과 함께 전쟁에 빠져들고 있다는 생각과 독일이 전쟁과 함께 죄 없는 유대인을 대량 학살할 것이라는 예감이 들었다. 당시 나치독일이 유럽의 유대인은 씨를 말린다는 소문이 돌고 있었다. 그래서 정보가 빠른, 사회적으로 유명한 유대인들은 이미 미국 등지로 출국하고 독일에 남아 있는 유대인은 그러한 고급정보를 접할 수 없는 사람들이 대부분이었다고 한다.

스기하라 영사의 고민은 시작되었다. 어떻게 할 것인가. 영사관 주위에는 비자신청을 한 사람들과 비자신청을 받아준다는 소문에 인근에서 몰려온 유대인들로 붐벼 조용한 주택가에 위치하고 있던 영사관 주변이 갑자기 많은 사람들로 소란하였다. 일부는 체재할 호텔비가 없어 길거리에 천막을 쳐놓고 기다리고 있었다.

스기하라 영사의 고민은 깊어갔다. 비자신청을 한 그들에게 본국정부의 "No"라는 훈령을 알리면서 "Sorry" 하고 비자를 거부해 버리면 간단하다. 그리고 계속 떠나지 않을 경우, 주재국 경찰에 연락하면 즉시 강제해산 시킬 수도 있다.

그러나 마음이 따뜻한 일본의 영사 스기하라는 결국 유럽을 떠나지 못하는 그들의 운명을 생각해 보았다. 그들이 갈 곳은 죽음에 이르는 수용소가 아니겠는가. 스기하라는 고민에 빠져 잠을 잘 수가 없었다. 부인과도 몇 번이고 상의를 하였다. 부인도 창 밖으로 보이는 철없는 아이들의 모습을 지울 수 없었다. 그들에게 무슨 죄가 있단 말인가. 유대인으로 태어난 것이 그렇게도 죄가 된단 말인가. 부인이 적극적으로 비자를 주어야 한다고 주장했다. 본부가 거부하였지만 현지 판단으로 비자를 주어도 큰 문제가 되지 않을 것이라고 생각했는지 모른다. 마침내 스기하라 영사는 결단을 내렸다.

"츠루가(敦賀)"에 모이는 유대인

리투아니아 주재 일본영사관에서 비자를 준다는 소문이 주변국 유대인에게 전달되었다. 이미 포기하고 있던 유대인들에게 살 길이 생긴 셈이다. 모두 가사를 정리하고 가족단위로 리투아니아로 밀려왔다.

영사관 앞에는 그야말로 사람들로 인산인해를 이루었다. 놀란 것은 독일정부였다. 독일은 일본정부에 항의서한을 보내고 소련정부에도 리투아니아로 하여금 비자신청을 위해 온 유대인들은 강제해산 시키도록 요청했다.

그러나 소용이 없었다. 비자를 주는 데는 따로 근무시간이 없었다. 계속적으로 몰려오는 유대인을 감당할 수가 없었다. 스기하라 영사는 비자에 사인하느라고 식사도 제대로 못하였다. 소련의 압력을 받은 리투아니아정부는 카와나스 영사관 폐쇄를 결정하고 스기하라 영사를 추방하기로 결정하였다. 출국통보를 받은 스기하라는 더욱 바빠졌다. 더 많은 유대인들이 아우성이었다. 수천 명이 비자를 받았음에도 또 수천 명이 밖에서 에워싸고 있었다. 비자란에 스탬프 찍고 사인하기에도 시간이 부족하였다. 스기하라 부인도 거들었다. 그들은 출국일자를 통보 받고도 이

삿짐을 챙길 시간이 없었다.

드디어 마지막 출발하는 날이 되었다. 유대인들은 스기하라 가족이 떠날 카와나스 기차역에 진을 치고 있었다. 역에서 스기하라 가족을 본 유대인들은 모두 여권을 내밀면서 비자를 요청하였다. 기차를 타고 객차 창문을 통해서 밀려오는 여권에도 일일이 사인을 하였다. 드디어 기차는 출발하였다. 그렇게 해서 6,000여 명의 유대인들이 비자를 받았다고 한다. 그들은 일본국의 통과비자에 의해 시베리아 횡단철도를 타고 블라디보스토크에 도착, 동해를 건너 일본 후쿠이현의 "츠루가"에 도착하였다. 그곳에서 중국(상하이), 또는 남미로 가는 배를 탔다. 스기하라씨는 그후 체코의 프라하, 루마니아 부카레스 공관에서 근무를 계속하다가 1945년 종전과 함께 일시 소련에 의해 포로가 되었다가 1947년 귀국, 외무성을 그만두게 된다. 그리고 동경에서 가까운 카마쿠라(鎌倉)에 살고 있었다.

이스라엘의 영웅 : 스기하라

그런 후 1968년, 일단의 신생국 이스라엘 사람들이 스기하라를 카마쿠라까지 찾아왔다. 그들은 스기하라가 살아있는 것을 반가워하였다. 그들이야말로 스기하라가 발급한 생명의 비자로 목숨을 건진 사람들이었다. "미스터 스기하라, 우리들은 당신의 행위를 잊은 적이 없습니다" 그들은 다 헤어진 옛날 여권을 들고 생명의 은인 스기하라를 오랫동안 찾고 있었다.

그들을 살린 비자에는 "스기하라"라는 서명이 분명히 적혀 있었다. 이스라엘정부는 텔아비브에 "스기하라"로(路)를 만들었다. 그리고 개통식에 스기하라 부부를 초청하였다. 스기하라씨는 건강이 좋지 않아 가지 못하고 부인이 딸과 함께 찾아갔다고 한다. 이스라엘 정부는 스기하라 부인을 위해 대대적으로 환영행사를 하였다.

스기하라 영사에 의해 목숨을 건진 사람들의 자손까지 합치면 수만 명이 된다고 한다. 오늘도 그들은 독일의 잔혹한 홀로 코스트에서 살아남도록 한 스기하라 씨를 잊지 못한다. 일본제국주의의 한 외교관이었던 "스기하라" 영사는 제국 일본정부의 외교사에 인노(人道)의 외교관으로 찬란한 한 페이지를 남기게 되었다. "쉰들러리스트"에 의해 스기하라 영사는 더욱 유명해졌다. 유대인들은 그들을 멸종시키고자 한 나치 독일의 가장 가까운 동맹국 일본제국 정부의 한 외교관의 "작은 반란"에 의해 목숨을 건진 기적을 영원히 잊지 못하고 있다. 세계에 흩어져 근무하는 대부분의 일본 외교관은 스기하라 영사의 목숨을 건 인도주의의 승리를 높이 사고 있을 것이다.

3. 한일 월드컵과 삼족오(三足烏)

한일 월드컵 : 호랑이와 세 발 까마귀

한일 월드컵 축구가 성공적으로 끝났다. 지금도 한국과 일본에서는 월드컵 열기가 아직 남아있다. 한국 축구선수들의 유니폼에는 "호랑이"가 그려져 있다. 아시아의 호랑이가 세계 4강이 된 것이다. 일본 선수들의 유니폼에는 새 한 마리가 그려져 있다. 유니폼뿐 아니라 JAWOC(일본축구조직위)의 공식문서에 항상 빠지지 않고 들어가는 새다.

그림을 자세히 보자. 새의 색깔은 검다. 독수리 같기도 한 새 한 마리가 뒤를 돌아보고 있다. 앞서 가면서 따라오는 무엇을 바라보고 있는 모습이다. 그런데 살짝 보면 놓치기 쉽지만 자세히 보면 새의 다리가 3개이다. 두 다리는 지면을 확실히 밟고 있는 모습이지만 공 하나를 쥐고 있는 다리가 또 하나 있다. 다리가 세 개 있는 검은 까마귀, 그것이 바로 문자 그대로 삼족오(三足烏)다. 한 다리가 쥐고 있는 것은 물론 축구공이다. 일본축구협회(JFA)의 상징마크인 삼족오다. 일본에서는 삼족오를 "야타가라스(八咫烏)"
라고도 부른다.
烏는 까마귀이므
로 "가라스"라고
부르지만 야타가
라스라는 이름은
다리에 착안한
것이 아니고 크
기에 착안했다.
八咫 크기가 8자
정도 된다는 것
이다. 그러면 보

삼족오(三足烏)가 모셔져 있는 신사(神社)

통 사람들이 싫어하는 쓰레기통이나 뒤지는 까마귀와는 좀 다른 큰 까마귀, 거기에다 다리가 3개 있으므로 신령스러운 새임에는 틀림없다.

일본축구협회와 삼족오

이러한 새가 어떻게 일본축구협회의 휘장이 되었을까. 일본 측 인사에 의하면 일본축구협회가 결성된 당시의 협회간부가 지금 일본 미에현과 와카야마현 경계의 쿠마노(熊野) 출신이라고 한다. 쿠마노에는 쿠마노진자(神社), 那智진자 등이 있는데 그 곳에 가면 신사(神社)의 문장 및 상징기에 "야타가라스"가 그려져 있어 어릴 때 그것을 보고자란 그가 축구협회의 휘장으로 그 신령스러운 새를 사용하게 되었다는 이야기이다.

그러면 일본열도에서 남쪽으로 생선 배처럼 불룩하게 나온 부분의 끝에 있는 쿠마노진자의 문장에 야타가라스가 들어가게 된 내력이 있을 것이다. 일본의 역사서에 의하면 일본의 초기 천황인 신무천황(神武天皇)이 본래 지금의 구주 휴가(日向) 지역에 살고 있었는데 국토확장을 위해 四國섬과 일본 본주를 가르고 있는 瀨戶內海를 지나 지금의 쿠마노에 도착, 북쪽으로 산을 넘어 당시 야마토(大和)지방을 정벌하여 지금 일본의 건국 기초를 쌓았다는 것이다. 일본 역사에서 야마토 정벌, 또는 신무천황의 東征으로 불려지는 대정복전을 성공시킨 수호신이 있었다. 이 수호신이 바로 야타가라스, 삼족오(三足烏) 또는 팔지오(八咫烏)라는 것이다. 이 새가 신무천황의 길 안내를 해주었기 때문에 신무천황이 어려움 없이 안전하게 이동해 적을 무찌르고 일본열도의 중심 야마토지역을 차지하여 오늘날 일본을 만들게 되었다는 이야기이다. 쿠마노진자는 당시 신무천황의 동정군(東征軍)이 일시 머물렀기에 동정군의 기에 쓰였을 삼족오를 그대로 지금까지 사용하고 있는 것으로 보인다.

백제 무녕왕릉과 일본 천황릉의 삼족오

지금 일본의 오사카 지역에는 거대한 능이 있다. 규모는 왕릉으로서 세계 최대로 피라밋보다 더 크다는 인덕천황릉(仁德天皇陵)이다. 능의 모습이 전방후원, 마치 키홀(key hole, 열쇠구멍)처럼 되어 있고 주변이 성곽둘레의 못(堀)처럼 해자(亥子)로 보호되어 있다. 이 천황의 왕릉이 발굴되지 못하고 있다. 이 왕릉이 정식 발굴되지 않은 가운데 100여 년 전 큰 비로 왕릉일부가 무너져 내렸다.

그 속에서 인덕왕릉의 유물 일부가 나왔는데 그 중에 동경(銅鏡)이 있었다. 옛날 사람들은 지금처럼 유리 거울이 없었으므로 청동 거울을 예쁘게 닦아 거울에 대신하였는데 그 뒷면 손잡이 쪽에 여러 가지 길상무늬가 있다. 인덕천황릉에서 우연히 출토된 거울에는 천황가를 상징하는 삼족오(三足烏), 즉 야타가라스가 나왔다. 지금 그 거울이 미국 보스톤 박물관에 보관되어 있다. 그런데 삼십여 년 전 우리 나라에 역사에 남을 발굴행사가 있었다. 바로 공주의 부령왕릉 발굴이다. 백제의 무령왕릉에서는 수많은 유물이 나왔다. 살아있을 당시 사마왕(斯麻王)으로 불렸던 무령왕 출생의 비밀도 드러났다. 그가 일본에서 활약했던 백제왕족 곤기(昆岐)의 아들이고 그의 부모님이 일본으로 가던 중 일본 구주의 카카라섬(加唐島)이라는 곳에서 그를 낳았다. 그의 어머니가 배를 타고 가다가 예정보다 빠르게 산기(産氣)를 느껴 구주에 도착 직전 불시착한 곳이 카카라섬. 급한 나머지 바닷가 배 닿는 곳에서 멀지 않은 동굴을 찾아내어 그곳에서 아기를 순산하였는데 그 아이가 바로 사마왕이었다.

사마는 우리말의 "섬", 일본어의 "시마"를 의미한다. 따라서 사마왕은 섬에서 태어난 왕이라는 의미다. 사마왕이 백제의 왕통을 이어받아 왕이 되었다. 그가 죽은 후 그의 유물 속에는 일본뿐 아니라 당시 중국의 양(梁)나라의 물품도 다수 포함되어 있어 그가 동아시아 3국 교류의 중심 역할을 하지 않았나 생각케 한다. 그의 유물 속에도 동경이 나왔고 그 동경의 모습이 인덕천황릉에서 우연히 출토된 동경과 거의 같다는 것이 확인되었다. 물론 "야타가라스"가 있었다. 야타가라스는 백제왕의 상징으로 무령왕이 평소 쓰던 칼(환도)의 손잡이, 신발 등 곳곳에 장식되어 있다. 백제뿐인가. 과거 고구려의 고분이었던 북한 평양 근처에 남아있는 여러 가지 고분의 벽화에는 태양 속에 자리 잡고 있는 야타가라스가 많이 보인다.

고대 한반도와 일본 열도를 연결한 삼족오

야타가라스는 어디서 시작된 것일까. 중국의 고대 지리서인 산해경(山海經)에 야타가라스의 이야기가 처음 나온다고 한다. 중국의 고분에서는 야타가라스가 태양신의 사자(使者)로 그려져 있다. 태음(달)에는 토끼라면 태양(해)에는 야타가라스다. 아시아의 태양숭배신앙은 반드시 태양의 사자인 야타가라스를 신앙의 대상으로 하고 있었던 것 같다. 그 중에서도 사람은 하늘에서 내려온 신의 아들임을 전설로 하고있는 한반도, 고구려, 백제에서 야타가라스가 더욱 숭배된 것 같다. 일본의 야타가라스는 한반도에서 건너간 것임을 증명하는 사람이 많다.

2001년 12월 현재 일본의 헤이세이 천황(平成天皇)이 68세의 탄생일을 맞이했다. 그는 기자들과의 간담회에서 쇼킹한 발언을 했다. 자신의

三足烏가 모셔져 있는 神社

선조인 환무천황(桓武天皇)의 어머니가 백제의 무령왕 후손이며 따라서 일본 천황가에는 한국의 피가 흐르고 있다고 공식적으로 선언하였다. 일본천황가가 한일 혼혈이라는 것이다. 그러면 환무천황의 어머니뿐인가. 많은 기록을 보면 천황가 스스로 한반도에서 건너 왔다는 설도 만만치 않다. 천황의 이러한 충격적 발언으로 2002. 3. 20 미국의 시사주간지 뉴스위크에서는 "천황가의 비밀"이라는 특집을 게재하였다.

천황이 야마토를 정복하고 지금의 나라분지에 일본을 세웠을 때 당시 그곳의 주민 70%가 渡來系였다고 한다. 뉴스위크 기자의 추리로는 천황계는 한반도 세력의 일부가 대한해협을 건너 구주의 북쪽해안에 도착하였고 그곳에서 산을 넘어 구주의 동남해안(日向지역)에 자리를 잡고 있다가, 다시 일본 중심지역인 지금의 나라분지로 진출하였다는 것이다. 그리고 야타가라스의 길 안내를 받았다는 것이 『日本書紀』에 나와있다. 야타가라스는 당시 한반도 고구려, 백제 왕실의 상징적인 새이므로 한반도 왕실과 관련되는 일부세력이 야타가라스를 신앙으로 하여, 위험이 따르는 개척의 길로 나선 게 아닌가 추리하는 사람도 있다.

학자 중에는 태양의 사신 야타가라스의 신비스러운 힘이 오늘날 일본을 건국시켰다고도 한다. 대한해협의 빠른 물결도 야타가라스의 힘으로 무사히 건넜고 구주의 높은 산, 日向에서 쿠마노까지의 먼 바닷길, 쿠마노에서 나라현의 높은 산을 넘어 당시 원주민(에쬬)을 북쪽으로 내몰고 한반도의 선진문화를 일본에 펼 수 있다는 추리가 가능하다는 것이다. 그 야타가라스가 2000년의 세월을 지나 다시 소생했다. 일본축구협회의 심벌로 소생했지만 그 신비스러운 힘은 다시 힘을 발휘하기 시작했다.

야타가라스의 秘力蘇生

일찍이 월드컵 본선은 1998년 프랑스대회밖에 올라보지도 못했으며 프랑스대회에서도 예선리그 완패로 승점 1점도 올리지 못한 일본 팀이, 이번에는 강호 벨기에와 비기고 러시아, 튀니지도 꺾어 16강에 진출하였다. 그것만으로 1억 2천만 일본인들을 환희의 도가니에 빠뜨렸다. 내친 김에 그 활력으로 다시 터키를 꺾고 8강까지 나갈 수도 있었는데 터키에 져서 아쉽게도 16강으로 만족해야 했다. 재미있게 말하기를 좋아하는 사람은 야타가라스의 힘이 발휘되었다고도 한다.

실제 일본의 많은 축구 팬은 야타가라스와 관련되는 쿠마노진자 등에서 일본의 16강 진출을 기원하였다. 또한 일부에서는 한반도에서 백제의 삼족오가 바다를 건너 일본열도를 개척하였고, 이 삼족오가 21세기 축구를 통해 부활하여 축구로 한일 동반자 관계를 맺는데 크게 도움을 주고 있다고 이야기한다. 어쨌든 축구를 통해 새로이 태어난 한일 관계를 더욱 심화, 발전시켜 아시아의 미래를 공동으로 이끌어 나가야 한다고 믿는 사람이 많다.

4. 스모우(相撲) 이야기

스모우와 씨름

　일본의 문화는 동양의 것이지만 한국·중국과 다른 것이 많다. 대륙에서 수입은 했지만 완전히 자기 것으로 만들어 버려 대륙에서도 다시 역으로 공부하지 않으면 안 되는 일본 문화가 많다. 그중 가장 일본적인 것이 "스모우(相撲)"가 아닌가 생각된다. 우리 나라의 씨름과 비슷하고 부르는 말도 씨름, 스모우, 어떻게 풀어쓰다 보면 어원적으로 동원(同源)처럼 보인다.
　그러나 복잡한 우리의 씨름과 많이 다른 것 같다. 물론 어찌 보면 힘겨루기로 보이는 스모우는 씨름과 마찬가지로 인류의 역사와 맥을 같이 하는지 모른다. 인류가 살면서 원시시대에는 힘을 잘 쓰는 사람이 존경을 받았다. 큰비가 와서 밭에 바위 돌이 떠내려 왔을 때 그 돌을 얼른 들어다가 논 밖으로 던져 낸다면 그보다 반가운 일이 없다. 그래서 지금도 일본에서는 사나이들이 큰 돌 들기 시합을 한다. 또한 사냥감으로 곰 같

306 ●일본편

일본 씨름(스모우)

은 큰 동물을 잡았다면 그 곰을 들쳐 메고 마을로 가지고 올 수 있는 사람이 제일 훌륭해 보였을 것이다. 스모우는 당초 이러한 큰 힘을 가진 력사(力士)들이 동서로 나누어 싸우면서 힘을 겨루어 농사의 풍작을 기원한 데서 유래하였다. 인간은 싸우고 싶어하는 본능이 있다. 스모우가 그 본능을 대신 해준다. 일본 귀족들은 대리만족을 주는 스모우 선수를 오랫동안 양성해 왔다.

헤이안(平安)시대와 헤이세이(平成)의 스모우

일본의 헤이안시대에 벌써 스모우 체계가 잡혔다고 하니, 헤이세이의 지금으로부터 보면 1,500년은 된 것 같다. 뿐만 아니라 동서 2명의 력사를 소개, 불러내는 요비다시(呼出)와 시합을 주관하고 승패를 판정하는 교지(行司)라는 사람은 헤이안시대 복장을 하고 있는데, 교지는 심판과 함께 부채모양의 군바이(軍配)를 들고 나와 시합을 주관한다. 물론 교지도 랭크가 있어 선수의 랭크에 따라 교지도, 입고 나오는 의상의 색깔도 다르다. 또한 심판원 5명이 주위에 따로 포진되어 있다. 모든 격식이 1,000여 년 전의 것을 이어받고 있다. 일본의 전통 스포츠로 자리잡은 스모우는 헤야(部屋)라고 부르는 私設수련장에서 가르친다. 력사 경험을 가진 선생을 오야카타(親方)라고 하여 15세 이상 되어 스모우를 배우러 온 소년을 합숙으로 가르친다. 문자 그대로 오야카타는 엄격한 아버지의 모습이다. 오야카타의 부인은 오카미(女將)라고 불려지는데 어머니 역할을 한다. 오야카타의 이름을 딴 헤야에 수십 명이 매일 훈련을 한다.

스모우 선수는 배가 불룩하고 몸집이 크다. 처음부터 그렇게 큰 사람이 시작하는 것이 아니고 "창코"라는 특별한 음식을 먹으면 몸집이 그렇게 된다고 한다. "스모우도리"라고 하는 스모우를 배우는 젊은이들은 "창코"라는 음식을 하루 두 번 먹고 훈련한다. 그들의 일상을 보면 아침 일찍 기상하여 2시간 정도 "아사케이코(朝稽古)"라는 아침운동을 한다. 그러면 훈련생 중 신참 등이 "창코"를 준비한다. 창코는 우리 식으로 보면 잡탕죽이다. 주로 야채와 생선이 많이 들어가고 육류도 있다. 밥 대신 질퍽한 죽을 먹는 셈이다. 아침식사는 오전 10~11시경 식사가 끝나면 낮잠을 2시간 정도 잔다. 그리고 자유시간을 갖고 저녁을 먹는 식으로 하루 2끼로 끝낸다. 거구를 움직이기 위해 하루 3끼를 먹는 사람보다 더 먹어야 할 것으로 보지만 오히려 끼니 수는 적다.

씨름선수 김성택(金成澤)과 스모우도리 카스가오(春日王)

　나고야 근처 이치노미야(一宮)시에 카스가야마베야(春日山部屋)라는 스모우를 가르치는 이러한 사설수련장이 있다. 카스가야(春日山)는 한때 이름 있는 력사였다. 그의 문하에 한국의 씨름선수가 입문하였다. 1998년이므로 지금부터 5년 전이다. 김성택(金成澤). 그는 부평출신으로 인하대학의 무제한급 씨름선수였다. 체구가 장대하고 기술도 뛰어나 무제한급 챔피언도 되었다. 카스가야는 김성택을 눈여겨보고 일본 씨름판인 스모우계에 입적시켰다. 김성택은 홀어머니 슬하에서 자랐다. 어머니를 즐겁게 해드리고 싶은 효심에서 김성택은 4년간 피나는 훈련을 하였다. 한국 씨름과 일본의 스모우는 다른 점이 많다. 김성택은 자신이 한국 씨름판에서 배운 씨름 습관을 떨쳐 버리고 스모우의 새로운 기법을 익히기 위해 애를 썼다. 한국 씨름은 유도처럼 잡고 끌어당겨 쓰러뜨린다는 기본원칙이 있지만, 스모우는 격돌의 미학이라고 할 정도로 두 거구가 바로 부딪혀 빠른 속도로 서로를 밀어낸다. 스모우에서는 48개의 수로 이기고 지고 하지만, 대개 오시다시(押出)나 쓰키다시(突出) 등 빠른 속도로 상대를 두 손으로 쳐서 밀어내어 승리하는 것이 주를 이룬다.

　한국 씨름이나 유도의 土俵(씨름판 또는 유도판)가 비교적 넓어 밀어보아야 자빠지게 하지 않는 한 의미가 없다. 그러나 스모우의 土俵는 직경 4.55m로 매우 좁다. 약간 밀려 土俵 밖으로 발이 나가면 그만 지게된다. 좁은 土俵에서 상대편의 샅바를 잡고자하면 상대편을 그것을 피할 것이고 그러다 보면 리듬이 깨져 상대편의 역공을 받아 중심을 잡기 전에 좁은 土俵 밖으로 밀려 나간다. 승부는 싱거울 정도로 간단히 끝난다.

이러한 기본성격의 차이로 우리 나라에서 대성한 씨름선수가 일본 스모우계에 진출, 일본 스모우를 제압코자 하나 대체로 성공하지 못했다고 한다. 일본에서도 중량급 이상의 유도선수도 스모우계에서는 빛을 발하지 못하는 것에 이러한 이유가 있다고 한다. 그래서인지 우리 나라 사람으로 일본 스모우계에서 성공한 사람은 아직 없었다고 한다. 김성택 군이 우리 나라의 해방 이후 씨름선수로 스모우계에 진출, 4년의 각고 끝에 처음으로 쥬료우라는 세키도리로 승진하고 그후, 마쿠노우치까시 승진하였다.

쥬료우(十兩)와 마쿠노우치(幕內)

쥬료우가 되면 력사로서 일본 전국랭킹이 66위 이내에 들어간다는 의미이기도 한다. 세키도리의 현재 정원이 66명이고 그중 마쿠노우치가 40명, 쥬료우가 26명이다. 세키도리 중 정말 프로로 스모우를 하는 사람은 마쿠노우치로 그곳에는 요코즈나(橫綱), 오오제키(大關) 등이 있다. 마쿠노우치라는 뜻은 에도 쇼군이 친히 스모우를 관람할 때는 쇼군과 같은 마쿠노우치에 있었던 력사를 말하고 당시 쥬료우는 마쿠노우치에 없었다고 한다.

일본 전국에 그 많은 마베야(部屋)가 있지만 쥬료우를 배출하고 있는 마베야는 몇 개 안 되는 것으로도 잘 나타나고 있다. 마베야에서 쥬료우가 탄생되면 대단한 경사가 되는 것도 이러한 이유에서다. 김성택이 소속한 카스가야마베야에도 수십 명의 스모우도리가 있지만 쥬료우 배출이 쉽지 않다고 한다. 김성택은 쥬료우로 승진하기 전 序口→序二段→序

三段→幕下 등 일반적으로 토리테키(取的)라고 부르는 4단계 력사 양성 과정을 거쳐 드디어 일본 스모우협회의 쥬료우 승진심사에서 쥬료우로 결정된 것이다. 김성택은 한일 월드컵이 성공적으로 끝난 2002년 7월 초, 나고야의 아이치현체육관에서 개최되는 나고야 스모우대회(나고야바쇼 : 名古屋場所)에 쥬료우로서 첫 출전하고 그후, 마쿠노우치로 활약하고 있다. 쥬료우 이상이 되면 직업군인이 별을 다는 것이나 바둑에서 프로로 입단하는 것과 유사한 대우를 해준다고 한다. 스모우 협회에서 고정적 월급을 준다. 또한 스모우도리가 꿈에도 그리는 케쇼마와시(化粧廻し)를 할 수 있다. 이것은 스모우도리가 앞치마처럼 앞을 가리는 것인데 그것이 핸드 메이드로 금실로 수를 놓고 상징되는 그림과 금줄 등으로 그 품위가 하나의 작품을 연상케 한다. 가격도 우리돈 천 만원 가까이 든다고 한다. 스모우 시합 전에 쥬료우 이상의 세키도리가 모두 나와서 土俵에 올라가 원을 그리면서 각자 특징 있는 케쇼마와시를 선보이고 깨끗이 머리를 빗어 상투를 메고 그 앞에 큰 은행잎을 붙여놓은 듯한 머리모양으로 관중 앞에 나타나면 모두가 열렬히 환영을 한다.

　김성택군이 한일 월드컵 공동개최 성공의 해, 한일 국민교류의 해에 대한민국 사람으로서는 일본 스모우 역사에서 첫 쥬료우가 되었다. 그의 스모우 이름도 오야카타 春日山를 따서 카스가오(春日王)라고 지었다. 산에서 왕이 나왔다는 뜻도 되고, 일본 스모우계의 대왕이 되라는 기원도 들어있다. 그의 케쇼마와시에 태극기와 일본기를 X형으로 걸어 한일친선의 상징을 표시하였다. 春日王 옆에는 한글로 "카스가오"라고 표기까지 했다. 걸어다니는 한일친선의 상징인 셈이다.

"카스가오(春日王) 요코즈나(橫綱)로 승진되다"

일본은 1년중 1월, 3월, 5월, 7월, 9월, 11월 등 홀수인 달에 동경과 지방(나고야, 오오사카, 후쿠오카)으로 나누어 각각 15일간 스모우 시합(場所)을 한다. 시기 및 개최장소 등의 이름을 따서 1월을 하츠바쇼(初場所), 3월을 하루바쇼(春場所) 또는 오오사카바쇼, 5월을 나츠바쇼(夏場所), 7월을 나고야바쇼(名古屋場所), 9월을 아키바쇼(秋場所 : 동경), 11월을 큐슈바쇼(九州場所 : 후쿠오카)라고 부른다. 김성택은 스모우를 늦게 시작한 감이 없지 않으나 월드컵 4강 진출에서 보여준 바와 같은 한국인의 끈질긴 투혼을 발휘하면 머지않아 마쿠노우치에서 대성할 것으로 본다. 마쿠노우치에는 40명의 마쿠노우치 력사가 있는데 요코즈나 이외 오오제키(大關), 세키와케(關脇), 코무스비(小結)의 삼역 력사(三役力士)가 버티고 있다. 마쿠노우치에서 일본 스모우 일류들과 힘을 겨루고 최후로 요코즈나가 되어야 일본 스모우계를 평정하게 된다.

일본의 마츠리

요코즈나가 되면 일본 사무라이처럼 "칼"을 가진 사람이 항상 뒤를 따른다. 이는 옛날에 평민이 스모우로 요코즈나가 되면 사무라이 같은 지배계급으로 신분상승을 시켜준 데 기인한다고 한다. 언젠가 "카스가오 요코즈나로 승진되다"라는 큰 타이틀의 신문기사를 읽고싶다. 일본 스모우계도 당초는 일본인 전유물로 되어 왔다가 20년 전부터 스모우계의 국제화, 또는 비즈니스를 고려해서인지 외국인 선수가 많이 진출하고 있다.

미국, 주로 하와이 출신의 거구들이다. 하와이 출신의 거구 몇 사람은 이미 요코즈나로까지 출세하였다. 지금 현역의 무사시노마루(武藏丸)도 하와이 출신의 미국인이다. 다음으로 많은 국가는 몽골이다. 몽골공화국의 수도, 울란바트로 출신이 많다. 몽골에도 전통적으로 씨름이 있었다. 초원에서 몽골 씨름을 보면 몽골, 우리 나라, 일본 씨름의 발생지가 동일한 곳이 아닌가 하는 생각이 든다. 몽골 선수들은 조기유학으로 어릴 때부터 일본 스모우 마베야에 등록하여 스모우를 배운다고 한다. 무사시노마루에 이어 또 한사람의 요코즈나 아사쇼류우(朝靑龍)라는 몽골 스모우 선수는 15세 때 일본에 온 스모우 조기유학생으로 징기스칸의 후예답게 다부진 몸매에 동작이 아주 빠르다. 부상으로 자주 휴장(休場)하는 마사시노마루와 달리 아사쇼류우는 그의 기술과 체력으로 상당기간 무적의 요코즈나가 될 것 같다.

5. 청조의 마지막 황제와 카가미(鏡)

신사(神社)와 동경(銅鏡)

일본을 처음 여행하는 사람은 시내 구석구석에서 신사라는 것을 보게 된다. 신사는 본래 자연숭배사상에서 나온 다신교적인 신성한 장소를 일컬어 왔다. 지금은 일본고유의 종교인 神道와 관련되는 일종의 사당이다. 불교의 절에 가면 대웅전이 있고 그 안을 보면 부처님이 계신다. 그리고 교회나 성당에 가면 예수님의 상이나 성모 마리아 상이 모셔져 있다. 그러나 신사에는 "미타마시로(御靈代)"라 하여 다신교적 영혼 대신에 칼, 거울 등이 모셔져 있는데 대부분 거울이 대신하고 있다. 거울이라고 하지만 우리가 말하는 유리 거울이 아니고 구리를 반짝반짝 닦아서 만든 동경(銅鏡)이다.

좀 더 정확히 말하면 구리에다 아연을 넣은 백동경(白銅鏡)이다. 어둠침침한데 놓여져 있으면 빛을 내지 않지만 햇볕을 받으면 눈부시게 반사하는 것이 거울이다. 옛날에는 유리가 없었으므로 청동을 평면으로 하여 잘 닦으면 거울이 되었다고 한다. 그러면 왜 거울이 신사의 정전에 모셔져 있는 것일까. 옛날에 거울의 의미는 지금과는 달랐을 것이다.

무령왕과 동경

30여년 전 충청남도 공주에서 큰비가 내려 흙이 무너져서 그 속에 감추어진 왕릉이 노출되었다. 급하게 발굴해 보니 백제의 무령왕릉이었다. 무령왕이 누워있는 얼굴 부분에서 청동경이 나왔다. 거울로 얼굴을 덮고 있는 모습이었다고 한다. 죽은 임금의 얼굴에 왜 청동거울을 덮었을까. 당시 거울은 왕권의 상징이었다고 한다. 청동거울 뒷면에는 많은 길상무늬, 또는 왕권을 상징하는 무늬와 함께 툭 튀어나온 돌기가 있다. 돌기에 구멍이 나서 구멍을 통해 거울을 걸 수 있게 되어있다. 사실 무령왕릉에서 출토된 거울의 뒷면 돌기에 가죽끈 일부가 걸려 있었다고 한다.

그렇다면 본래 가죽끈으로 거울을 매달았다는 것이 된다. 무령왕은 거울을 목에 걸었다는 설명이다. 거울을 목에 걸고 백성 앞에 나타나면 거울에 빛이 반사되어 임금을 자세히 볼 수 없게 되고 그 신과 같은 신성스러움으로 백성들은 저절로 복종하고 싶은 마음이 생긴다는 것이다. 그래서 거울은 아무나 가질 수 없는 왕권을 상징하는 것이었다. 이러한 것은 일찍이 중국에서 시작되었겠지만 우리 나라와 일본열도에도 왕권을 상징하는 거울이 널리 보급되어 있었다.

특히 거울뒷면에는 왕권을 지켜주는 신령스러운 동물로 세발 까마귀, 즉 삼족오(三足烏)가 있었다. 삼족오는 하늘과 지상을 연결하는 메신저 역할을 했으니까 왕이 삼족오를 통해 하늘로부터 계시를 받았다는 것으로 왕의 말은 하늘의 말로 이해하기를 원했는지 모른다. 무령왕릉에서 출토된 청동거울과 똑같은 것이 일본의 인덕천황 무덤에서도 나왔다. 그래서인지 당시 백제 왕가와 일본 천황가의 밀접한 관계를 말하기도 한다. 하여튼 일본의 개국신화에는 3종의 신기(神器)가 있다. 일본 천황이 3가지 물건을 신으로부터 받아 일본국을 건설하였다고 하는데 그것이 거울, 칼, 곡옥(曲玉)이다. 하늘로부터 가져왔다고 하지만 많은 역사학자들은 당시 한반도 왕국에서 청동거울이 왕권의 상징으로 쓰여졌던 것으로 보아 일본 천황가가 거울 등을 가지고 바다를 건너 일본열도에 건너와 원주민이었던 죠몬진(縄文人)을 제압하고 나라를 건설했다고 설명한다.

따라서 신사에 3종 신기를 모시고 있는 것도 천황가와 관련이 있다고 볼 수 있다. 신사는 일본에서 왕권이 강했던 헤이안시대에는 관사라 하여 공공기관의 일종이 되기도 하였다. 그 후 불교가 전래되고 처음에는 불교사찰이 관사의 부속 건물로 되었다가 차츰 승려의 지위가 강해짐에 따라 거꾸로 신사가 사찰의 경내 부속으로 전락되기도 하였다. 그랬던 것이 명치유신 이후에도 시대 막부에 집중되어 있던 권력을 천황가에 옮기는 작업으로 천황가와 관련되는 신사를 확대하고 천황가의 상징인 거울, 즉 "카가미(鏡)"를 제작, 봉헌했다고 한다. "카가미"는 직경 한자(30cm)가 되는 것이 가장 크다고 하는데 지금 일본 미에현의 伊勢神宮에 있는 것이 가장 크고, 대개 일반 신사에는 직경 22cm 정도의 카가미가 모셔져 있다고 한다.

일본의 종교식민지

일본은 아시아에서 가장 먼저 서구화하여 서구의 발달된 군사무기를 통하여 인근국가를 일시적이나마 식민지화 또는 점령, 지배하였다. 당시 아시아의 대부분은 영국, 네덜란드, 프랑스의 지배하에 있었기 때문에 아시아인을 서양의 식민지에서 해방시킨다는 것이 하나의 명분이었다. 따라서 동아시아에 대동아 공영권을 만들어 아시아인 전체의 번영을 도모하겠다는 것이다. 베트남에서는 프랑스의 세력을, 인도네시아에서는 네덜란드, 미얀마에서는 영국의 세력을 몰아냈다. 그러나 일본은 아시아를 서양의 지배로부터 해방시킨다고 하면서 오히려 새로운 지배자로 군림하였다. 일본은 본래 자원이 빈약한 나라다. 전쟁을 수행하느라고 현지의 착취도 대단하였다. 일본인들은 가는 곳마다 자신들의 고유종교라고 생각하는 신토우(神道)를 보급하고 신사를 현지에 세웠다. 일본이 지배하는 아시아 곳곳에 신사를 짓고 현지의 아시아인들로 하여금 신사 참배를 강요하였다고 한다. 한반도를 지배할 때 서울 남산에 거대한 "조선신사"를 지어 모든 사람을 강제적으로 참배케 하였다. 서울뿐 아니고 지방도시에도 신사가 있었다. 신사를 통한 아시아인의 지배는 결국 아시아인의 종교를 빼앗아 마음으로부터 저항을 가져오게 하였는지 모른다.

"라스트 엠퍼러"

일본의 관동군이 세운 괴뢰국가 만주국의 황제는 부의(溥儀)였다. 부의는 13년간 만주국의 황제였고 만주국은 중일전쟁 당시 일본군의 보급기지 역할을 하였다. 부의가 전후 동경 전범재판에 증인으로 불려나왔던 것은 일본 전통의 신사를 통해 철저한 친일행각을 했기 때문이라고 한다. 사실 그는 만주국의 수도 장춘(당시 新京) 시내 자신의 궁전 내에 신사(神廟)를 지었다. 그뿐 아니라 신사를 각별히 아꼈는데, 그 신사의 청동거울은 伊勢神宮과 맞먹는 크기인 직경 30cm의 대형거울이다. 이는 부의의 요청으로 특별 제작된 거울이었다고 한다.

부의는 잘 알려진 대로 청의 마지막 황제이다. 1908년 손문이 이끄는 국민당의 신해혁명으로 청조가 멸망하기 3년 전, 당시 두 살이었던 부의가 지금 베이징의 자금성에서 황제로 등극한다. 청의 마지막 황제, 宣統帝가 된 것이다. 그 후 신해혁명으로 청이 망했으니 부의는 더 이상 황제가 아니었지만 국민당 정부로부터 거주지를 자금성내로 제한을 받으며 만주족을 중심으로 하는 측근으로부터는 황제대우를 받았다. 그후 그는 자금성에서 결혼도 한다. 그러나 18세 되던 해, 군벌들에 의해 자금성에서 추방되어 일시 자금성에 인접한 일본 공사관의 식객노릇을 하였다. 그는 일본 공사관 너머로 보이는 황금기와의 자금성을 보고 자신이 반드시 다시 청의 황제가 되어 청조를 재건하리라 결심하였다.

그는 그 후 천진의 일본 租界에서 카페 등에서 노래나 부르고 황제로서의 꿈은 잊은 듯 보였다. 그러나 어느 날 그를 찾아온 일본군 장교가 있었다. 그때가 1931년 11월초였다. 그 해 9·18 발발된 만주사변이 있은 후 1개월 반 만이다. 그를 찾아 온 일본군 장교는 관동군 봉천(지금의 심양) 특무기관장이었다. 일본이 러일전쟁에서 얻은 만주지역의 권리를 보호하기 위해 창설된 군대, 중국 산해관 동편을 지킨다는 의미로 특별히 조직된 관동군은 만주전체를 점령하였고 만주에 일본괴뢰제국을 필요로

하였다.

  이를 위해 이미 사라진 만주족의 제국을 다시 세우고 청조 황실의 먼 후손이라도 찾아내어 괴뢰황제를 만들고자 하였다. 다행히 짧게나마 황제를 역임한 만주청년 부의가 살아있는 것을 확인하여 찾아 나서게 된 것이다. 부의의 마음속 깊이 묻어둔 청조 재건의 꿈이 실현되는 기회가 온 것이다.

  장롱 속에 감추어둔 용포를 꺼내보았다. 1932. 3.1 "왕도락토(王道樂土)"의 슬로건으로 만주국이 당시 신경(新京)(지금의 장춘)에서 건국되고 부의는 만주국 집정(執政)이 되었고, 2년 후 약속대로 황제로 즉위한다. 5만의 관동군이 열병한 가운데 일본인 관리로 이루어진 백성 없는 제국의 황제였다. 그렇지만 부의에게는 꿈이 실현되는 날이었다. 누르하치 이후 청조 250년의 역사가 자신의 대(代)에 와서 멸망된 것을 씻을 수 없는 한으로 여기던 부의가 그 날 황금빛깔의 용포를 입고 다시 황제가 되는 순간이었다. 부의는 관동군의 요청을 받아들여 만주국의 국방과 치안을 관동군에 위임하고 일본인을 중앙과 지방의 관리로 임명하였다.

부의(溥儀)와 카가미

  1935년 부의는 관동군의 주선으로 처음으로 일본을 방문한다. 부의는 당시 군국주의가 극치를 이루고 있던 일본에서 쇼와천황(昭和天皇)이 살아있는 신인 것을 알았다. 그것을 상징하는 것이 신사라고 보았다. 1940년 6월, 두 번째 일본을 방문한 부의는 일본 천황에게 만주국 신경의 왕궁에 신사를 짓겠다고 하면서 황실의 "카가미"를 요청했다. 그러나 궁내

청의 반대로 황실의 "카가미"는 반출되지 않고 직경 30cm의 특별 "카가미"를 제작받아 귀국한다.

귀국한 지 한달 후 부의는 만주국의 궁전에 신사(神廟)를 완성하고 "카가미"를 봉안하는 鎭座祭를 올렸다. 관동군 사령부는 부의가 명실상부하게 日滿一體가 되었다고 만족하였다. 그러나 부의의 생각은 신경의 신사를 통해 자신을 보호받고 싶은 것이었다. 부의는 무소불위(無所不爲)의 관동군사령부, 수만주국 일본내사관 등의 등실을 신사의 "가기미"를 통해 피하고 싶었다. "카가미"가 일본 황실을 상징한다면 자신이 "카가미"를 모시고 있으니 자신이 관동군보다 일본 황실과 가깝다는 뜻도 된다.

어찌 보면 새로운 "카가미"로 일본권력을 제압해 보려는 이른바 이이제이(以夷制夷)의 생각이었는지 모른다. 1941년 겨울, 일본은 대담하게 하와이 진주만을 공격하였다. 그러나 6개월만에 남태평양의 미드웨이 전투에서 패배, 전황은 계속 역전된다. 1945. 8. 9 일본과 불가침 중립조약을 맺고 있던 스탈린이 개전을 선언하고 극동의 소련군이 파죽지세로 만주국으로 쳐들어왔다. 동년 8. 12 부의는 신사의 "카가미"를 귀중히 싸서 짐 속에 넣어 압록강 근처 광산마을 大栗子에 도착한다. 그러나 부의는 만주국 황제에서 퇴위, 8. 19 소련군에게 잡혀 시베리아로 끌려간다. 부의가 애지중지하던 "카가미"는 그 후 행방불명이 되었다고 한다.

6. 작은 탁구공

사쿠라가 만발한 나고야

　2002년은 중국의 현대사에 있어서 길이 기억되어야 할 해이기도 하다. 중국 공산당의 연로한 지도부가 한 세대 아래 젊은 층에 평화적으로 정권이양을 한 해다. 또한, 2002년은 중국이 우리나라와 수교 10년이 되는 해지만, 일본과는 수교 30주년이 되는 해다. 중국과 일본에서는 2002년을 "日本年", "中國年"하면서 수교 30주년을 축하하고 있다. 30주년 수교기념을 위해 하시모토 전 수상이 중심이 되어 일본 국회의원 100여명과 일반 중소기업인, 관광객 모두 13,000명의 일본인들이 베이징을 찾았다.

　30년 전 1972년 9월 29일 일본의 다나카 수상이 베이징의 맑은 가을 하늘아래 일본수상으로서는 처음으로 베이징 땅을 밟고 주은래 중국수상과 수교문서에 사인을 한다. 일본의 다나카수상의 방중과 중일수교는 당시 중국이 문화대혁명 와중에서 구 소련의 위협에 대처, 일본과 수교를 서두른 것이라고 한다. 중국은 일본에 요구할 수 있는 권리를 대부분 포기하고 대만과의 단교를 조건으로 상호존중, 상호불가침, 내정불간섭, 평등호혜, 평화공존 등 5개 원칙을 내세워 수교하게 된 것으로 알려지고 있다. 다나카수상이 서방인사로서 폐쇄적인 중국을 처음 방문한 것이 아니었다.

그보다 7개월 앞서 중국을 방문한 인사가 있었다. 닉슨 미국대통령이었다. 닉슨 미국대통령은 키신저의 비밀교섭 끝에 1972년 2월 미국국가가 연주되는 가운데 중국 땅을 처음 밟고 모택동, 주은래 등을 만난다. 중국은 전후 처음으로 서방에 무거운 대문을 열어 놓는 순간이었다. 이러한 갑작스러운 움직임은 사실 그보다 1년 전 일본의 나고야에서 시작되었다. 이른바, 1971년 봄, 제 31차 세계탁구선수권대회가 사쿠라가 만발한 나고야에서 개최되고 1965년 이래 모습을 나타내지 않았던 중국 팀이 모처럼 참석하게 된 것이다.

나고야의 작은 공이 지구라는 큰 공을 움직이다

고립과 폐쇄적인 중국이 그것도 문화대혁명의 한가운데 미국, 일본 등과 관계 개선을 해야겠다고 생각한 것은 모택동 자신이었다. 한때, 동맹국이었던 소련과의 관계가 나빠지자 소련을 견제할 수 있는 미국 등 서방세력을 끌어넣어야 했다. 이러한 낌새를 전혀 모르고 있는 미국에 뭔가 사인을 줄 기회를 찾고 있었는데 그것이 나고야에서 개최되는 세계탁구선수권대회였다. 중국은 1966년부터 시작된 문화대혁명의 와중으로 세계적인 스포츠 행사에 일체 선수를 보내지 않았다. 그러나 이번에는 스포츠보다 미국의 의향을 떠보는 중요한 외교가 숨어있었다.

　모택동과 주은래는 1961, 1963, 1965년 3번에 걸쳐 세계탁구선수권대회 단식에서 줄곧 우승을 해온 장쩌뚱(莊則棟)을 불렀다. 그는 세계무대에 나가지 않은지가 6년이나 되고 나이도 30세나 되어 선수라기보다 코치나 감독에 어울리는 나이였다. 주은래는 장쩌뚱에게 선수 겸 부단장으로 임명하면서 탁구도 중요하지만 미국선수와 교제, 미국 팀을 중국에 초대하는 일을 맡긴다. 이렇게 하여 당초 일본에서는 생각지도 않았던 중국 팀의 출전이 결정된 것이다. 국제무대에서 모습을 감춘 지 6년 만이었다. 1971년 봄, 나고야에는 사쿠라가 만발하였다. 탁구대회가 열리는 장소는 나고야시 중심에 있는 아이치현 현립 실내체육관이다. 일본의 과거 3대 거성의 하나였던 나고야 성내에 건립된 신축체육관은 나고야 고성(古城) 주변의 사꾸라 꽃에 묻혀 있었다. 당시 적대관계였던 중국과 미국의 선수 장쩌뚱 선수와 글렌 코완 선수가 나고야에서 단지 5분간 인사를 교환한 것이 세계의 톱뉴스가 될 정도였다고 한다. 눈치 빠른 세계의 매스컴들은 뭔가 역사가 움직이고 있음을 감지하였는지 모른다. 아니나 다를까, 그후 미국 탁구팀은 중국에 초대되었고 탁구대 아래로 미·중간의 물밑 교섭이 시작되었다. 이른 바, 키신저의 비밀외교가 시작되는 순간이었다. 나고야의 작은 공이 지구라는 큰 공을 움직였다는 것이 당시 신문의 헤드라인이었다

중·일(中·日) 러브스토리

　나고야 작은 공이 지구만 움직인 것이 아니고, 중국과 일본 두 남녀의

마음도 움직였다. 일본의 한 TV방송국에서 중일수교 30주년 특집으로 "핑퐁외교와 사랑"이라는 타이틀로 애틋한 "러브스토리"를 소개하였다. 주인공은 다름이 아니고 장쩌뚱(莊則棟) 자신이었다.

그의 기구한 운명과 한 일본 여성과의 만남과 이별 그리고 해피 앤딩은 나고야의 탁구공과 얽힌 중·일간의 국경을 초월한 러브스토리였다. 1971년 봄, 나고야에서 장쩌뚱이 화려한 탁구무대에서 주최국 일본뿐 아니라, 미국의 선수들과 교환을 할 즈음, 관객석에서 중국 팀을 열심히 응원하고 있던 한 일본 여성이 있었다. 그는 나고야에서 멀리 떨어진 시마네(島根)지방에서 중국 팀의 경기를 응원하러 일부러 찾아 온 사사키 아츠코(佐々木敦子)라는 당시 26세의 처녀였다.

중국 팀이 나고야 세계탁구선수권대회에 온다는 소식을 듣고 아츠코가 직장에 휴가를 내고 나고야까지 온 것은 이유가 있었다. 그녀 자신이 중국 심양에서 태어나서 당시 4년 전까지 가족과 함께 그곳에 살았기 때문이었다. 그녀는 6남매의 차녀였지만, 아버지가 가축전염병 전문 과학자였다. 전쟁이 끝난 후에도 외국인 과학자 우대정책을 실시한 중국정부의 요청으로 그녀의 가족도 계속 체류하고 있었던 것이다.

그러나 1962년 아버지가 병환으로 돌아가시게 되고 남은 가족이 근근히 생활해 오던 중, 1966년부터의 문화대혁명으로 외국인에 대한 핍박으로 더 이상 버틸 수 없게 되자, 1967년 전 가족과 함께 정든 땅 심양을 등지고 귀국하고 만다. 아츠코는 조국에서도 이방인이었다. 그녀의 외로움으로 나고야에서 중국 팀의 참가는 모처럼 헤어진 친구를 만나는 것과 같은 것이었다. 경기장에서 장쩌뚱 일행을 응원하고 귀향 중 우연히 신간센열차에서 장쩌뚱 일행을 다시 만나게 된다. 장(莊)과도 이야기를 나눌 수 있었다. 장도 아츠코의 과거를 알고 중일관계의 가교역할을 당부하였다. 두 사람의 인연은 그로서 영원히 끝난 것으로 보였다. 그후, 미국탁구팀의 중국방문과 1년 후 닉슨의 방중까지 연결되는 장의 스포츠 외교 능력을 높이 평가한 모택동은 그를 중용하였다. 그의 인생은 수직 상승하기 시작하였다. 닉슨 대통령의 방중 2개월 후 1972년 4월 그는 중국의 공식 방미단 일원으로 미국을 방문, 백악관에서 닉슨 대통령도 만나고 핑퐁외교의 시발이 된 그렌 코완양과도 재회하게 된다.

장쩌뚱(莊則棟)의 시련과 사랑

당시는 모택동의 부인이었던 강청(江靑)을 중심으로 하는 이른 바, 4인방 집권시대였다. 모택동과 강청의 인정을 받아 35세의 젊은 나이에 당 중앙위원이 되고 운동체육부주임(스포츠장관)까지 급상승하였다. 나고야의 작은 탁구공이 장쩌뚱의 인생을 불과 5년만에 최정상까지 끌어올렸다.

그러나 그의 인생의 굴곡은 그때부터였다. 1976년 9월 모택동이 오랜 지병을 이기지 못하고 78세의 나이로 세상을 떠난다. 그리고 얼마 있지 않아 등소평을 중심으로 하는 실용파가 득세하게 되자, 강청 등 4인방은 체포된다. 강청 정권 아래 각료를 지낸 장쩌뚱도 안전할 수 없었다. 그도 체포되어 4년간 감옥살이를 한다. 그리고 섬서성 벽지에 5년간 추방되어 있다가 베이징으로 돌아올 수 있었다. 그사이 부인은 애들을 데리고 떠나버린 후였다. 탁구볼 하나로 장관까지 승진하였다가 하루 아침에 나락으로 떨어진 셈이다. 베이징에서 혈혈단신이 된 장(莊)은 베이징의 어린이 탁구 코치로 근근히 생활을 이어가고 있었다. 어느 날 그의 앞에 나타난 일본여성은 14년 전 나고야에서 만난 아츠코였다. 아츠코는 장의 그러한 기구한 운명을 알 리가 없었다. 그녀는 오빠가 경영하는 무역회사에 취직하고 있었다. 일본은 1972년 중국과 수교한 후, 중국과의 무역이 늘어가고 있었다. 아츠코 오빠의 대 중국 무역회사가 날로 번창하여 중국에 사무실을 두고 직원도 주재시켰다. 아츠코는 오빠 회사의 베이징 주재원이 되어있었다. 중국은 그녀의 마음의 고향이었다. 베이징생활을 히면서 조(趙)리는 힌 중국여성과 친히게 지냈다.

조는 한때 탁구선수 생활을 하여 장쩌뚱을 잘 알고 있었다. 장이 4인방과 함께 권좌에서 추방되었다가 복권되어 베이징에서 외롭게 지내고 있는 것을 안 조가 독신으로 지내는 아츠코를 소개해 주기로 생각하고 있었던 것이다. 장을 만난 아츠코는 몰라보게 달라진 그의 모습에 연민의 정을 느꼈다. 그녀는 자신이 그를 도와 당당했던 옛날의 그를 다시 만들고 싶었다. 장은 처음에는 외국인 아츠코를 마음에 두지 않았으나, 만날수록 정을 느끼고 있었다. 만나는 횟수가 늘어나고 만나는 시간의 간격이 빨라짐을 느꼈다. 두 사람은 깊이 사랑 하고 있었다.

해피엔딩

두 사람은 결혼을 결심하고 베이징시에 결혼허가를 요청하였다. 1986년 가을이었다. 당시만 해도 외국인과의 결혼은 시 정부의 허가를 얻어야 했다. 그러나 결혼은 불허되었다. 뚜렷한 이유는 제시되지 않았지만, 장관까지 지낸 요인이 외국여자와의 결혼은 인정되지 않았던 것이다. 결혼이 거부되고 설상가상으로 아츠코의 주재비자 연장마저 거부되었다. 아츠코는 1986년 12월 베이징을 떠나지 않으면 안되었다. 두 사람에게는 뜻밖의 시련이었다. 일본으로 돌아온 아츠코는 주일 중국대사 등 관계 요로에 진정을 하였다. 그리고 서로 떨어져 있으면서 편지며, 전화로 두 사람의 사랑을 확인하고 키워 나갔다. 당시 주일 중국대사의 도움으로 두 사람의 결혼이 결국 허가되었다. 두 사람은 1987년 12월 결혼을 하게 된다. 장쩌둥의 나이 46세, 아츠코는 42세였다. 일본 TV방송국은 결혼 15년 후 베이징 교외의 고급주택에서 행복하게 살고 있는 두 사람을 인터뷰하였다. 중일수교 30년이 되는 2002년 장쩌둥은 61세, 아츠코는 57세이다.

"우카이" 모습

7. 12월의 집단 복수극 : 추신쿠라(忠臣藏)

시와수(師走)의 충신들

　일본에서 12월은 점잖은 스님(師匠)도 뛰어다녀야 한다는 의미의 시와수(師走)의 달이다. 그 바쁜 달, 꼭 300년 전의 12월에 47명의 무사들이 한 저택을 습격, 무방비 16명을 살해한 끔찍한 사건이 있었다. 일본에서 이 사건을 일으킨 47명을 주인공으로 하는 이야기가 "추신쿠라(忠臣藏)"라는 이름으로 인구에 회자되어 12월이 되면, 일본전통 카부키(歌舞技)의 단골 메뉴로 되었다가 영화, TV드라마 등에서 쏟아져 나온다. 그리고 최근에는 발레로까지 표현되고 있다.

　일본에서는 추신쿠라를 보지 않고서는 12월을 넘길 수 없을 정도다. 우리 나라의 춘향전, 중국의 백사전(白蛇傳), 패왕별회 같아서, 일본에서는 삼척동자라도 모르는 사람이 없을 정도로 유명하다. 그런데, 2002년은, 12월에 들어서기 전부터 추신쿠라로 떠들썩하다. 왜냐하면, 2002년은 47명의 충신들이 거사를 한지 꼭 300주년이 되기 때문이다. 47명의 충신이 주군의 원수인 키라(吉良)를 암살하는 데 성공하였던 때가 300년 전 1702년 12월 14일이었다(당시는 음력이나 지금은 양력으로 기념하고 있다). 장소는 지금의 동경, 당시 에도였다. 그러나 최근에는 47명의 충신의 원수였던 키라가 재조명되고 키라의 고향에서는 명군(名君)으로 칭송, 오히려 그는 억울하게 인생을 마감하였다하며 키라를 위한 300주년 기일을 기리고 있다. 그의 고향이 바로 나고야 인근, 아이치현의 키라읍이다.

성급한 쇼군의 처사

그러면 그 끔직한 집단 복수극의 전말은 무엇인가. 이른바 에도성의 "忍傷사건"이라고 불리는 업무상의 다툼에서 시작된다. 때는 47명의 충신이 원수를 갚은 때로부터 1년 9개월 전의 일이다. 즉 1701년 3월 14일 지금의 일본 효고현에 아코오라는 지방의 30대 다이묘(大名, 領主), 아사노 타쿠미노가미가 에도 막부에 근무하고 있었다. 그의 업무와 연결되는 인물은 키라고오즈케노스케라는 당시 60대 인물이 있었다. 키라가(家)는 다이묘는 아니지만, 하타모토(旗本)라는 신분으로 수백 년 내려오는 전통가문으로 에도 막부 내에서 외교 및 의전을 주로 담당하고 있었다. 그의 고향은 지금의 아이치현이며, 당시로는 三河 지방이었다.

두 사람은 부자지간과 같은 연령의 차이도 있지만 신분은 대명 아사노가 높았다. 그러나 업무의 전문은 노련한 키라측이었다. 두 사람의 업무상 충돌에 젊고 성질이 급한 武骨의 아사노가 참을성을 잃고 말았다. 규정에 의하면 지금의 동경 황거(皇居)인 과거 에도막부 쇼군의 저택이었던 에도 성내에서는 누구든 칼을 뽑을 수 없게 되어 있었다. 근무하는 대명은 물론 방문객 모두 칼을 맡기거나 빈 몸으로 들어오게 되어 있다. 일본의 사무라이는 "카타나"라고 하는 칼을 2개 휴대한다. 즉, 긴칼(太刀)과 짧은 칼(短刀)을 각각 휴대한다. 긴칼은 물론 적을 공격할 때 사용하지만, 짧은 칼은 자신이 실수를 하여 윗사람으로부터 명령을 받을 때 자신의 배를 찔러 죽음에 이르게 하는 칼(切腹用)이다. 그러나 신분이 높은 사들은 에노 성에서 이 작은칼의 휴대가 가능하였다. 두 사람의 말다툼 끝에 성질 급한 아사노가 짧은 칼을 뽑았다. 그 칼이 급하게 피하는 키라의 이마와 등에 작은 상처를 낸 것이다.

그 사건은 쇼군에게 즉시 보고되고 쇼군은 아사노에게 그 죄를 물어 하루가 지나기 전에 절복(切腹)할 것을 명령한 것이다. 나중에는 절복뿐 아니고, 아코오성을 반납토록 명한 것이다. 결국 아사노는 절복하고 자신의 거성(居城) 아코오는 환수되어 아사노가(家)는 영원히 소멸된 것이다. 그 반면에 키라는 어떠한 처벌도 받지 않았다

충신들의 최후

문제는 아코오성을 지키던 가신(家臣)들이었다. 그들은 갑자기 주군(主君)과 성을 잃은 낭인이 되어 버렸다. 가신의 우두머리 오오이시 쿠라노스케(大石 內藏助)는 다른 가신과 비밀 접촉, 1년 후 주군을 죽게 만든 키라가 살고 있는 에도의 키라저택을 습격할 것을 계획한다. 당시 사무라이들 사이에 다툼이 있을 경우 양쪽 모두에게 벌을 주는 전통을 깨고 아사노에게는 즉일 절복케 하고, 키라는 무사히 넘어가게 한 막부의 처

사에 아사노가(家)의 가신들은 불만을 품었다.

　결국 그들은 주도면밀한 계획 하에 많은 고난을 극복하고 1년 9개월 만에 키라저택을 습격, 키라의 가신을 죽이고 숯 창고에 숨어버린 키라를 찾아내어 살해하는 데 성공한다. 그리고, 주군 아사노의 무덤이 있는 에도의 泉岳寺로 몰려가서 그 무덤 앞에 키라의 목을 바치고 원수를 갚았다고 고한다. 그리고, 막부에 통보, 자신들은 의(義)를 위한 행동으로 1년 전 "忍傷 사건"을 재심사해 줄 것을 요청하였다. 그러나, 막부에서는 "忍傷 사건"의 처리가 정당하였다고 하며, 47명을 체포, 여러 지역에 나누어 구금하였다가 이듬해 2월 모두 절복케 한다. 47명은 결국 주군 아사노의 원수를 갚고 장렬하게 생을 마감한 셈이다. 47명의 충신 중에는 부자간도 있고, 숙질간도 있었다. 최고령 62세, 최연소 15세까지 다양하였다. 이들은 모두 아사노가(家)의 집안 사찰 泉岳寺에 장사를 치렀다. 이것이 대략적인 사건의 전말이다.

　당시에도 사람들을 감동시킨 것은 아코오의 가신 47명의 충신들이 일 년간 계획을 세워 기어이 복수를 완성하고 그후 장렬하게 절복으로 죽음을 맞이한 멋진 하나의 드라마였다. 또한, 유교의 이념을 높이 산 에도막부로서도 주군을 위해 목숨도 초개처럼 버릴 수 있는 47명의 사무라이의 충성스러운 모습을 널리 알릴 필요가 있었는지 모른다. 그후 추신쿠라는 여러 가지 형태로 보급되어 일본사람으로 추신쿠라를 모르는 것은 한국사람이 춘향전을 모르는 것과 비슷하게 되었다. 따라서, 47명 가신의 우두머리 大石가 영웅 대접을 받게 되었다. 大石가 충신을 이끌고 끝내 복수를 성공한 것에 모두 박수를 보낸 것이다.

　더구나, 大石은 15세인 자신의 아들 치카라도 참가케 하여 키라 저택 습격 시 자신은 정문을, 아들은 뒷문을 통해 침입토록 하여 거사를 성공한 후, 부자 모두 동시에 절복한 것이다. 15세의 소년 오오이시 치카라가 절복한 곳은 지금은 동경의 이태리대사관이 되어 12월이 되면 주 일본 이태리대사가 그를 위해 공양을 한다고 한다.

명군(名君) 키라(吉良)

그러면, 키라는 복수를 당하고 역사에서 악인으로 취급되어도 좋을 정도의 인물인가. 나고야에서 멀지 않은 키라읍(町)이 있다. 그곳에 게죠지(華藏寺)라는 오래된 절이 있다. 이 절은 수백 년간 키라가(家)의 집안 사찰(菩提寺)로서 키라가의 역대 인물이 잠들어 있는 곳이다. 에도에서 살해된 키라도 이곳으로 옮겨와 조용히 잠들어 있다. 그런데 키라읍에 가보면 그의 치적이 여기저기 많다. 지금도 키라읍의 주민들은 추신쿠라를 통해 키라가 잘못 알려진 데 대해 분개해 하고 있다. 그는 명군으로 토목사업 등을 통해 주민들 생활을 윤택하게 하였으며, 당시 주민들도 키라를 칭송하는 비석을 여기저기 세우기도 하였다. 동일한 역사를 두고 보는 관점에 따라 이렇게 틀리구나 하고 생각할 정도였다.

마을 입구에 들어서면 말을 탄 키라의 동상이 눈에 띈다. 유명한 "赤馬의 吉良殿"이다. 키라는 에도의 업무를 떠나 자신의 영지 키라읍에 돌아오면 자신의 말(馬)을 따로 갖지 않고 있었다. 농사에 쓰이는 말(赤馬)을 그냥 끌어다 영내를 돌면서 영지의 백성들의 어려운 점을 살피고 해결해 줄 정도로 성격이 소박하였다고 한다. 키라읍에서는 벚꽃의 명소이기도 한 黃金堤가 있다. 이것도 키라가 주민을 위해 제방을 쌓아 홍수의 피해로부터 전답을 보호하였던 것이다. 또한, 키라읍은 三河灣에 인접하여 염전을 통해 주민의 소득을 올리기 위한 사업도 하였다. 지금은 키라 읍의 염전이 유명하다.

역사인식의 차이

12월이 되면 TV 등에서 누구나 보게 되는 추신쿠라에서 47인의 아코오 浪士만이 의리의 사나이들로 이해되고 키라는 악인으로 취급받는데 대해 키라읍 주민들은 불만이다. 당시에도 성의 "松의 廊下"라 하여 미다지문(후시마)에 거대한 소나무가 그려졌다고 부쳐진 이름의 복도에서 일어난 "칼부림 상처"의 사건은 전적으로 아코오 "도노사마(領主)" 아사노의 잘못이었다는 것이다. 일을 하다 보면 서로 다툴 수도 있다. 더구나 경도로부터 온 천황의 칙사를 접대하는 일임에야 말할 것도 없다.

그러나, 의전 전문가인 키라의 행동을 두고 의전을 잘 모르는 아사노는 핀잔을 주는 키라를 딴 뜻이 있는 것으로 판단까지 한다. 더구나, 그는 키라보다 신분이 높은데도 지시를 받는 입장이 못마땅했는지 모른다. 그는 결국 에도 성내에서 빼서는 안 되는 칼을 뽑았고, 그것이 큰 죄에 해당되는 것을 알았을 것이다. 그래서 본인은 절복 명령을 받은 반면, 키라는 아무런 처분을 받지 않은 것도 그런 이유에서였다고 보고 있다. 그리고, 아사노가(家)의 영지, 아코오까지 빼앗기고 아사노가의 재흥(再興)도 거부되자 이것을 억울하게 생각한 아코오 浪士들이 음모를 꾸며 결국 눈 내리는 에도의 한겨울 야밤에 키라의 저택을 침입, 키라와 죄 없는 그의 가신을 살해하고 자신들도 결국 죽음에 이르게 된 것으로 보고 있다.

그후, 군국일본도 충의를 제일 덕목으로 하여 大石을 중심으로 하는

47인을 의사(義士), 키라를 악인으로 하였으나, 시대가 변천됨에 따라 판단기준도 달라지고 있다. 사건 당시 막부의 초동수사가 미흡했다느니 47명의 浪士들이 노린 것은 키라가 아니고 공정하지 못한 처사를 내린 막부에 대한 반항이라는 등 47인의 浪士도 키라도 모두 피해자라는 것이다. 어쨌든 일본을 알려면 추신쿠라의 이야기부터 알아야 할 것 같다.

8. 홍콩과 나가사키

두 도시의 이야기

일본에 홍콩과 비슷한 입지를 갖고 있는 도시가 있다면 나가사키시라고 생각한다. 더 엄격히 이야기하면 홍콩과 비슷한 곳이 나가사키의 데지마(出島)이다. 데지마는 나가사키 항에 떠 있는 작은 섬으로 쇄국정책을 편 에도막부(1602~1868)의 유일한 대외창구였다. 홍콩이 아편전쟁을 통해 영국이 중국으로부터 할양 받았다면 데지마는 에도막부에 네덜란드 상인에게 내주고 상관(商館)을 갖도록 했다. 물론, 규모는 홍콩에 비하면 보잘것없지만 기능 면은 유사했다. 나가사키에 가보면 데지마는 이름만 남아있고 매립으로 육지에 편입되어 버렸다. 그러나, 데지마를 통해 나가사키에 많은 외국인이 드나들었고 그로 인해 나가사키 주변의 일본인들은 다른 지역보다 서양의 문물을 빨리 흡수할 수 있었다. 나가사키 시 주변 나가사키 현 및 야마구치현 등은 홍콩인근의 중국 광동성과 유사하다고 볼 수 있다.

중국에도 초기에는 마카오, 후에는 홍콩을 통해 서양의 문물이 흡수되어 인근의 광동성이 빨리 개화되고 중국 근대사의 인물 중에 광동성 출신이 많은 것도 같은 이유일 것이다. 태평천국을 일으킨 홍수전(洪秀全)이 광동성 사람이고 그가 죽고 난 뒤, 2년 후 태어난 손문(孫文)도 광동성 출신이다. 비슷한 것은 청말기 태평천국의 난이 광동성에서 시작하듯이 에도막부 말기 막부정부에 대항하여 반란을 일으킨 곳이 나가사키 주변의 山口의 야마구치현이었다. 태평천국은 그 이상(理想)에도 불구하고 내부 모순과 여타 실력 있는 한족의 지지를 얻지 못해 실패하고 말았지만, 야마구치현의 반란은 사츠마潘(가고시마현)이라는 에도막부에 불만을 가진 또 다른 지역과 연합, 반란을 승리로 이끈다. 수적열세에도 불구하고 나가사키를 통해 들어온 신무기로 무장하고, 천황을 끌어들여 경도 후시미성(城) 전투에서 승기(勝機)를 잡고 결국 에도막부의 심장부인 에도를 함락, 명치 유신을 시작한다. 홍수전의 태평천국의 군대가 증국번, 이홍장의 청군을 무찌르고 베이징을 점령한 꼴이 된다. 만일 그렇게 태평천국의 난이 성공한 혁명이었다면, 후에 신해혁명보다 50년 앞서 한족의 정부가 들어섰는지 모른다. 중국은 태평천국의 실패로 50년 후 손문을 기다려야 했고, 일본은 나가사키현의 반란이 성공하여 명치 혁명을 통한 착실한 근대화의 길을 걷게 된다.

출세한 막둥이

아시아의 근대화 우등생 일본은 한국, 중국 등 인근 국의 모델이 되었다가 나중에는 인근 국을 강제합병 또는 침략으로 원성의 대상이 된다.

말하자면, 동업자 중에 가장 먼저 이노베이션을 통해 생산성을 증대시켜 급성장을 이루어 부러움을 사긴 하였는데 나중에 오랜 이웃 동업자마저 강제합병 및 매수(M&A)해버려 원성도 피할 수 없게 된다. 일본은 예로부터 중국문화를 부모로 생각하고 그것을 전달하는 한국의 문화를 큰 형님으로 생각해 왔다. 문화면에서 가장 막둥이였다. 그래서 한때는 이것저것 구박도 많이 받았던 일본이 갑자기 성공한 셈이다. 지금까지 문명 또는 문화의 길에서 가장 떨어진 종점 같은 일본이 갑자기 문명의 중심에서 가장 가까운 곳이 되어버렸다. 동서문명의 교류의 통로 silk road가 사라센의 흥성으로 육로가 막히자 대 항해를 통한 지리상 발견으로 섬나라 일본이 교통의 요지에 위치하게 된 것이다. 요충지에 놓이게 되자, 1853년 미국 흑선의 방문을 받게 된다. 흑선의 대포소리에 혼비백산한 일본은 그 충격을 재빨리 흡수, 명치혁명을 성공시키고 새로운 근대화의 길을 걷게 된다. 아시아의 대표주자 국가였던 중국이 아편전쟁으로 영국에 패배하자 설상가상으로 태평천국의 난 등 국내정치가 불안해지고 손문 등 혁명세력이 대두하게 된 것과 비교된다. 결국, 손문에 의한 신해혁명의 성공은 일본 명치 지식인의 도움이 있었다고 보는 사람이 많다. 왜냐하면, 손문은 일찍 일본에 망명지를 두고 활동하였기 때문이다. 또한, 일부에서는 광동성의 손문과 나가사키의 우메야라는 인물과의 관계를 연결짓는 사람도 있다.

손문과 우메야

일본에서는 손문의 신해혁명 성공과 관련, 나가사키의 우메야라는 일본인에 대한 자료가 많다. 최근 일본의 한 TV에서 우메야가 손문을 도왔다는 내용의 프로그램이 방영되었다. 손문의 큰 형, 손미는 미국 하와이로 이민, 사업에 성공한다. 손문은 형을 찾아 미국에 간다. 그때가 그의 나이 12세 경이다. 그의 생가는 지금 광동성 중산시(中山市)시 근처에 있다. 주강(珠江)을 따라 나오면 하와이로 연결되는 태평양이 된다. 하와이에 도착한 손문은 큰형의 권고로 하와이 이오라시 학교(Iolasi School)와 오아우 칼레시(Oahu College)에서 공부한다. 손문은 영어도 배우고 민주주의의 미국문화에 빠져들면서 기독교에 심취하게 된다. 이것을 크게 우려한 손미는 손문을 중국으로 돌려보낸다. 5년간의 하와이 생활을 통한 훌륭한 영어실력과 근대학문의 배경으로 홍콩대학의 의학부에 진학, 의사가 되었다. 그가 처음으로 개업한 곳이 마카오였고 "鏡潮의원"의 간판은 지금도 마카오에 있다. 그러던 그가 홍콩에서 한 일본인을 만나면서 인생의 전환점이 된다. 손문이 만난 일본인이 바로 우메야(梅屋庄吉)였다. 그는 홍콩 센추럴에서 사진관을 경영하는 나가사키 출신의 일본인이었다. 센추럴의 우메야가 경영하는 사진관에서 두 사람은 밤늦도록 의기투합한다. 손문의 동양의 해방론과 중국의 혁명에 대해 우메야도 크게 감동하였다고 한다. 그러나, 손문은 이론뿐이지 거사자금이 없었다. 우메야는 돈을 대겠다고 하면서 손문으로 하여금 혁명을 일으키도록 하였다는 것이다. 그런데 손문이 우메야의 사진관을 가게된 것은 홍콩의과대학의 손문의 은사인 제임스 컨트리 박사인데 그는 사진기에 관심이 많아 일찍부터 우메야의 단골손님이었고, 우연한 기회에 손문을 그 사진관에 데리고 가서 소개를 시키는 바람에 손문의 인생이 달라졌다고 한다.

照 相 相 照

그 후 1895년 손문은 광저우에서 봉기하지만 실패하여 우메야의 도움으로 일본으로 망명하고 나중에 런던으로 여행하였다. 당시 청 정부의 국사범으로 현상금이 붙어있는 손문은 당시 청국의 런던공사관에 잡히는 몸이 된다. 그런데 손문이 런던의 컨트리 박사에게 극적으로 연락이 닿음으로써 공사관에서 풀려 나오게 된다. 만일 컨트리 박사의 도움이 없었다면 손문은 화물처럼 중국으로 실려 와서 꼼짝없이 사형 당했을 것이라는 것이다. 그런데, 우메야라는 인물도 상당히 미스테리의 인물이다. 그는 나가사키 출신으로 어릴 때 외항선을 타고 미국도 가보고 상하이도 가 본적이 있을 정도로 국제 감각이 갖추어져 있다고 한다. 그는 쌀 도매상 등을 하여 돈을 크게 벌어 홍콩에서 당시 첨단 벤처기업인 사진관을 경영하였는데 그때가 28세의 청년이었다고 한다. 홍콩의 센추럴 사진관에서 밤늦도록 손문의 혁명의 정렬에 감동한 우메야는 동양의 평화와 안정을 위해 손문 같은 사람이 필요하다고 느꼈는지 모른다. 일본의 명치혁명이 중국에서도 실현, 중국인들이 청조 치하의 질곡에서 벗어나게 하고자 했는지 모른다. 두 사람은 사진관에서 간담상조(肝胆相照)한 셈이다. 손문은 병(兵)을 일으키고 우메야는 재(財)를 일으켜 충당한다는 것이다. 홍콩의 손문과 나가사키의 우메야의 결합 순간이기도 하였다.

신해혁명의 성공

어쨌든 손문이 우메야를 만난 얼마 후 광동성에서 민중봉기가 있었으나 실패하고, 일본으로 망명한다. 그 후, 중국 내 지역을 바꾸어 가면서 민중봉기와 망명을 반복한다. 실제 혁명이 성공한 것은 손문이 해외에 있는 동안 일어난 1911년 10월의 호남성 무창 봉기였다. 무창 봉기는 당시 중국 사천성의 철도 노동자의 스트라이크가 있어 무창의 군대가 그쪽으로 몰려가는 바람에 치안 공백으로 뜻밖의 성공을 하였고, 이것을 기화로 각 지역의 반청(反淸) 집단이 청군 제거에 성공하여 1911년 12월 각 성(各省)의 대표들이 난징에 모였다. 누군가 대표를 선출해야 했는데 지명도와 상징성 등을 고려, 해외에 있는 손문을 대통령으로 임명하였다고 한다. 손문은 부랴부랴 난징으로 오고 1912년 1월 중화민국이 성립하는 순간이다. 난징에 가보면 중화민국이 성립한 건물이 박물관으로 남아있다. 광동성 홍수전이 태평천국을 건국 수도로 정한 곳이 난징이었는데 광동성 동향의 손문이 2000년의 왕조를 거부하고 공화정으로 중화민국을 건국한 곳도 난징이다. 신해혁명으로 청조는 망하나 그렇다고 손문의 중화민국이 그대로 중국을 지배하지는 못한다. 군벌 원세개의 농간으로 2차, 3차 혁명은 계속된다.

 그리고 원세개의 갑작스러운 죽음으로 베이징을 중심으로 하는 북 중국은 수 개의 군벌정부로 나누어진다. 손문은 힘으로 북을 평정해야 했다. 이른바, 북벌의 시작이었다. 장개석을 앞세운 북벌이 완성되기 전 1925년 손문은 베이징에서 급사하게 된다. 58세의 나이다. 당시 손문이 우메야에게 빌린 돈은 2조엔이었다고 한다. 우메야는 차용증은 받았지만 돈을 받을 생각은 없었는지 모른다. 오히려 그는 손문이 죽은 후 그의 유언인 아시아의 평화를 위해 목숨 걸고 싸웠다고 한다.

孫中山선생의 대일충고

　동양의 영원한 평화를 위해 나가사키의 우메야는 손문의 사후에도 그의 유지를 받들었다. 손문(孫中山 : 그는 일본 망명시 中山라는 일본이름을 사용하고 있었다고 함)은 일본의 근대화를 지지하였지만, 일본이 근대화 이후 군국주의화되는 것에 강하게 반발하였다. 1919년 중국 5·4운동의 항일운동에는 손문이 뒤에 있었다. 손문은 아시아의 우등생인 일본이 서양의 제국주의 흉내를 내지 말고 아시아를 위해 서양에 대항해 싸워줄 것을 바랬다. 이는 우메야도 같은 생각이었다. 우메야는 손문 사후, 당시 육군성의 면도날로 통하던 도죠히데키(東條英機)를 찾아가서 일본의 만주 침략을 중지할 것을 요구하였다. 그 후, 그는 육군성의 미움을 사서 활동이 제한되고, 1934년 동경 인근의 치바 자택에서 65세의 나이로 세상을 떠난다. 손문과 우메야가 죽은 후, 1937년 군국 일본은 중일전쟁을 시작으로 패망까지 길고 험한 터널을 지나간다. 결국, 손문과 우메야가 옳았음을 비싼 대가를 치루고 입증한 셈이다. 일본에서 화교로서 중국 전문가인 소설가 진순신(陳舜臣)은 요즈음 일본 요미우리(讀賣) 신문에 "青山一髮"이라는 제목으로 손문에 대한 신문소설을 연재하고 있다. 손문은 중국과 일본을 드나들면서 혁명을 이루어낸다. 그가 친구의 딸이기도 한 송경령과 일본에서의 비밀결혼을 할 수 있었던 것도 미야자키(宮崎滔天) 등 일본의 우인들의 주선이 도움이 되었다고 한다. 그는 진정한 아시아의, 적어도 일본과 중국의 우호친선관계 유지를 원하고 있었는지 모른다. 중국과 일본은 수많은 희생을 바친 후 다시 제자리로 돌아와 있다.

9. 조선차원(朝鮮茶碗)과 세토모노

도자기 돈(陶貨) 제조

　나고야에서 북동으로 20km 정도 가면 세토라는 작은 도시가 나온다. "瀨戶"라고 한자로 쓰는데 바닷가라는 뜻이 있다. 그러나 지금 보면 바다에서는 멀리 떨어져 있어 그 이름의 유래가 궁금하다. 그러나 그 지방이 아득한 옛날에는 바다호수 밑바닥이었다고 한다. 호수 밑바닥이 물이 빠지면서 서서히 드러나면 곳곳에 진흙으로 된 흙이 지층을 형성하는데 그 흙이 점토라고 하여 도자기 원료로 쓰인다. 나고야 인근의 세토가 도자기 생산지로 유명한 것은 그 점토 때문이라고 한다.
　나고야에서 남쪽으로 40km가면 도코나메(常滑)라는 작은 시에도 도시 전체가 진흙으로 되어있다고 할 정도로 점토가 많다. 이곳도 옛날에는 호수의 밑바닥이었다고 한다. 그곳도 도자기의 산지로 유명하다. 도자기를 일본에서도 한자어로 "토우지끼(陶磁器)"라고 하지만, 쉬운 일본말로는 "야끼모노"라고도 한다. 굽는다는 "야끼"와 물건이라는 "모노"가 어우러진 것이다. 직역하면, "구운 물건"이 된다. 일본사람은 야끼모노와 동의어로 "세토모노"라는 말도 쓴다. 세토에서 생산된 물건이라는 뜻이다. 그만큼 세토는 도자기를 빼놓고는 이야기가 안 될 정도다. 흙을 파면 점토가 나오고 점토를 손으로 만져서 주변에 지천으로 많은 나무로 구워내면 야키모노가 된다. 세토는 지역 지역이 만드는 물건에 따라 찻잔 생산지는 "차완마을", 술잔 만드는 곳은 "사카즈키 마을" 등으로 나누어져 있었다. 사람들의 일상생활에 쓰이는 것은 무엇이든지 만들어냈다.

나중에는 돈까지 만들어냈다. 도화(陶貨)라고 하여 실제 쓰이지는 못했다고 하지만 일본의 조폐공사 세토 출장소에서 엄중한 경계 속에 도자기 돈을 만들었다는 것이다. 일본이 2차 세계대전이 한창일 때 철이며, 구리며, 쇠붙이는 모두 대포로 만들어졌으니 돈을 만들 금속이 없어졌다고 한다. 그래서 금속 돈 대신 도자기 돈을 만든 것이다.

일본 도자기의 오리지널

우리가 흔히 도자기 하면 도기와 자기를 묶어서 부르는 말이다. 일본의 도자기 역사를 간략하게 정리하면, 우선 원시인이 쓰던 토기가 있다. 그리고 고온으로 구워서 만든 수에기(須惠器) → 陶器 → 磁器 순서로 발전한다. 수에기부터는 한반도에서 이민 온 도공들이 제도(製陶)기술을 가지고 와서 만들기 시작했다고 한다. 한반도의 도공들이 동해를 건너 지금의 후꾸이현에 도착하여 도기를 구울 수 있는 흙을 찾아 나섰다.

지금 일본에서 六古窯라 하여 6개의 옛날 가마를 이야기하는데 대개 도래인들이 와서 살던 곳이다. 오끼야마현의 備前, 효고현의 丹波, 시가

현의 信樂, 후꾸이현의 越前, 그리고 나머지 두 곳이 아이치현의 세토와 도코나메이다. 6개의 옛날 가마 중 2개나 이곳에 집중되어 있는 것도 결코 우연이 아닌 것이다. 일본에 자기(磁器)가 들어온 것은 400년 전쯤이다.

토요토미 히데요시의 임진왜란 이후, 일본의 장수들은 수많은 도공을 강제로 데려왔다. 당시 일본에서는 자기 굽는 기술이 도입되기 전이다. 중국 또는 조선에서 수입되어 들여오는 사기 차완(茶碗)은 희귀성으로 부르는 것이 값이었다. 임진왜란을 "차완전쟁"이라고 부르는 것도 조선을 침략, 자기 굽는 기술을 얻어 오고자 한 것이 목적 중에 하나였다고 알려져 있다. 강제로 납치되어온 도공들은 구주의 나베시마(鍋島) 潘의 肥前 아리다(有田)와 시마즈(島津) 潘의 사츠마가 중심이 되었다. 지금도 유명한 아리다의 李參平, 사츠마의 심수관 등이 그들 중 일부다. 임진왜란이 16세기말에 끝났으니 한반도에서 끌려온 도공이 자기를 만들기 시작한 것은 17세기초가 된다. 그러나 조선도공이 시작한 아리다 및 사츠마야키(도자기)는 조선시대의 자기와 달리 중국풍으로 색조가 매우 다양하다.

임진왜란시 조선을 지원한 명의 세력이 취약해지고 그에 따라, 중국은 이자성(李自成)의 난 등 전국이 대란으로 이어지면서 여진족(만주)이 세운 청에 의해 멸망한다. 17세기 들어서 내란과 명·청간의 전쟁으로 중국 도자기의 생산지인 경덕진이 피폐해지고 도공이 모두 피난을 떠나고 만다. 지금까지 동남아, 유럽 등에 중국 도자기를 공급해 왔던 화란의 동인도회사는 주문처를 일본 九州쪽으로 돌렸다. 중국풍의 컬러 자기 생산을 주문한 것이다. 조선도공은 새로운 수요에 맞추어 소메쯔기(染付) 이로에(色繪)라고 부르는 색깔있는 자기를 만들기 시작, 지금에 이르고 있다.

자기(磁器) 산업스파이

그런데, 야키모노의 대명사격인 세토에는 九州지역이 자기를 만들기 시작한 후, 200년이라는 세월이 지나서야 도입될 수 있었다. 그것은 그 지역의 성주(潘主)들이 강제로 끌고 온 도공을 통해 우수한 도자기를 독점으로 만들어 국내외 시장에 팔아 국가재정을 풍요롭게 하고자 외부에 기술이전을 엄격히 제한한 때문이다. 특히, 천 년 이상 역사를 자랑하고 도도(陶都)라고까지 불리는 세토의 도공들이 기술을 빼내 가지고 가면 풍부하고 양질의 점토를 가진 세토가 도자기를 값싸게 대량 생산 그들의 독점권을 침해할 수 있다고 본 것이다. 세토에 자기 생산기술이 들어오게 된 것은 카토오 타미키치(加藤民吉)라고 산업스파이 힘이라고 전한다. 세토의 도공 가토우가 변성명하여 아리다에 잠입, 무남독녀를 가진 어느 도래(渡來) 조선도공의 사위가 되었다고 한다. 아리다의 도공은 4년간 기술을 가르치고 보살펴 준 카토우가 처자식을 버리고 도망가리라고 생각지도 못했다. 그런데 정말로 어느 날 종적을 감추어 버린 것이다. 카토우에 의해 세토에서는 비로소 자기 기술이 보급된 것이다. 그는 세토에서 자기의 할아버지(磁祖)라고 존경받고 있다. 매년 세토에서는 할아버지 카토오가 모셔진 窯神신사를 중심으로 도자기축제를 연다. 그런데, 반드시 그 날은 비가 온다고 한다. 그 비는 카토오 타미기치가 버리고 온 그의 부인과 자녀들의 한 맺힌 눈물이라고 전한다.

전난과 도공

　세토는 흙도 좋지만 구릉지대로 가마만들기 안성맞춤이었다. 옛날 한반도에도 산이 많아 이른 바, "노보리가마"라고 하여 산비탈에 걸쳐 있는 가마가 그것이다. 바로 그 구릉이 연결되는 곳이 지금은 기후현 다지미(多治見)라는 시가 있다. 옛날은 지방이 서로 불려 미노(美濃)라고 불러 세토가 있는 오와리(尾張)와는 성주(殿様 : 도노사마)가 달랐다. 지금 세계적으로 알려진 오리베(織部) 등 "미노야키(美濃燒)"가 바로 그것이다. 지금은 일본의 인간국보 加藤卓男 같은 사람은 일본 도자기에 만족하지 않고 실크로드를 따라 흘러온 8세기 페르시아의 도자기와 당삼채(唐三彩)를 재현하고 있다. "미노야키"가 발전된 것은 인근 세토의 도공들이 그곳으로 옮아갔기 때문이라고 한다. 일본에서 16세기 당시 수많은 지방의 소국들이 서로 싸우는데 해가 뜨고 질 정도여서 중국의 역사 속의 전국시대를 본 따서 일본의 전국시대라고 한다. 당시 평지인 瀨戶川 주변의 도공들이 전란을 피해 구릉을 넘어 산악지역인 미노 즉, 지금의 기후현 다지미로 숨어 들어갔다. 100년 이상 전국시대 전란으로 세토에는 가마가 붕괴되고 도공도 사라졌다. 이름뿐인 "세토모노"는 미노에서 생산되었다고 한다. 후에 전국시대를 거의 통일할 뻔했던 오다노부나가(織田信長)는 자신의 정치적 거점인 미노에 도공들이 모여 미노야키를 생산하는 것을 장려했다. 구릉지역의 산 속에 도공들의 집단마을을 이루게 하였다. 후에 오다노부나가가 세운 安土城에는 미노야키 뿐이고, 그의 영향으로 미노야키가 전국에 보급되었다고 한다. 그러나, 세토천을 따라 다시 도공이 평지 나오게 된 것은 이에야스가 천하통일을 하고 그의 아들 중 하나가 지금의 나고야, 당시의 오와리 지역의 지배자가 된 후였다. 오와리 첫 성주의 도꾸가와 요시나오(德川義直)가 "세토모노" 생산을 대대적으로 장려함에 따라서였다.

노리타케의 고향

과거 도도(陶都)였던 세토의 흙을 이용, 나고야가 새로운 의미의 도도가 되고 있다. 현대판의 도자기는 양식기인 디너 세트와 각종타일을 중심으로 하는 공업용 세라믹이다. 세계적인 브랜드를 가진 디너 세트 "노리타케", 위생도기의 "이낙스(INAX)", 전기 절연제품 "가이시(碍子)"가 모두 나고야지역에서 생산되고 있다. 과거의 할아버지가 가토우였다면 현대판 할아버지는 노리타케의 모리무라(森村) 그룹이다. 모리무라 그룹은 1870년대 일본의 잡화나 골동품을 미국에 수출하고 있었다고 한다. 당시 뉴욕의 지점의 요청으로 일본 도자기의 수출을 시작하였다. 모리무라 그룹은 당시 도자기 생산지인 세토에 지점을 개설, 미국의 규모에 맞는 식기 도자기를 대량생산, 수출하였다. 회사 이름은 일본도기(日本陶器)라고 지었지만 공장이 있는 나고야시의 노리타케(則武)거리의 이름을 따서 나중에는 노리타케 캄파니로 이름을 바꾸게 된다. 식기 세트의 상품명도 노리타케가 된다. 그러나, 서양의 표준식기를 만들기 위해 기술자를 구미에 파견, 기술을 습득케 하여 본격적 양식 식기 세트는 1914년 경 생산되기 시작했다고 한다. 한편, 노리타케 캄파니는 전기의 일반보급과 함께 절연체 "애자"를 생산하였다. 나중에는 자동차의 점화플러그용 애자도 만들었다. 또한, 이곳은 도자기 이외에도 타일 등 세라믹스공업의 중심뿐 아니고, 최근에는 IT산업과 연결, 고도의 정제된 파인 세라믹스산업의 활약이 기대되고 있다. 도기(陶器)에서 자기(磁器)로, 그리고 세계적 디너세트와 파인 세라믹스로의 전환은 세토의 도자기 산업이 새로운 시대에 맞추어 발전해 가고 있음을 알 수 있다.

일본 1400년의 도자기 생산의 역사를 가지고 있으며, 일본의 세계적인 도자기작가가 집단으로 거주하는 세토에 2005년 세계박람회가 개최된다. 이곳 사람들은 이번 박람회가 세계도자기박람회가 될 수 있도록 준비에 한참이다. 도자기에 의한 한일교류는 옛날뿐 아니라, 앞으로도 필요하다. 일본에 도자기를 보급한 한반도의 우리 조상들과 만찬가지로 오늘날 그들의 도예후예들이 일본에 와서 서로 교류하는 것도 의미가 있다고 생각된다.

10. 일본의 노(能) 트레일

노(能)를 모르면 일본도 NO

일본의 전통예술공연 중에는 가부키(歌舞伎)와 노(能)가 대표적이다. 그 중에서도 일본을 대표하는 것은 노라고 생각하는 사람이 많다. 일본을 알려면 "能"를 알아야 한다는 말이 있다. 외국 사람들은 "能"가 듣기 어렵고 그 모습이 고리타분하다 생각하여 "能"를 피한다. "能"를 피해서는 일본을 이해하는데 NO가 된다. "能"는 우리나라와도 깊은 관계가 있다. 왜냐하면 "能"가 본래 散樂, 猿樂 등으로 표현되는 헤이안시대부터 (13세기)시작되었고, 그 당시 한반도의 渡來人이 "能"를 가지고 왔다는 설도 있기 때문이다. 또한 能의 가면(能面)을 보면 우리나라 탈춤의 탈과 비슷하다. 이것은 신라시대의 "탈"과 관련이 있다고 한다.

또, "能(能樂)"가 UNESCO에서 2001년부터 실시되고 있는 "인류의 구전(口傳) 및 무형유산의 걸작"(세계 무형문화유산) 제 1호로 지정되어 세계의 주목을 받고 있다. 우리나라 정부도 이 사업에 크게 기여하고 있어 이웃나라 일본의 "能"가 제 1호로 된 것은 반가운 일이다. 우리 민족의 예술의 일부가 일본으로 건너갔고 천 년에 가까운 일본민족의 심금을 울려왔으며 그중 하나인 "能"이 일본의 무형문화재로서 유네스코 무형문화 유산으로 선정되었으니 의미가 있다고 볼 수 있다. 어쨌든 일본을 알기 위해서 또는 우리측에서는 잊혀진 아득한 옛날 선조의 발자취를 찾아보기 위해서도 "能"에 대해 관심을 갖는 것이 필요하다고 생각된다.

노(能) 공연장

일본 곳곳에 "能"공연장이 있다. "能"의 공연장은 야외에도 있다. 공연장 자체는 간단하다. 우리 나라의 정자와 같은 모습을 하고 있는 것이 노카쿠토우(能樂堂)라는 "能"의 공연장이다. 나고야의 경우에는 나고야성(名古屋城) 앞에 일본의 전통예능의 진흥과 문화교류를 추진하기 위해 노카쿠토우가 만들어졌다. 개관 된 것이 1997년 9월로, 비교적 새로운 건물이다. 이 건물은 能樂감상 등에 어울리도록 설계된 것인데 건물 전체가 일본식이고 가운데는 중정(中庭)이 있다. 그리고 중정으로 깨끗한 물이 흐르도록 설계되어있어 일본식 운치를 더한다. "能" 극장이라고 부르는 630석의 객석과 극장의 무대가 있다. 무대는 일반 극장과 다르게 지붕이 있으나 그 아래 대청마루가 있다. 가로, 세로 6m 정도 되는 정방형이고 정면에는 거대한 소나무 그림이 한 면을 차지한다. 마치 손님을 맞이하는 소나무(迎客松)같기도 하다.

본래는 봄철의 새순이 돋은 어린 소나무(若松)였다고 한다. 일본의 지

질이 소나무가 잘 자라는 곳이 아니므로 비교적 수량이 많지 않은 척박한 한반도의 소나무를 옮겨온 듯하다. 특이한 것은 가부키에 배우가 무대로 들어가는 길, 즉 "하나미치(花道)"와 같이 "하시가카리(橋懸り)"가 있다는 것이다. 배우가 대기실에서 무대로 가는 통로로 보기에 따라서는 다리처럼 보이기도 한다. 그 옆으로 소나무를 심은 화분이 열을 지어있다. 소나무라기보다 전나무 같기도 하다. 서양에서 크리스마스 트리로 쓰이는 것과 비슷하다. 나고야 "노가쿠토우"는 최신 조명과 음향설비를 갖추고 있어 "能"뿐 아니라, 다른 공연도 가능하다.

때로는 외국인 초청 특별강연 장소로도 이용된다. 100% 나무로 된 무대가 은은한 향기를 뿜어 초청강사인 외국인에게 평생 잊지 못하는 추억을 준다고 한다. 이 나무를 "히노키(檜)"라 하여 향이 특별하다. 특히, 일본의 북알프스에서 발원하여 일본 중부 평야지역으로 흐르는 기소강(木曾川)의 상류 나가노현과 기후현 사이의 히노키가 가장 좋다고 알려져 있다. 가장 좋은 무대를 만들 때 쓰여진 히노키가 바로 기소히노키(木曾檜)로 되어있어야 한다고 한다. 일본어에 "히노키 무대"라는 말이 있는데 능력을 과시할 수 있는 자랑스러운 무대라는 뜻이 있다. 나고야 노카쿠토우의 무대에서 설 수 있는 사람은 누구에게나 문자 그대로 자랑스러운 무대가 될 것임에 틀림없다

노(能)의 배우들

"能"의 내용은 일본의 고전 설화 등에서 취한 것인데 그것을 전달하는 방법이 오페라와 비슷하다. 그러나 오페라의 경우 연주단이 무대 아

래의 특별 연주 BOX에 있는 것과 달리 "能"는 연주단이 무대 위에 있다. 물론 악기도 4가지 정도로 비교적 적은 수로 연주를 모두 해결하기 때문에 그런지 모른다. 그리고 합창단도 따로 있다. 그들은 8명 정도로 조를 이루어 무대 한쪽에 그 열을 지어 앉아 있다가 때에 따라 합창한다. 지휘자가 없는데도 화음을 잘 맞춘다. 그리고 마지막으로 연기자가 있다.

이렇게 "能"를 완성하는 데는 몇 개의 그룹으로 나누어지고 있음을 알 수 있다. 우선 간단히 연기자 그룹, 연주자 그룹, 합창 그룹으로 나누어볼 수 있다. 이것을 일본에서는 오랜 습관으로 독특한 전래의 일본어로 부른다. 연기자를 "能方" 또는 "狂言方"라고 부른다. 그 속에는 주연 역할을 하는 "시테(仕手)", 주연을 도와주는 조연을 "시테 쯔레", 주연의 상대역을 "아도" 또는 "와키(脇)"라고 부르고, 그를 도와주는 사람을 "와키 쯔레"라고 부른다. 또 악기 연주자를 "하야시(囃子)"라고 부른다. 악기에는 대체로 4가지가 연주된다. 구슬피 부는 피리 연주자를 笛方, 북(小鼓)을 어깨에 걸고 치는 사람을 小鼓方, 북(大鼓)을 무릎에 놓고 치는 사람을 大鼓方, 북을 앞에 비스듬히 놓아두고 두 개의 막대기로 치는 북(太鼓)을 치는 사람을 太鼓方라고 한다. 그들은 모두 대대로 사사 또는, 전수하여 배우기 때문에 "流"라는 단어를 쓴다. 예를 들어 笛方으로 유명한 藤田流는 성(姓)이 후지다 일수도 있고, 양자로 들어가 후지다 성을 따기도 한다. 또는 후지다가의 피리를 부는 사람일 수도 있다.

또한, 합창단은 地謠라고 한다. "能"에는 연기와 악기연주, 노래(창) 등이 어울려져 있다. 노래부분이 우타이(謠)다. "能"의 연기자에겐 독특한 몸놀림의 춤이 있는데 이것을 시마이(仕舞い)라고 부른다. "能"의 출연자중에 後見이라는 표현이 있는데 이것은 배우가 놓고 가는 소도구를 치운다든지 가져다준다든지 하는 사람이다. 하여튼 연기자 중 주연(시테)

은 대체로 의상 분장과 能面(탈)을 쓰고 연기를 하고, 상대(아도)는 能面 없이 의상 분장만으로 연기하기도 한다. "能"의 역사가 오래되고 과거 천하를 다툰 무인들이 "能"를 좋아했다고 한다. 따라서 일본의 전국시대를 끌고 간 무사계급에서 즐겨했기 때문에 "能"의 연기자 등이 생계가 유지되고 일반인의 존경을 받아왔다. 따라서 연기자로써 대가 끊기지 않고 "流"로 연속되는지 모른다. 일본 전국시대의 3영웅으로 여겨지는 오다 노부나가(織田信長), 토요토미 히데요시(豊臣秀吉), 도쿠가와 이에야스 모두가 "能"를 좋아했다고 전해진다. 특히, 토요토미 히데요시는 임진왜란 중 九州 名護屋에서 출전 군사를 지휘하는 틈을 내어 "能"를 즐겼다는 일화가 남아있다.

스미다가와(隅田川)

일본인들 사이에 인기있는 "能"의 경우에는 줄거리 전체가 재미있는 것이 많다. "能"로 유명한 스미다가와와 도우죠우지(道成寺) 내용을 보면 옛날부터 사람들의 모정, 애정 등 기본적 감정과도 관련되어 오랫동안 인간의 심금을 울리고 있는지 모른다. 스미다가와는 지금 東京(에도)의 남북으로 흐르는 강이다. 강 주변에는 예부터 문화의 중심으로 유명한 절이 많다. 여름에는 스미다가와의 불꽃놀이로 유명하다. 스미다가와의 이야기는 이에야스에 의해 에도가 개척되기 전 무사시노쿠니(武藏國) 당시였다. 스미다가와에는 강을 건네주는 사공(渡守)이 있었다. 멀리 京都(에도)로부터 손님이 오더니 곧이어 정신이 나간 듯한 여인이 찾아왔다. 여인은 자신이 경도의 北白川에 산다고 하면서 자신의 아들이 인신매매

자에게 잡혀 실종되었는데 아들을 찾아 이곳까지 왔다고 했다. 사공은 일년 전 인신매매 상이 데리고 왔던 12살의 梅若丸이란 남자아이가 결국엔 병에 걸려 죽었다고 하며 오늘은 그 아이가 죽은 일주기로 근처 사찰에서 지금 불공을 드리고 있다고 한다. 사공은 아이의 이름과 나이 등으로 보아 이 여인이 찾고 있는 아들이 틀림없다고 생각되어 아이가 묻혀 있는 풀이 무성한 무덤으로 안내한다. 그리고 무덤 앞에서 열심히 기도를 하였다. 돌연 무덤 속에서 어린아이의 목소리가 들리더니 기적처럼 아이의 모습이 나타난다. 반갑기 짝이 없는 여인이 아들의 이름을 부르면서 아이를 안으려고 하자 아이는 무덤 속으로 사라진다.

도우죠우지(道成寺)

도우죠우지는 紀伊國 지금의 와까야마 산악지대에 있는 어느 절의 이름이다. 그 절에는 그간 사용하지 않던 종을 다시 거는 공양행사가 있었던 날이다. 절의 주지는 이 행사에 여자는 출입을 금지시켰다. 그랬는데 어느 여인이 나타나 사찰 경내에 들어가겠다는 것을 절의 경비를 맡고 있는 스님이 못 들어가게 하자 여자는 춤을 추면서 절간 스님의 환심을 산다. 그 여인이 나중에 스님들이 쉬고 있는 틈을 타서 재빠르게 경내에 들어가 걸려있는 종속으로 뛰어 오르자 종이 굉음을 내면서 지상으로 떨어진다. 깜짝 놀란 스님이 주지스님에 고하자 주지스님이 안타까운 듯이 여자의 출입을 금지시킨 연유를 이야기한다. 오래 전에 이 마을 관리의 딸이 산사나이를 짝사랑하였는데 그 산사나이는 관리의 딸을 싫어하여 절간으로 도망 들어와 종속에 몸을 감추었다고 한다. 그 여인이 절로 찾아와 큰 뱀으로 변신하여 종을 칭칭 감는다. 뱀이 된 관리의 딸의 이룰 수 없는 사랑의 원념(怨念)으로 종에 불이 붙고 뱀과 산사나이는 불에 타서 죽게 되었다는 전설을 전한다. 주지스님과 모두가 열심히 기도를 하자 종이 서서히 올랐다. 종이 오르자 종 안에 있던 여인은 더 이상 사람이 아닌 큰 뱀의 모습을 하고 있었다. 그런데 갑자기 뱀이 입에서 불을 토하며 덤벼든다. 스님들은 염불로 쫓아내어 결국 그 뱀은 산 속으로 사라진다.

● 동북아시대를 살아가는
홍콩 · 중국 · 일본 문화기행

초판발행　2003년　12월　20일
초판발행　2003년　12월　30일

지 은 이　유 주 열
펴 낸 이　한 봉 숙
펴 낸 곳　푸른사상사

출판등록　제2-2876호
주　　소　100-193 서울시 중구 을지로3가 296-10 장양빌딩 202호
전　　화　02) 2268-8706-8707
팩시밀리　02) 2268-8708
이 메 일　prun21c@yahoo.co.kr / prun21c@hanmail.net

ⓒ 2003, 유주열
ISBN 89-5640-151-9-03810

정가 16,000원

*저자와의 협의하에 인지 생략함